博客上的教育历程

一个教师的网络互动课堂

樊红岩 编著

原子能出版社

图书在版编目（CIP）数据

博客上的教育历程/樊红岩编著.–北京：原子能出版社，2008.8

ISBN 978–7–5022–4239–8

Ⅰ.博… Ⅱ.樊… Ⅲ.小学–班主任–工作经验 Ⅳ. G625.1

中国版本图书馆CIP数据核字（2008）第123051号

博客上的教育历程

出版发行	原子能出版社（北京市海淀区阜成路43号 100037）	
责任编辑	刘朔	
责任印制	丁怀兰 刘芳燕	
印　　刷	北京市凯鑫彩色印刷有限公司	
经　　销	全国新华书店	
开　　本	787 mm × 1092 mm 1/16	
印　　张	17.25	
字　　数	387千字	
版　　次	2008年8月第1版　　2008年8月第1次印刷	
书　　号	ISBN 978–7–5022–4239–8	
定　　价	26.00元	

序

在读樊老师的博客以前，只是把博客当作人们闲暇时完成的网络日记，表达个人思想、生活所得。在博客上开展班主任工作和教育教学工作，这是樊老师的一个创举。漫步樊老师博客，可以感受到樊老师的班级管理理念，可以体会到樊老师在班级建设上所下的工夫，细读之下，感到内容很丰富、很精彩。同时我们也发现博客这个科技产品独有的优势和魅力。

一是突破了时间。从两个角度讲，其一是教育教学管理工作不再局限于在校时间。下了班，放了假，出了差，随时可以通过博客与学生、家长进行沟通和交流。其二是具有教育的恒常性。班会上讲了，有的学生一会儿就忘了；日常教育进行了，过段时间说过了什么，做过了什么，学生和老师都想不起来，而博客可以让师生对一定时间里发生过的事前后参阅，讨论得失。

二是突破了空间。班级建设可以随地进行，不受地点的限制。很多学生回到家的第一件事就是要上博客，汇报一天的学习情况，和老师交流谈心，提交作业，相互学习，欣赏作品等等，我们可以从博客上看到学生们表现出来浓厚兴趣和参与意识。现在大家都很忙，和家长们沟通不容易，这个博客可以让交流异时异地地进行。这个博客的存在，受到了广大家长的热烈欢迎。

三是没有交流障碍。学生与老师，老师与家长，不用面对面地客客气气，也不用顾忌这顾忌那，真情实感可以很自然的流露，教育孩子上的见解和主张，可以很轻松地探讨。从博客上的回复、学生作品可以看出，孩子们欣然地接受来自博客上的教育，并对这种形式乐此不疲。

这本集子包括班级建设、管理随笔、师生交流，甚至学生练笔的小片断、作文以及来自学生、家长、网友的回复，基本上都原文保留在这个集子里。一个完整的博客可以让我们有一种完整的体验，让我们充分体会樊老师的班主任工作是如何在网络上开展起来的，是如何赢得学生、家长认可的，又是如何进行教育和引导学生们进行自我教育的。当然，也包括某种教育形式的得与失。

翠微小学校长

作者近照

作者简介

　　樊红岩，男，1968年生，中国共产党党员，汉语言本科学历，曾任北京市市级语文骨干教师。从事小学教学工作二十一年，担任班主任工作十七年。曾于2006年10月荣获共青团北京市委员会、北京市教育委员会颁发的北京少先队金质奖章。在从事班主任工作的近二十年里，努力营造和谐有序的班集体，培养学生良好的道德情操，力争为学生的终身发展打下良好的基础。

目 录

　　从与学生初次相识，到彼此间达成默契和理解，这中间路途遥遥。付出多少辛劳，才能拉近心与心的距离。无声交流，日渐融洽。

　　深的、浅的，长的、短的，每一串脚印，都是对时间的记忆。点滴进步，与孩子的笑声一道，铭刻在成长的路上。

　　身躯终有一天要接受风雨的洗礼，翅膀终有一天要博击长空。孩子们，在你们成长的过程中，你可留意过家长那关注的眼神。

　　稚嫩的小手握住笔，写出一派天真。也许笨拙，也许可笑，但尝试是最珍贵的开始。于是，小草羞涩地发出嫩芽。

第一部分
心 路

(老师随笔及家长回复)

从与学生初次相识，到彼此间达成默契和理解，这中间路途遥遥。付出多少辛劳，才能拉近心与心的距离。无声交流，日渐融洽

开学初感

2007—09—02

今天是9月1日开学后的第一天，如懵懂的孩子，感觉全是新的。学生是新的，教材是新的，教法是新的，也不知我的学生是不是适应我的教法，他们会不会喜欢我这个新一任的老师。不过，我心里暗想——我会努力的。其实我更想把明天的教学当成迎接初升太阳的工作，一切全是新的，沐浴着灿烂的朝阳，我与我的学子们一起走过，等待着我们的是"如日中天"。

以下为回复：

[新浪网友]

我们当然会喜欢了！樊老师不像别的老师那样，有的老师让我们坐着的时候，必须把手搁在两侧，您却让我们随意。这种管理方式我们喜欢。

[付娆]

樊老师，您要自信一点。我们都很喜欢您，我们也相信您会努力的，我也会努力做到最好！

[学生家长]

樊老师：还没见过你呢，但从孩子嘴里，我们知道孩子遇到了一个好老师，我们感谢您，我们支持您，但我们更期待着您！

[荷塘晨曦]

家长的话，我很感动。有您的支持，我会把工作做得更好。

[郭永泽]

我对您十分满意，希望您多多帮助我。

　　樊老师您好，我是朱金红的家长，虽然我们现在还未曾谋面，但从孩子的诉说中和您博客上的文章中，可以看出您是一个纯真、热情、有爱心又很可爱的好老师，孩子非常地喜欢您，很荣幸孩子能遇到这么一位好老师，在今后的日子里，还望老师能多给她点展示和锻炼自己的机会，相信在您的教育和带领下，孩子会做得越来越好，辛苦您了，在此感谢！

无　题

2007—09—09

　　忙了两天，看看博客里的阅读量及留言，知道又有家长和我的学生来这里了，估计他们一定很失望，因为已经过了两天多，博客仍没有及时更新。答应奕琨家长把假期留的作业挂到博客的话已落空，内心愧疚，作为老师，说话算数是基本的原则，而我恰恰有背原则，在此致歉。

　　开学一周了，总体对学生有了了解。我最满意的：我的学生们在我的带领下一天天成长，估计再过两周，五（2）班就能够走上发展提高的正轨了。我最不满意的地方是：连续判了两次本班的作业，学生们写的字真的让我不敢恭维。我甚至产生了这样的想法：孩子们的字写得太差了，如果这样发展下去，到六年级毕业时，他们的字要是定型了，再改起来可就难了。至于很多同学写的字不够漂亮的原因，我正在思考，可能过一段时间，会有些答案吧。希望学生们和家长引起高度的重视，当然，我也会在班上努力给学生以帮助。

引用电影《天下无贼》的一句话——老师很生气,后果很严重!!!!!!

2007-09-11

今天我们五(2)班居然有数个同学作业忘带,特别是忘带数学的《小状元》,毛老师特别着急,而这些同学给人感觉并不着急。另外,英语课上,老师给同学们听写了五个单词,并且还是按顺序听的,有五个同学得"0"分,真是不可思议。试想,我们可是已经学了四年多的外教英语了,怎么能一个单词都写不出呢?这里面居然有我正在培养的几个干部,太令我失望了。这样发展下去何等了得??????同时,今天我的语文作业也有同学出现落在家的情况。所以我说:"老师很生气,后果很严重!!!!!!"

以下为回复:

> **[朱金红的家长]**
>
> 呵呵,老师息怒,很高兴能在这里看到孩子们在校的表现,只是辛苦老师了,出现这种现象,家长也有一定的责任,需要家长如何配合,还望老师多多指教。

> **[何琬楠的家长]**
>
> 问题是很严重!
>
> 昨天回家很晚,我没上来看看,要不今天一早就向孩子了解她的情况了……只能等今晚问她了。
>
> 感谢老师及时通报情况。我会秉承"有则改之,无则加勉"的态度来对待此事(但愿楠楠没出现这些情况——呵呵,有点私心哦)。

漫　笔

2007—10—03

　　"十一"长假已过了两天有余，一直憋在家里，除昨天和今天上午试着修改了一组照片发到博客里之外，余下的时间就是看看书。

　　每想到长假七天各旅游景点都会出现摩肩接踵，人声鼎沸的状况，外出的心情自然大打折扣。静心于椅中，闲翻一些哲理散文，默想一些人情趣事，无异于一次心境的散步。

　　不经意间，就想到了我的学生，孩子们那一张张稚真的笑脸在脑海中交错出现。他们最近是不是早已随家长们陶醉于浓秋自然，倚身于如画风景之中？不禁暗暗又有一种羡慕和向往。然，另一声音萦绕耳边——美源于意识。或独于家中，或投身自然，或游于古迹或是与家人品茶小叙……皆取决于一种心态。有了这种种心境，无论是独钓溪畔，还是沉于如火的红叶之中，甚至于几天中与笔为伴，与书为友，只要内心适然，均可算一种大美。

　　编辑照片时，几天前的队列比赛场景不禁浮于眼前，五（2）经过了不太充分的准备，最终失戈赛场。回来后，孩子们心情真的很沉重，往日的笑脸不见了，更多的是失意和凝重。从我照的照片来看，我的学生们的确做得很出色，他们已经做出了很大努力。虽然在赛后我们做了总结，但现实中我们班毕竟没能走在五年级的前列。我想：我的孩子们都把目标定在了下一次。

看书时有几句名言很令人回味：

　　1.没有失败，只有暂时停止成功。（安东尼·罗宾）

　　2.成功就是比别人优秀一点点。（乔治·克拉森）

　　3.成功与失败的最大的分别来自不同的习惯。好习惯是开启成功的钥匙，坏习惯则是一扇向失败敞开的门。（奥格·曼狄诺）

　　4.这个世界上没有任何力量能够阻碍我们走向成功。如果有，就是我们自己。

（奥里森·马登）

5.名人名言能帮你成功。（齐格·金克拉）

注：只是漫笔，写给自己看的。

讲课归来

2007—10—12

家长和我的学生们：

樊老师代表翠微小学去延庆千家店小学送课工作现已圆满结束。收获很多，感想也不少。这里面不光有城市与远郊区孩子学习方面的比较，也了解了当地一些风俗和民情，周一再和学生们细聊。

有同学问我课讲得是否顺利，在这里先要谢谢孩子对我的关心。课上的不错，受到千家店老师同学和领导的肯定。

还有的同学在博客上发纸条说，在外教课上有的同学被老师批评了，我听到这个消息很不高兴，因为越是樊老师外出的时候，同学们表现越好才对。

还有的同学说很想我，说实话，外出一天半，我也很想大家，更惦记大家的学习。不过还好，再过两天我们就又见面了。

这次送课去千家店小学，我还收了一个徒弟呢，她是个教六年级语文的老师，24岁，很有朝气，也很好学。在今后的时间里，我们都要共同努力，共同进步了。当然，我也深感肩上担子的沉重哟！

就写到这吧，今天我从延庆回到家坐了五个小时的车，有些累了，明天还要判大家的作文并给女儿开家长会。

顺便提示一下：大家周六、周日一定要认真完成作业，否则周一交作业时有些同学会着急的。

附一首咱们班同学的小诗供大家欣赏：

海 浪

可心（网名）

海风轻轻地吹着，

海浪一层推着一层，

一浪胜过一浪，

月光照着海浪，

像疯狂的小孩，

玩耍、嬉戏。

海浪啊！

你用那清脆的声音，

唱着歌谣，

使人听得如醉如痴。

碧光粼粼的海面，

浪花轻轻地卷动着，

让海浪流到远方，

带着祝福与问候，

更带去我那美好的梦想……

几点感受

2007—10—24

同学们，今天我们进行了升入五年级以来的第一次语文监控测试。大家一定考得非常郁闷吧。一个是考试时间紧，很多孩子都出现了没做完试卷的现象。另一个就是感觉好多题不会做。我在一个不是我教的班监考，看有些孩子卷子上有些题是空着的，我想咱们班也会有类似的现象，并且感觉不会在少数。

说到这，你或你的家长自然会问一个相同的问题："为什么呢？"怎么说呢？原因大概有如下几点吧。首先，大家的思维需要转变一下。因为我们现在是高年级了，高年级很多方面都要考查同学们的语文能力和语文积累。如果大家只是单单把课内学到的知道掌握了是不够的。可能在中年级，这样的监控考查还能应对，然而升入高年级后，以前的做法大概就行不通了，因为大家会看到，书本上的内容所占的比例已经相当小了。同时我要说，如果等我们进入到六年级后，真的有一天去参加某些中学的入学考试，你就会发现，你所学的课本上的知识会考得更少。那样的考题不知要比我们这次考试的题目难上多少倍，到那时你将怎么样面对呢？还空着不做，可是不空着又如何呢？于是所谓的重点中学就会距你无限遥远了。

其次，这张测试卷一点都不难，如果我做，十至十五分钟基本就搞定了。这时你就会说："您是觉得简单，你是老师呀。"是，我是老师，为什么偏偏老师就做起来简单呢？起码可以说，老师的语文能力及积累比你要强。如果你在和我一起学语文的过程中也具备了像我这样的能力，我想你拿到卷子也会觉得非常简单的。这就要求大家要好好学语文。通过一段时间的学习，接近，达到，甚至超过我的水平，到那时，一切不就变得简单了吗？

最后，大家不要产生这样的想法——既然考试大部分考的不是教材上的内容，那以后我们就少学教材，多做课外的知识方面的题吧。其实未必是这样。大家想一想，课外知识本身就是非常广的，你不要梦想做遍天下的组词你就会组词了，做遍天下的阅读短文，你就会做阅读题了……关键还在于学到解题的方法，以不变应万变，对于课文的学习，正是让大家学习掌握方法的过程，我们经常做《小状元》，正是运用方法解决问题。只要大家方法会了，能力提高了，再没见过的题，大家也会从容面对的。然而，我不得不说，我们每次做的练习题的质量是非常不高的，很多的孩子还是以完成我留的作业为标准。这就要求大家要充分利用课堂的时间上好每一节语文课，无论在学校和家都要努力高质量地完成《小状元》之类的练习题，注重平时，注重训练和积累。我们的路真的还很长很长，并且很不好走哟。

才回到家，即兴所写，难免语句不通，不成观点。

以下为回复：

[新浪网友]

樊老师：

今天孩子放学写作业时，我问他今天考试情况，和您说的一模一样，空题很多。看来是得改变方法了，原来把课文串一串就行，现在孩子感到无从下手，很多考题比较活。

[新浪网友]

樊老师：

现在的孩子的确该抓紧了，老师的话孩子是喜欢听的，我们家长会配合好老师的教学工作，争取在这两年内让孩子有质的提高，谢谢！

看到孩子考的成绩我很担心，这样的成绩无法参加小升初的。家长急又不能和孩子急，他们真难教。老师您费心了，孩子自己不急我可怎么办？

[武林美少女赵咏怡]

怎样能提高我的作文？？？？？？？？？？？？？

忙碌的周末

2007-11-25

来看我博客的同学和家长一定很失望，因为这一周我没有在这儿写些什么。真的太忙。这其中，我的学生们在忙，周末与数个家长通电话，得知我的很多学生都在利用周末上这样、那样的学习班或忙着参加某些比赛，听后感觉孩子们现在真的很累，也实在不容易。而我呢，从周五一直到周六晚上十一点吧，把两个班近八十个孩子的作文全判了出来（因为有几个孩子的作文我没有看到，可能是没及时交给我）。按每个人三至四行的评语来算，估计也应有近三百行的评语吧，当判完作文后，看到自己的劳动成果，突然有一种伟大之感。这次作文，我从两个班的作文中，挑出了近二十篇的优秀作文（自我感觉他们写得很优秀），下周准备让他们打成电子稿，挂在这里，但我不会勉强他们一定要打电子稿（因为孩子忙哟），以便供大家欣赏。同时我也会在班里做作文讲评，还要让家长读自己孩子的作文。

今天又去首师大上课一天，放学后又去补我这不争气的牙，晚上八点才回到家，静下想一想，这两天也跟个打仗似的，还好，总算结束了。

下周五，语文要面临4、5、6单元的测试，请同学们抓紧时间复习，争取取得好成绩。

又到月末了，周二我们准备收饭费，请大家不要忘了交款。

下周，我们班的小组评比又要告一段落了，又会有三个优胜小组受到表彰，还有三天时间，请大家加油，有差距的小组力争迎头赶上，走在前面的小组可别功亏一溃。

就写到这吧，各位晚安。

以下为回复：

樊老师：

按您要求我已在小练笔上写了两次评语，感觉这样做的好处是使家长关心、掌握了孩子的写作情况，可以适当对孩子的写法特别是选题加以引导，也弥补了您精力的不足。但也怕评语不当误导了孩子，或使您不好再表态。因此想请您在方便的时候答复：

1.家长是笼统地说好或坏，还是具体指出文章优缺点（我愿意详评）。

2.家长如何点评？应注意什么？

3.家长如何正确配合您引导孩子写作文？我觉得为了"形成合力"，有必要思考这些问题！知道您很忙，不用急于回答。谢谢！！

谈 "秀　气"

2007—12—15

　　已经两周没有写博客了，主要是因为近一时期手头工作太多，无闲空坐下来写些什么。但我的脑子一直没有因忙碌而停于思考。

　　在这两周里，因要迎接市里的质量监控，我们全体五年级进行了相应的备战，主要表现就是要积累大量的东西，致使学生们疲于应对。上周日得知，监控没有抽到我们班，似乎可以松一口气，但这周我们又参加了翠微小学的"语文伴你成长"、"数学伴你成长"知识竞赛。

　　通过这一段时间的紧张战斗，细观我们五（2）班的同学，在深感学生不容易的同时，总有一个问题萦绕于心中，思不通，想不明，进而甚至有一种"怕"的感觉。

　　这问题是什么呢？那就是——我们五（2）班如果这样一直发展下去会是什么样？

　　表面上看，这是一个很无聊的问题，因为谁也不知道将来、明天，甚至一会以后会是什么样。然而，从近一段的种种小事来看，这个问题远不是这么简单就能有结论的，以至于我真的怕最终会是"如我所料的结果"。

小事一：

　　从第三篇作文开始，我在博客上，挂了5篇五（2）班同学的优秀作文。当时，判完那篇作文时，我曾想挂一些一班同学的作文，但最终只有三篇作文勉强入选，几天以后一班的三个同学中只有一个同学交电子稿，因为时间关系，我就没有给她挂出去。我只是号召一班同学去看我的博客上所挂的文章。也可能我这一作法刺激了他们，从第四篇作文开始，我居然从一班中能挑出十篇优秀的作文了，而二班同学也入选了十篇。

今天我已经把二班的第五篇作文判完，一班才判不到二十本，但是，我只从二班同学的作文中勉强挑出了五篇，而一班的我已经找出了六篇，并且整体感觉，一班的这篇作文远远高于二班的整体水平，吓得我已不敢再判下去（非夸张，真是这样）。因为开学初，我是同时接的这两个班，当时二班的水平明显高于一班。但是我被一班大踏步地赶、超二班，甚至终有一天把二班远远地甩在后面的趋势吓怕了。如果再这样发展下去，我怕终有一天会变成现实。难道是我教学的问题吗？可这两个班都是我教的呀，并且在指导第二稿时，因时间紧，我是给两个班合着讲的，是讲的相同的内容，我真的想不明白。

小事二：

周四进行了"数学伴我成长"的竞赛，考试时，我监考的是其他的班，看卷子很难，考试结束后，我问我们的同学，他们表示"很难"，有很多题不会做。但我无意间去了一班，听好多孩子说不太难，我当时就晕了，不应该呀，他们怎么说不难呢？周五下午，毛老师判卷回来说我们班考的不太好，二十分的填空，大多数男生被减了十六分，十八分。说一班同学，好几个男生考得非常棒，并列举了几个男生的人名，当然这几个男生在语文方面也是非常好的，因为我毕竟教他们语文。于是利用周五下午时间，我把李边、杜孟炎、王锐、丁兆千、蔺杉（还一个想不起来名字了）等六名同学（均是男生）请到我们班，问了他们两个问题：1.你这次考试有多少题不会做，大概能考多少分？你们晚上都做些什么？他们基本是这么回答的：这次考试我有一二个题不会做，大概能考八九十分吧。每天晚上做完学校留的作业后，要做十到十五道华数、奥数题，或是背一些英语再睡。

接下来，我叫起一个我自认为在二班男生中数学学得很不错的男同学，问他考的怎么样，他一脸惭愧地说考的不怎么样，当我问他能考多少分时，他说估计也就是四五十分的样子（也可能该生有些谦虚吧）。当时我心里不觉一沉：那我班其他男生会是个什么样呀，他们考的会如何呢？望着我们班坐着的二十个男生，再看看齐刷刷地站在那里的六名男生，突然觉得这六个孩子，一个个都像一名斗士。一年半以后，真的某些重要的考场上，我们的男生能否与这些斗士抗衡，去争夺那可怜的名额呢？同时，我们班现在，女生无论在成绩和能力方面均高于大多数男生，我们班的男生将来将何去何从呢？我真的想不明白。

小事三：

早在一个多月前，我们班的郑昊翔同学因患流感在家整整休息了两周的时间，此间他没有一天来学校上课。恰巧在这一段时间了，我们班除他以外没一个人因生病而请假。他回来后，正逢英语的一次考试，当时我就想，完了，这孩子一定考不好。但考试结果大出我意料，郑昊翔同学居然考了93分。再看看其他同学的成绩，很多孩子竟然没有他考得多，得六七十分的远非一两个，待及格的也有之。这就使我想不通了，难道不上学比上学的英语学得还好？孩子天天上学还有什么用？我们这些天天来上学而成绩上不去的孩子们都干什么了呢？我真的想不明白。

小事四：

在某一天放学时，为了加大学生的积累，我对学生们说："今天我将在博客上挂些东西，请同学们去下载，去看。"因为我怕路上堵车，我就对同学们说："我最晚八点半挂上去。"这时一个孩子居然说："啊？那么晚，八点半我都睡觉了……"听了这话，我当时心中也一"啊"：啊，八点半就睡觉了……

又在某几天，我们班总有几个同学因路上堵车，老师都开始讲课了他才来，我也没批评他们，但总在想：他们路上堵车，那他们几点出家门呢？于是，我在聊天时随口问了好多同学一个相同的问题：你们每天几点起呀？（注：并不是专问几个迟到的同学）结果又让我非常意外，有好几个同学说：七点起，还有一个同学说七点十分起。我不禁又是一"啊"：啊？七点十分才起……

小事五：

前一段时间听了北京教育学院的张红教授的一个讲座。有一个现象使我感触很深，她说："我们当家长的（她也是家长），每当孩子进门时，你总会不自觉地问一句——累不累呀？"（其实，有很多时候，我女儿回来时，我也总问类似的这句话："辛苦了！"她总回答一个相同的答案："命苦！"因为她今年上初三，每天晚上九点二十才放学，回到家就九点四十了。）其实这样问是不对的，因为从心理学角度来说，你在暗示给你的孩子，学习是一件非常辛苦的事。时间长了，他就会觉得学习是一件苦差事儿，学习是一件不容易的事。包括有时在与一些家长通电话时，总能听到很多家长这么说——现在孩子真不容易，他们多累呀。如果长时间下去，我们的孩子会在意识中有一个什么定式呢？"学习就是苦，就是累，而无其他的。"

虽然我没有调查过，但事实总在告诉我，我们很多孩子在学习方面，没有觉得学习是件快乐的事，总是本着：让我干什么，我就干什么，至于学习有快乐吗？可能都不置可否地说："没想过。"就现在语文、数学、英语这三大主科，以及我们家长为孩子报的很多课外班，我们的孩子在学这些知识方面快乐吗？就语文而言，我敢说，我在为孩子们补充些课外知识，讲些语文方面的小故事方面，他们是爱听的，是快乐的。但在听写、写作、背诵、做短文分析……时，他们快乐吗？

纵观以上内容，我没有回应我的题目——谈"秀气"，细细品味，答案已经在其中。题目中的"秀气"非容貌之秀，作为一个学生本应"秀"于心中才对。

注：内心所想，没有在潜词造句上更多关注。同时，只是一点点内心感悟，没有歧视、贬低之意，更没有导向作用，使家长一定要如何如何。还是希望大家看此文后能更多、更深地思考些什么。古人云：人无远虑，必有近忧。我只是怕近、远皆忧，所以才近远皆虑吧。

还是有些郁闷

2007-12-26

今天忙了一天，跟个打仗似的，特别是今天下午，开了整整一下午的家长会，累了，晚上不想工作了。简单写写对下午家长会的感受吧。

1.今天虽然家长会结束已经天黑了，但仍感觉还有很多的话要说，很多问题没有给家长讲透，不知不觉时间就过去了。总在想：好不容易把家长盼来了，就这么草草的过去了，再见家长就是下学期的事了，心里感觉特别遗憾。

2.给家长说的大面的东西过多，而具体的事例，还有具体应如何去做，说得过少，自我感觉真的有些"侃"的意思，应在如何操作上给家长多教一教，这样才能使我们的家长在家庭教育中更知道如何去做吧。同时，说得方面也过多，还是应该结合当今急需解决的问题详细地说一说。

3.更多的谈了学习，特别是更多地谈了语文方面，在学生的素质教育方面、思想品德、心理健康、习惯养成等方面与家长交流过少，其实这些方面对于孩子成长是至关重要的，只好等下次家长会再与家长交流。

4.也可能是家长会时间过长，天已经黑了的原因，当我说家长会到此结束之后，更多的家长纷纷起身打道回府，留下数位家长与我讨论些问题，当时我就想：难得家长与老师面对面一次，怎么不具体问问自己孩子情况？总感觉心里有一种怪怪的不舒服。细细想想原因，找出数条猜想吧：A.家长把孩子交到我们老师手里放心，都一百个放心了，还有什么可讨论的？（当然这是最美妙的猜想）B.想与老师聊聊，但看还有些家长与老师交流，怕老师太累了，还是等今后有机会再说吧。（另一种美妙）C.老师讲的，不够感兴趣，对家长没什么启示，导致无问题可与老师讨论。（不妙）D.孩子就是孩子，成长是他的事，孩子将来上哪个中学都可以，山沟里还有考上北大、清华的呢，开家长会，了解了解得了。（不妙）E.对孩子的教育，我自己能承担，回去会好好和他谈的。（较妙）F.真有急事，必须去办，今后再与教师联系。（理解）G.这么小的孩子不要给他弄这么大的压力，快快乐乐，健健康康成长就好。（不便评论）……当然原因可能还有其他的，再瞎猜就没什么意思了。

最后，我还是想说，通过孩子这架美丽的桥，我已经把家长当成真诚的朋友，如果在孩子教育方面有什么问题需要讨论可随时与我联系，我会尽其所能地给予帮助的。为了孩子的成长，我们在精力、时间方面是没有什么舍不得的。

愿我们的孩子都像一只只奔跑的兔子一样，在自己成长的道路上，健康地成长。

注：个人心语，不成观点，烦请看过之后如过眼云烟。不评论是我最希望的结果。

以下为回复：

[侯璐瑶家长]

这次开完家长会收获很大。不管是您还是毛老师都那样苦口婆心句句为孩子着想，真是让我感动。把孩子交到您们这样负责的老师班里我很放心。回家仔细想想您提出的那几个问题，我感到很惭愧，老师为孩子做了很多，我又做了多少？一直以为自己付出很多，但通过这几个问题才知道我做的远远不够。千言万语只有一句话：谢谢您老师。我要和孩子一起努力，为心中那个美好的目标共同努力。这里送您和所有的老师一段话：

在老师的手中，握着无数的金种子——希望，这就是老师的全部财富，也是老师的神奇之处。老师用自己的关爱，在学生的心中播下了热爱生命的种子；老师的宽容在学生的心中播下了善待生活的种子；老师的才华在学生的心中播下了渴求知识的种子；老师的期待在学生的心中播下了希望的种子。

[五一班董兆]

今天的家长会终于让我纠正了一个观点：孩子还是需要家长帮扶的。之前我一直认为学习要靠孩子自觉，孩子不自觉就重点教育他要自觉，为此甚至对孩子很不客气，今天我意识到目前要求孩子达到的学识水平已经不是孩子在这个年龄的自觉所能够达到的。我错了，而且对孩子造成了过大压力甚至负面影响，很对不起孩子。樊老师和毛老师让我知道那些优秀孩子的家长都为孩子付出了很多，我实在惭愧。今后，我也要陪孩子度过这学习的时间，请老师多多指导，以加速将孩子送入优秀孩子的行列。

一些感受

2008-01-05

　　期末将至，如果用"忙碌"一词来形容，感觉一点也不为过。学生忙碌，各学科都已经结课，在校内一些所谓的"副科"已经在进行考试了，外教英语周五也已经考完，余下的"语、数、英"这三大主科早已经张弓搭箭，蓄势待发，老师都想利用余下的一段时间为学生作好考前的充分准备，所以各种练习纷沓来，所有的"最终"都落到我们的孩子身上。只说了些校内的，而据我所知，我们很多孩子的校外班，是不是也在结课考试？我想我们的孩子们比我更清楚，所以他们最近"忙哟！"

　　教师忙碌，且不说要为学生们准备期末复习的材料，单就说学生做完练习后能及时给学生判出来，就是个大工程。就拿组词来举个不恰当的例子，出10个加偏旁组字再组词练习，每个字要加三个偏旁再组三个词，每个人做完就是30个词语，两个班合计2460个词。判完再改错，再判，再讲……当然老师的活儿还远非这些，所以老师也"忙哟"。

　　下一周的复习攻坚战已经悄悄向我们走来，真的到下下周考试，我感觉就好多了，因为该复习的已经复习了，接下来的考试只是对一学期的学习成果和最近一段时间的复习效果的一种检验罢了。所以下一周是至关重要的一周。孩子们你们做好准备了吗？

　　对于这两周，甚至说这几天，我想说几个感受吧。

　　1.只要付出就有收获。昨天又考数学了，正好是我监考，我没有像往常一样忙自己的事，而是不停地在观察学生，当看到有的同学做完后，我就表明我的观点——数学题是算出来的，而不是看出来的，号召同学们用笔检查。并督促他们用笔检查，结果考完试后，有的同学查了三遍，有的同学查了两遍。考试结果出来了，正像我所预料的一样，我们班有10个100分，几个80多分，连一贯不及格的一个同学都考了81分，还有一个王同学，在以前自己都认为自己数学很不好，这次考了97分，这说明什么呢？还是大家自己思考吧。只不过，我的奖品本哟，又要大幅度减少了。但我愿意。

2．心气不死，终有一天会成功。最近数天，我明显感觉我的一班同学在大面积地进步。我在给他们讲课时，纪律空前的好，上课时几乎所有的人都在跟着我的问题在走，可以这么说，以前上课走神玩手的同学，现在你让他走神、玩手都不可能了，因为他自己感觉没那时间。带来的结果就是，在一班的教学效率极高，有时，在二班讲一节半能完成任务，在一班一节课就能完成，并且效果很好。同时一大批潜在的"语文高手"（大概有十七八个吧），即将脱颖而出，我相信自己这个感觉。

另外，昨天一个一班的学习方面不很强的同学在卫生间里突然问我这么一个问题："老师，我是您进步组的成员吗？老师我也想进步，我也想考好……"当时我看到他的表情是这样的真诚，眼神中燃烧着希望的火焰。我心中一热，我说："当然是了，想进步好呀！"他又说："老师，我怎么才能考好呢？"我当时随口就说："考好不难，只要我让你会什么你会什么，让你背什么你就背什么，就能考好。"（可能说的有些随意，但对于这样的学生来说，这恰恰是摆脱后进的第一步。）与他交流后，我想了很多，一个是看到了他自身的动力，因为他想进步了，这比家长再多的督促都会管用的，另外一个是，这一段时间我对于他们的激励终于有效果了。同时，你还担心他回家不好好复习吗？你还担心他有不会的问题就这样放着吗？你还担心他上课会不认真听课吗？不会的，因为，他接下来会很忙的，他比老师还会着急的。当时我就想告诉他这么一句话——孩子，只要有心气（其实是希望），你会成功的。

当然像这样的孩子两个班里都有几个，而我感觉一班的人数居多。看到这，孩子们，自己问一下自己，这进步的群体中，这些心气不死的群体中包括你吗？

3．只有自己订出奋斗的目标，你才能走得更快。最近几天已经有好几个家长为了自己孩子成绩的不理想与我通电话。我们在电话里进行了很长时间的交流，可能这些家长都听到了很多的新方法，找出了自己孩子身上的一些问题，说实话，我对这些家长说的，只是形式不一样，而主要内容都一样。（1）想办法让孩子自身有动力。正如我上面说的，要使学生在心中有：这次考数学我非考满分不可；这次的作文我非上老师的博客不可；我非进入老师的进步组不可；我非当高手不可……（我的说法太功利了，呵呵……）如果他在心中真的有了这样的目标，那自身就有动力了。家长帮助起来就简单了。（2）要与孩子定出高一些的标准，常言道：只有不断完善自己，超越自己，才可能离成功更接近。如果孩子们一直在解决如没做完家庭作业呀，又有作业没签字，作业本落家里了等等低水平问题，即使将来超越自己也无非是做完作业，作业能及时签字等等所谓的超越吧。家长应给孩子更多地解决高水平的问题。（3）家长要融到自己孩子的学习中，比如您的孩子没考好，您打电话问我，而我经常问您，您是否知道自己孩子是哪方面的问题？如果不知道，那您着急也是瞎着急。（虽然您可能会说，我要是全知道，还问你干什么呀？呵呵，也可能吧……）然后，就是您知道存在的问题后，您有什么解决的办法没有，如果没有，那问题永远是问题，这次考不好，下次也不太可能考好，您说呢？

4、一些现象，望引起大家重视。

元旦过后，有很多的孩子可能是因为元旦放假的缘故，学习一直进入不了状态，对自己的要求比较松懈，希望重视，如果一直这样，非常影响下一周的复习的，请尽快调整。

进步需要过程，昨天进行了7～10单元测试。结束后，问了几个同学，有些明明讲过的题，他们仍然出现了错误，其实这里面原因很多，我想说：只要一直这样努力下去，终有一天你会成功的，进步也需要个过程。

最近，班内生病现象过多，请各位家长一定要关注孩子的身体。学习不要过累，保证充足的休息时间，根据天气变化适当给孩子增添衣服……如果因某些原因请假，休息一天就将有好多的课程被落下，即使老师再给补，也不会有在课堂上学习的效果，望家长重视。

注：只是个人心语，难免看法过于偏激，如果真的错了，今后我会反思修正的。无论对与错，毕竟是我个人的私有博客，我想不会对大家造成伤害。不回复是我最希望看到的。写得累了，没有检查病句及错字，更甭说文采了，就这样发上去了。

以下为家长回复：

一班和二班的孩子们：

开学以来，樊老师开通了博客，用了大量的时间和精力在那里与学生和家长交流，建立起沟通的平台，弥补了在校教育的不足；及时发出军训照片，抚慰家长们不安的心情；多次表示"家长们可以随时与我联系，夜里多晚都不嫌晚"，为此他花掉了很多手机费，表明了他把学生的事情放在首位；树立正风正气，培育良好品行，激发学习动力，培养进取的斗士精神；随时观察留意，力求从孤立看规律、从现象看本质、从现在看发展，焦急与责任使他（甚至有点冒险）撰写了《谈"秀气"》一文；精心准备家长会《做奔跑的兔子》的发言，语重情切，务实诚恳，统一认识，传授方法，呼唤合力，为小升初吹响了动员的号角；家长会后又放心不下，不顾疲劳，总结梳理，于当日23：17分发表了《还是有点郁闷》，律己之严，遗憾之多，与家长交流之渴望，跃然文中；对每人每篇作文精心批改，评论到位，又潜心研究、整理归纳语文知识，为大家夯实语文基础。

我们并不身处偏僻的山野乡村，不需要樊老师背着学生过河上学，也不需要樊老师把贫困的学生留在家中吃饭……樊老师能够做到目前这些已经足够了，我被樊老师的敬业精神所感动！你们要努力呀！

一点想法

2008—01—11

　　在一周的复习时间里，我的两个班的孩子真的付出了很多体力和精力，太辛苦了。真的希望在周六、周日他们能睡个长长的懒觉。然而，课下我问了一些学生，他们说，他们周六、周日还要去上课，还要去考试，内心产生了很多怜惜之情，但我又为他们提供不了任何援助。同时，因为下周就要考试，我又不得不留了家庭作业。本想对他们说如果写不完就甭写了，但这话我又真的没有说出口，好矛盾。

　　正如今天，一口气上了一天的课，感觉我自己情绪都不太好，甚至有时对学生也大喊。喊后，也真觉得对不住我的学生们。因为我更多地想，他们学了整整一天，心情不会比我好多少。

　　不过还好，下周三，我们就考完了，大家都可以休整一下了，美好的愿望，寄托于周三下午之后吧。

　　周六、周日，我还有很多工作要做，可能不能写些什么了，如果大家很失望，只能等我闲下来，再说吧。

　　最后我想说，请大家一定要注意休息，如果觉得这两天作业完成起来有困难，请与我电话联系。

以下为回复：

[朱金红的家长]

不容易，孩子不容易，家长不容易，老师更不容易。总之一个字"累"。

[学生田宇平]

樊老师，您辛苦了，感谢您这一学期对我的教育、辅导和帮助！

[学生家长]

真实的、有人情味儿的老师！

新年寄语

2008-02-06

常言道："十二年一轮回。"时光老人不因我们慨叹光阴似箭而放慢他那匆忙的脚步，今天是猪年的最后一天了，明天，鼠年将伴随着我们欢快的笑声，向我们阔步走来。在十二生肖中，猪是排在最后的，鼠是排在第一个的。

孩子们，当你们将要走过人生第一个十二年的时候（因为咱们这批同学中有很多孩子是属鼠的），你是否能够静静地想一想，想一想在这十二年里你的成长过程；想一想在这十二年中父母、老师及你的很多长辈为你付出的辛勤劳动，当然，你更要想一想你的未来将如何走好。

如果我们硬性地把十二年当成一个轮回的话，你想过没有，再过十二年，你将是二十四岁了，到那时你们都已经长大成人，都已经大学毕业了。到那时，你可以自豪地说："我是祖国真正的建设者！"

还得回头想一想，你觉得你这十二年是不是过得很快？如果我们用个夸张的修辞方法来说：真是一眨眼的功夫。是呀！这十二年一眨眼的功夫就过去了，那下一个十二年，是不是也会转瞬即到呢？第三个十二年呢？第四个呢？第五个呢？第六个呢？第七个呢？当我们算到第七个十二年的时候，我们那时已经是84岁了？

是呀！岁月苦短。人生虽然有限，但世界每天都是如此灿烂！

下面是我对大家的新年寄语：

1.珍惜每一天，让每一天都充满滋味——酸、甜、苦、辣均为人生。

2.做健康、快乐、充实的"我"——我生活，我快乐。笑对成功，笑对失败，笑对坎坷，笑对磨炼——笑对整个人生。

3.为成为祖国真正的建设者不懈地追求、努力，完善自我，提高自我——未来的几个十二年，世界将因你而精彩。

樊红岩
2008年2月6日凌晨2点30分

第二部分
脚 印

（班内小结及与学生的交流互动）

> 深的、浅的，长的、短的，每一串脚印，都是对时间的记忆。点滴进步，与孩子的笑声一道，铭刻在成长的路上。

2007-09-05 班内简评

开学已经两天了，我与我的学生们在慢慢地熟悉，更确切地说他们在一点点地了解适应我，我在尽快地了解适应孩子们。

今天本想把晚上的作业挂在博客里，但今天学校有事回来晚了，只好作罢。

总结一下今天的情况吧。通过两天的学习生活，我的总体感觉是孩子们在一点点学会约束自己的某些行为，在潜意识中已经懂得了自己是高年级学生了，某些不该做的就尽量不做，比如上课时不能不经允许就与左右的同学交流。同时，全班四十一个同学都给我传达了这样一个信息——我要努力在班里找到自己的一个位置，努力为班里做些什么。这一点是我非常满意的。两天里，我正在把一些比较重要的工作分配给学生们，力争给他们创造一个成长与施展才华的成长空间。这虽然有些一厢情愿，但这可能也是我的一个努力方向吧。现在我们班已经产生了六个大组长，十二个学习组长，纪律、学习、宣传也有了专人负责，我还有了两个课代表，他们既聪明又能干，帮我和我们的五（2）班做了好多的工作，真谢谢他们。

明天我可能要继续分配工作，想为班里作贡献的你要努力哟。同时，明天我们要搞组内评比了，真心地希望看到博客文章的你和你的小组能在班里名列前茅。

以下为回复：

> [杨正东]
>
> 我抢到樊老师的"沙发"了！
>
> 樊老师，你放心吧，我们已经憋足了劲儿，决心在您的带领下好好学习、天天向上。

[博主]

看你的话，我真高兴，我是第二"沙发"。

2007-09-06 班内情况

今天，我们班开始小组评比了，早上，我给昨天表现好的（主要是纪律方面）二组、三组、四组，分别画了一面红旗。不知怎么的，从今天一天的表现来看，二组、三组的表现不够令人满意，纪律下滑比较严重，这令我很失望，而五组却表现得很突出。六组也表现不错，只是在放学前，六组的一个同学不能很好地约束自己。一组、六组的同学可要努力哟。

通过这几天表现，我发现六组的大组长梁金全表现很突出，每天很早就来到学校，帮助班里做很多的工作，并且这个孩子不张扬，总是那样默默地工作。在课上，他能够安静地听老师讲课，不时观察着本组的表现，看到自己组有的同学不能很好地约束自己，他的脸上总表现出一种焦急，凭我的直觉，他是一个当干部的好苗子，当然只是直觉，还有待于观察。并且，我的两个课代表，还有张梦琢，李子宜，郝晶晶……好多的同学帮班里做了许多的工作，我真的轻松了许多，当然还有好几个男生表现也不错。

早上，有三个同学给班里带了小锁，一个男同学为班里印了登记表，真是解决了很大的问题，我真的要谢谢这些同学和他们的家长。

晚上下班时，我的大队委给我打电话，让我明天带一张六寸的照片，还特别说："明天要交。"这可把我难住了，因为我回家后就已经六点了，再去洗照片恐怕来不及。然而最令我想不到的事居然发生了——我没把U盘带回家，当时我就晕菜了——粗心大意害死个人哟！不过还好，最后总算解决了，大队委交给我的活，我可以交差喽！！！

今天的家庭作业是：1.课上画的四字词语，一词四遍，写在大作业本上。2.第2课的两首古诗在纸上各抄两遍。3.为自己的作文准备材料。

以下为回复：

[杨涵家长]

班主任老师对工作认真、细致，我相信这个集体一定会很出色。我也为这些孩子有这样的老师感到高兴！

祝老师教师节快乐！

[郝晶晶家长]

感谢老师及时解决了我向您反映的问题，孩子在您班里我们很放心！

[王云鹏家长]

感谢老师及时反映孩子的情况，在您的教育下我们很放心。

[博主]

谢谢家长的鼓励、关心、支持，有家长对我工作的肯定，我只能加倍努力，通过家长、学生、老师的努力，五（2）班不日定中天。

2007-09-12 日记

喜报：

今天我们五（2）班进行了开学以来第一次小组评比的总结表彰工作。二组、四组获小组评比二等奖，三组获小组评比一等奖，在此表示祝贺，希望这三个组再接再厉，在今后的评比活动中获得好成绩。同时更希望没有受到表彰的小组加倍努力，争取超过获奖组。

周二总结：

今天因为是第二阶段小组评比的第一天，各组均很努力，纪律进步大，作业质量有很大提高，受到数学、英语老师的一致表扬。语文作业质量明显提高，更多的孩子在严格要求自己。一组、三组在一天中获得两面红旗。

小提示：

明天有小到中雨，别忘带雨具，另外雨后开始降温了，请同学们注意添衣保暖。今天已经有一个同学因肠胃及感冒没来上课，另有一个同学也是因为此类病而中途回家，还有一个同学有些低烧，在此一并表示慰问。希望家长引起重视，否则会出现落课的现象。

以下为回复：

[小飞马]

老师！错了！2 组和 4 组是 2 等奖，3 组是 1 等奖。还有 1 组和 3 组今天得了两面红旗！

[刘奕琨家长]

樊老师：开学还不到半个月，我已经从您的博客中欣喜地感受到五（2）班翻天覆地的进步了！您的幽默令我们开心，您的细致入微令我们感动！作为家长，我为能把孩子交到您的手中而感到庆幸。愿五（2）班的每一个孩子都能健康、快乐地成长，愿樊老师也能圆自己的梦想！

[博主]

不好意思，错误之处已经改过来。我怎么记得今天是六组得两面红旗呀！！！好没面子哟！！总说错话——获奖小组很生气，后果很严重。唔，唔，唔……（大哭）

2007-9-14 本周小结

一周的学习生活在紧张忙碌中就这样匆匆而过。说其匆匆，是因为开学两周，我与同学们都面临着适应问题，同学们要适应新校园，新老师，新教材；而我呢，也要适应新学生，同时还要进行日常教学活动。同时，开学的前几周有很多的收费工作也要做，一大堆的事。不过还好，多亏我的学生们帮我做了好多的事，减轻了我许多的负担，真谢谢他们。现在我们班可以说事事有人管，样样儿有人做，井井有条地健康发展。在这一周里郭永泽、崔鹏的进步非常大。张鑫豪、李镇奇、戴明剑、郝晶晶、何琬楠、钱雨、王艺竹、柴云……等同学继以前表扬的干部之后，在本周表现出很强的能力，我感到很高兴。当然以前的很多干部表现也非常优秀，在这里就不逐个表扬了。我希望在下周的军训活动中，所有的同学都能表现得很出色。

再说说本班整体的学习和纪律吧。现在，我们五（2）班的纪律得到其他学科的老师的一致好评，特别是上课时的表现比上一周有较大进步。在下课时，极少能看到有在楼道里追跑的同学，本校侯主任对咱们班提出过表扬。学习方面，学生们在课上能积极回答问题，努力思考，作业质量有提高，特别是在书写方面进步较大。

需要改进的方面：1.个别同学在本周仍有把书及家庭作业落在家的现象。2.少数同学对自己要求仍欠严格，老师会在下周期盼你的进步。3.有些干部的工作能力及方法需要进一步提高和改进。

小提示：

下周二要军训了，家长和同学们利用双休日准备好军训用品。在这两天要学学整理内务，否则离开家长的这几天，你会因为不能很好地照顾自己而尴尬。

以下为回复：

[哈哈]

你给我的感觉不像一个严谨的育人之师， 更像是一个爱玩儿的大孩子。

2007-09-19 小结

　　一天的训练工作已经结束了，今天下午学生们进行了军体拳的学习和救护练习，一切正常。学生们能够按教官的要求去做，完成了任务。晚上，所有学生在教官的带领下洗了澡，晚上在各自的宿舍内，由教官组织学歌、唱歌。学生们情绪比较稳定，有个别孩子出现了想家的现象，这也是很正常的，毕意孩子们大多是第一次独立出门，家长们也同样会想孩子吧。说实话，离家两天了，我还有些想家呢，因为我的孩子今年上初三了，她的学习，我还是有些不放心的，总想能看看才好。咱们班孩子身体都无问题。

　　明天上午训练，下午安排一次采摘活动，后天我们就回去了，您就可以见到孩子了。照片我先不发了，虽然今天仍照了一些，但我们的邮箱真的不争气，这主要是１２６邮箱的服务器的问题，只好等回去后再想办法了，请家长耐心等一等吧。

　　先写到这吧，明天我会把消息及时通报的。

樊红岩
9 月 1 9 日晚

以下为回复：

[新浪网友]

　　樊老师：看了您的小结知道孩子们今天过的很充实，说实话我也想孩子了，不过因为有您的关心才会有我们的放心，辛苦了。

侯璐瑶的家长

[新浪网友]

　　樊老师您好：这几天真是太辛苦您了，有您这样的一位那么细心那么有责任心的老师在孩子身边，我真的很放心，看到孩子们笑容满面，心里很踏实，在此表示真心的感谢。

朱金红的家长

2007-11-02 周末小结

忙碌的一周匆匆结束，现做如下小结：

1.本周第四阶段小组评比已经结束，一组、四组、二组分别获得一、二、三等奖，其他各组只是和获奖小组相差一两面红旗而没有受到表扬，比如六组上周一还位居小组评比红旗面数的第二名，只几天的时间就落选了，真是太可惜了。还有就是五组，如果再多获两面红旗，本次就能受到表彰，从而留下了无限的遗憾。周一新一轮评比就要开始了，请各组抓住机遇争取取得好成绩。

2.本周六、周日留作文一篇——以"变化"为主题，自拟题目写一篇作文，写作的基本思路，我已经在今天下午第二节课进行了重点指导：（1）选材小；（2）有情节；（3）有写作目的；（4）选材新。希望同学们发挥自己的聪明才智，写出新意写出亮点。同时，对于本次作文表现突出的同学，我还将把作文挂在博客里，一个目的是供其他同学以借鉴，另一个目的含有表扬的味道。愿大家努力争取，只要文章出众，我会不计篇数地挂在这里。

3.对各任职干部的评价：在各岗位的干部，本周能努力完成班里的各项工作，尽职尽责，充分发挥自己的才能，值得重点表扬的有一、四、六组的大组长，六名语文组长，还有就是语文课代表及负责纪律、体育、卫生、学习的主管领导。

4.尚存不足：（1）开学两个月来仍有几名同学纪律方面进步不够快。这几名同学主要表现在上课时自身约束力仍比较差，比如上课"吃"手指；经常歪着坐且有时回头说话；在课间背着老师时在教室里跑、大声喧哗，三组和六组本周各有一名同学甚至出现了退步，因为在前一段时间这两个同学进步得特别快，而这周要求自己不严格。（2）学习方面，有个别学生给自己定的水准不高，致使自己在学习能力的提高方面将要与一些进步快的同学产生很大差距。例如，我们的这篇作文，同看的一个演出，同是一个老师指导的，成文后居然有这么大的差距。还有，前两天留的一个小练笔——《写家庭中的一个场景》，咱们班有的同学写了二三百字，有三个同学竟然只写了三五十字。我想这不仅仅是一个写作能力的问题，最主要的是一个写作态度问题，常此下去，结果将是什么样呢？？另外，在课上，一节课中，有的同学能时时跟着老师进行训练，进行思考，而有几个同学总在那里"默默无闻"，充当一个"听客儿"（自己创造的词语，意思是：老师爱问什么问什么，其他同学爱说什么说什么，反正跟我没关系，一节课就在那默默地坐着，不是他们在认真听，认真思考，而是充当一名旁观者。固定义为"听客儿"）常此下去，这些同学将会怎么样？值得大家思考。

5、回答一家长的问题：学生卡，如果孩子需要，请一定让这名同学在周一时找我，我帮他（她）解决。因为这个学生卡对于学生十分重要，一旦丢失将非常麻烦，甚至可能影响到孩子将来升初中的注册，我们只是代管，需要可取回。

又没有条理地在这写了一些，因为是私人博客，仅代表自己的一周感受，难免有总结不周之处，甚至不排除有些方面认识有些偏激。周五又到了，祝看此文的家长和同学周末愉快！

以下为回复：

> **[李子宜家长]**
>
> 一，常在这里看到您与家长的交流，这肯定要耽误您很多时间，再次由衷感慨您的敬业精神！您曾写到在延庆时想念学生，我深信且为此感动！
>
> 二，今天孩子向我提出要看名家的书，一下子说出巴金、老舍、茅盾、雨果等大家，我有些意外。她的视野已不仅是动画、马小跳之类，这是您两月来熏陶、要求的结果。我甚喜，我致谢！
>
> 三，建议作文要"多批少遍"。作文不改恐难进步，所以请尽量批改每篇（如趣事一文）。但每次对第一遍讲评后，第二遍再写在纸上后，往往没时间再讲评修改，就把第二稿抄在作文本上形成第三稿。这样看来，在没时间批改或修改的情况下，第二遍可否不写？以节省万分宝贵的时间。

2007-11-17 简单小结

　　从周五到现在一直在忙，总觉得有忙不完的事。带回来的四十本作文仍静躺于案头。可能是上一周过于繁忙，身心稍显疲惫。但想到会有家长在等看我的上周总结，所以还是强迫自己坐在了电脑前。简单总结吧。

　　1.本周最大的一件事就是我带着孩子们在周五时做了一节区级的研究课。在课前孩子们就已经认识到机会的难得，大多数同学都想利用这个机会展示一下自己。同时有的同学表示自己有些紧张，因为毕竟很少经历过这样的所谓的"大场面"。从整个研究课的过程来看，课堂效果和同学们的表现，得到了听课老师的肯定。但就自我感觉而言，同学们身上仍然有一些急需提高的方面，如：一些孩子说话的声音不够宏亮，甚至某些孩子不会大声说话，表面上看这一问题可能与将来的考试无关，但这却是语文能力——"说"的方面的欠缺。另外，在对课文理解方面，部分同学仍达不到能够抓住课文中的重点语句，对课文进行深入的思考。在课堂上的具体表现是——如果我问："你对这段话有什么理解？"他（她）就感到茫然。而当其他同学答出后，他也觉得很有道理，但就是自己想不到，想不出。长此下去，这样的孩子的语文能力就会被其他同学越落落远。以致将来补都没办法补。

　　2.小组评比方面：现在各组差距非常小，暂时看不出在最后的总结中哪组会获胜，并且竞争很激烈。只是有一个组让我不明白，在上次小组评比时是获奖组，这次竟然一下落到了其他组的后面。真有些让我搞不懂，并且我也很着急。

　　3.最近几天，本班有N多孩子来找我，让我给安排工作。孩子们关心集体，想为班级做贡献的积极性，想通过为班级做事提高自己能力的愿望很让我感动。但是，班内的职务是有限的，要想做到人有一职，人有一事，真的好难。为此苦思冥想了数日，仍觉很棘手（因为有些孩子我已经答应他们给安排工作了）。但为不打消学生的积极性，实现他们的愿望，我下周还要努力。同时，我想，与其求得我的帮助，还不如自助，自己多找一些能为集体作贡献的事来做，这不是一个很好的解决办法嘛。不过我想提醒这些孩子一句，要想为集体工作，先要把自己的事做好，比如，你如果负责检查同学们做家庭作业情况，而你自己的家庭作业经常出问题；你想检查同学们的背诵情况，而你自己都没背下课文，那么，你怎么能胜任这一工作呢？

4.贾灏晨现象带来的思考：今天下午贾灏晨同学及家长给我打了个电话，在电话里他兴奋地告诉我，贾灏晨参加朗诵比赛后感觉很好，因为他朗诵结束后，受到评委老师的称赞。为什么我要说这是个现象呢？因为早在开学时，这个同学在班里的读书水平是非常一般的，当他报名时，我也只是觉得当个锻炼过程就已经达到目的了。在两周前，这个孩子突然给我一篇散文——朱自清的《匆匆》，让我给指导朗诵以便参加比赛。我答应了，第一次听他朗诵时，问题真的很多，可以这么说，他连最起码的朗诵技巧都没有，并且一边给我背文章一边出汗。我当时也只是本着想让他尽量提高的目的，尽可能给他讲一些东西，然后就让他回家自己练了。可没想到的是，第二次再指导时，他的朗诵就已经进步了一大截，于是我就再指导，再让他回家去练。更没想到的是，上周五，当最后一次指导时，恰巧一名老师听到了，居然说："一等奖没问题。下周到我们班，给我们班的同学们朗诵。"我当时没有想我指导得多有方法，而是想到如下关键词："可塑性"、"努力"、"有目标"、"敢尝试"……并且，在周五的研究课上，贾灏晨的朗读已经非常精彩。与之形成对比的是，周五还有一个同学也让我帮他指导朗诵，但第二天就要比赛了，再想有大的提高恐怕比较困难了，因为他只是从今天才开始准备。不知道看到这一个例子，家长和同学们有些什么想法。

5.周一有外教英语的展示课，真诚欢迎大家来参加我们的活动。

注：真有些累了，自己写的东西，不再检查是否有病句或错字。抱歉。

2007-12-01 上一周小结

无意间看了一下日历，今天都进入十二月份了，这意味着2007年还有一个月就要和我们告别了，还有一个多月，我们就要放寒假了，我们离结课的日子已为期不远了，我们的期末考试的日子也快到了。

还是总结一下上一周的情况吧。上一周最应该说的当然是跳绳比赛。同学们经过不懈地努力取得了令人骄傲的成绩——总成绩全年级第二名，同时获得最佳观众的称号。这是自队列比赛以后，我们班打得漂亮的一个翻身仗吧。当然这一荣誉的取得离不开大家辛勤地付出，因为在赛前，我们早早就开始准备了，大家积极参与训练，争当运动员。同时为了能顺利比赛，有的同学给班里带来了大长绳，有的同学自费买了四五根短跳绳。

在前几周的博客中，我曾写过一个"贾灏晨"现象，今天我在这里想说一个"李子宜"现象。在这次比赛中，李子宜参加了"个人编花赛"，他取得了第一名的好成绩。要知道，我们五年级共有十四个班，有近六百个学生。如果有人说，咱们男生也拿了年级跳强比赛第一名，你怎么不当成现象说呢？这其中自有原因。首先从李子宜的身高、体形来看（不好意思，没有不尊重的意思），很难把她与跳绳高手相联系。其次，在这次比赛中，真的可以说是高手如云，取得这样的好成绩，实属不易。这就使我们要继续思考，难道她取得这样的成绩是一种偶然吗？答案应该是否定的。赛后，我得知，为了备战这次比赛，子宜同学每天晚上坚持围着楼跑数圈，然后再在父母及奶奶的陪同下练习跳绳……所以取得好成绩不应是偶然而应该是必然吧。看到这，我想引发大家思考的结论就不用说了，其实体育比赛是这样，学习方面难道不也是这样的吗？

上一周我们的小组评比又告一段落，对取得好成绩的小组表示祝贺。同时，正如我上周日的博客所言，二组最终功亏一篑，从原来的遥遥领先，到最后被三组反超，实在是可惜。但该组反映出来的后劲不足，也值得其他组引以为鉴。我们新的一轮评比又开始了，希望各组努力，力争上游。然而从第一天来看，有些组从早晨开始就已经注定落后了。因为这些组的某些同学在早上收作业时就出现把作业忘在家里或有落题没做的现象，从而影响小组成绩。特别是英语作业，有些孩子总不让家长签字，并且就集中在本班三四名同学身上。这一问题，希望尽快改正。

上一周，我们还对个别干部工作进行了调整，同时给若干名同学安排了新的工作，希望这些同学不要辜负老师和同学们对你的期望，多向有经验的干部学习，踏实工作。我想，你也会在短时间内快速成长起来的。

说了很长时间的考试，因事一推再推，但下周一，真的要考了。希望所有同学利用周六、周日，好好复习，争取取得好成绩。明天我也要去应考了，今天晚上还要复习。就写到这吧。

2008-03-09 开学两周事记

1.李子宜家长在开学典礼上代表本校所有家长发言。家长脱稿演讲，慷慨激昂，受到与会领导、老师的一致好评。从一个角度而言，为五（2）班争了光。

2.开学时检查学生的家庭作业，在检查必做作业时，仍然有近十个同学作业有问题，特别是有几个期末考试不太理想的同学问题比较突出。本想与家长联系，恰逢家有急事，此项工作没有落实。

3.从开学第一天开始，我们就在为五月份的区质量监控做必要的准备。在此提示家长，五月份的各学科的区质量监控非常非常地重要，请家长一定要高度重视。每一个学生务必要取得令人满意的成绩。所以请家长一定要重视我们每天留的很多背诵、默写作业。一定要让学生高质量完成，而现在有些孩子这方面不能保证，通过每天到校后的检查，这些孩子问题很大，可以证明他们在家该背的没背到位，该默的没默到位。这就预示着将来的质量监控考试，这些孩子一定取得不了满意的成绩，等成绩出来了，再后悔真的就晚了。

4.开学以来，给学生们提了三点要求，要求学生每天思考如下问题：今天你思考了吗？今天你回答问题了吗？今天你多走半步了吗？（这三个问题的具体含义每个学生都知道。）

5.在顾及班内每一个同学的基础上，我们启动了"才子工程"。

6.杨正东同学去天津时给全班每个同学带了小礼物 —— 一根大麻花。当然也送给我一根。在发放时，他本人很激动，每个同学都很高兴。我为杨正东的心中有同学，心中有集体的行为而感动。

7.仅两周时间，我们班的板报和墙报都更新了，很漂亮。刘奕琨、付娆、李子宜、赵晏、张梦琢等一批同学功不可没。

8.我们班内的"奖"章因管理不善丢失，王清雨家长又帮我们刻了一个，并坚持不收费用，解决了我们班的发奖问题，在此表示感谢。本学期第一次小组评比结果：一组获一等奖，四组获二等奖，二组获三等奖。对取得好成绩小组表示祝贺。第二次小组评比活动已经开始，请同学们加倍努力。

9.开学以来，各位小干部工作方法，工作能力提高很大。金梦旭、沈昕雨等几名同学表现突出。赵晏、刘奕琨等几名同学的写作已经快具备自己的写作风格了。在学习的某些方面付娆、汪应晨、董斯元进步明显。张天霁、崔鹏等同学学习劲头儿很足。但有几名同学学习态度和努力程度进步不大，有些同学甚至与上学期相比有退步（不与点名）。

10.樊老师在上周接受中央电视台某台采访。（不知是否能播出）

11.为迎接质量监控，利用周二、周五时间对班内几名同学做短期培训，学生很努力，取得了一定的效果。

12.鼓励学生每月阅读《青年文摘》这一刊物。

注：开学以来，各位同学很辛苦。家长有什么问题或需要我提供帮助可随时与我电话联系。

2008-04-23 两周回顾

有如朱自清的散文《匆匆》一样，两周的时间匆匆而过。仿佛号召大家用博客留言的形式写《望春》、《感春》的日子就在昨天。转眼间谷雨节气已至，暮春仿佛在催生着初夏的如期而来。

与往常相比，这两周的日子，对于我还有我的学生们，感到最大不适应的无疑是我到深圳去学习。师生分别近一周的时间，这在以往情况下是未曾有过的。可以说我是带着一种矛盾的心情离开北京前往深圳的，原因有三：首先能够外出学习，机会难得，对于自己无疑是一个极好的提高机会，但是毕竟要一周时间不能给孩子们上课，眼看五月份的质量监控就要到了，失去与同学们一周的学习时间，真的太可惜了。其次，虽然我们近一段时间小组评比搞得有声有色，我们小干部在迅速成长，然而，他们的工作均是在我在的情况下做的，我离开一周让他们独立工作，我心里真的没有"底"。班级的正常工作，他们挑得起来吗？最后就是，近一年的时间与学生们朝夕相处，真的说离开了，有点舍不得。

在离开之前的一段时间，李红主任承担起了将来给两个班的上课任务，反复与我敲定将来的上课内容，甚至精细到每一节都讲哪些内容。张炎老师负责做五（2）班的临时班主任。毛老师也总告诉我："放心去吧，没事的。"周四下午，我对班级管理工作做了最后详尽的布置：在我外出学习的一段时间时，班内各专职的干部各负其责，各大组长负责本组的总体事项。班内通盘工作由张梦琢同学负责。同时，我在博客上开辟了三个小专栏，其中两个是让两个班的学生分别写出在我离开的日子里的一些感受，另外一个，是让干部每天汇报工作。

在深圳的几天里，我抽时间去了两次网吧，我看到了很多同学的精彩文章。说实话，我好感动，因为我深切地感受到，孩子们对我的思念，是发自肺腑的。我还看到了，每天我的专职干部都能在博客里，把当天的班级情况汇报到这里。在正常上课的时间里，张宇君同学，每两节课就给我发一条班级情况的短信（自费）。我收到的大都是两个字——正常。其间，何琬楠同学用家长的手机号开通了飞信业务，用这个工具及时地把班级情况随时传达给我。如果说这也属于远程遥控的话，那么我可以说，在深圳的这一段日子里，我真的放心了很多，因为我们的班级是稳定的，我们的干部是成熟的，他们在我离开的这一段时间，真的做了大量的工作。在此代表我个人，对同学们良好的表现提出表扬，对干部的辛苦工作表示感谢。当然我们更不能忘记，这段时间为咱们班付出辛勤汗水的李主任、张老师和毛老师。

总结这两周工作，不能不提到我的生日，4月16日是我40岁的生日，当时很多孩子已经知道，这可能已经是个不用公开的秘密，因为我的博客号就是fan0416。按正常时间计算，我生日那天，应是在火车上度过的。在网吧时，我就已经看到了，很多孩子留言祝我生日快乐。在16日那天我还收到了*N*多条祝我生日快乐的同学或家长的短信。当时我非常高兴，这种高兴无以言表。在火车上，我曾冒出了一句很酸的小诗（只一句）——"在飞驰的火车上，读着这句句生日祝福短信，在心中，我为我自己点燃了生日的蜡烛……"然而恰恰在我上班第一天的中午，我却看到了生日的烛光。当时，付娆把我叫到教室，出现在我眼前的是一个精致的大蛋糕以及上面的点点烛光。四十一个孩子齐唰唰地站起来，宏亮的祝福声响起来，当大屏幕上出现了"祝樊老师生日快乐"的字样时，当生日歌响起时，当祝福的小诗从每个代表口中说出时，当我的头上第一次像个孩子似的戴上了生日帽的时候，当我接过了一张沉甸甸的贺卡时，我的眼睛湿润了，一个有着二十年教龄的老师被感动了。因为我感受到了孩子们在长大，孩子们对我的工作的肯定，孩子们给予我的真情，当然这里面包含着家长们对我的鼓励与支持（因为蛋糕的费用是家长出的）。这其中，策划者们的付出，可能只有他们自己知道。这也更加鞭策我继续努力地工作，回报我的学生及我家长。

说些学习方面的事情吧。离五月份的监控越来越近了，大家都知道，这次考试是非常重要的，在我外出之前，曾进行两次模拟考试。总体感觉效果还说得过去，但问题还是多多。一个是高分同学不很多，失误的同学占了很大的一部分，并且，每次考试都有一两个同学待达标。使我们不得不承认，如果樊老师出的测试题都考不了高分，都达不了标，那么，真的到了考试时，成绩也会令人很失望的。

同时班中还有十几个只得六七十分的同学，只是达标的水平，你们要努力提高上来呀。

下面一些是写给一班同学看的：前一段时间，一班同学大有要超过二班的趋势，但近一段时间，一班同学松懈现象明显，特别是在成绩及写作方面，不够让人满意。尤其是一班的一些高手，特别令人失望，我总感觉如果这样下去，后果不堪设想哟。如：三个王同学，一个丁同学，两个李同学，一个赵同学，还有LIN同学，DONG同学，杨同学……大家要努力呀。

孩子们送我的贺片，我非常喜欢。

第三部分
磨 炼

身躯终有一天要接受风雨的洗礼，翅膀终有一天要博击长空。孩子们，在你们成长的过程中，你可留意过家长那关注的眼神。

[2007—09—13]

让大家久等了

今天可能大家最关心的就是军训问题，其实没有什么要解释的，只要大家认真看一看通知及要求，再问问自己的孩子就可以了，因为我在班上把时间和要准备的东西全和同学们详细地说了。如果家长还有不明白的问题就给我打电话询问吧。

不过有如下的几点提示家长：

1.明天必须把反馈单填好交回。写清孩子的出生年月，以便办保险用。

2.孩子如果不去，家长要在回馈单上注明理由，去的孩子明天要带230元钱，学校核定人数后去定车。

3.军训时需要准备的东西，可利用周六、周日再准备，手机、相机等贵重物品一律不让带。零用钱最多带20元。所有去时要带的东西要装在一个双肩包里。

4.学生到达军训基地后，家长勿打电话，这是学校规定，老师只要不给家长打电话，孩子就是平安。军训地址暂不相告。

5.军训基地可能能上网，我准备建一个邮箱，每天把我们军训的照片发到那里，家长可下载了解孩子军训情况。同时，我建了一个咱们班的QQ群，号码是：13729049，有兴趣的家长可以加入此群。军训时，如果晚上没活动，我可以在群里陪各位家长聊聊，军训后，如果可能，我也会定期在群里与家长交流。家长注意：如果您要加入本群，请一定注明您是谁的家长，要不，我是不会加您为好友的，加入群后，把您在群里的QQ名也改为**的家长，因为我只希望这个群属于咱们班自己的，不妥之处还请见谅。

军训消息

开营式已经结束了，学生们进入了紧张的训练，一切正常，大家兴致很高，请家长放心。

[2007—09—18]

军训小结

尊敬的各位家长：

今天孩子们终于盼来了他们盼望已久的军训了。孩子们的心情已经兴奋到了极点。早晨，我们有序地乘车来到了位于昌平南口的军事训练基地。这里空气清新，鸟语花香。孩子们一下子就喜欢上了这个地方。上午到达营地，简单整理后学生进行午餐，他们团团围坐，高兴地就餐。这里一切的一切在他们的眼里都是那么新奇，我想他们小小的心里似乎一定装着说不完的兴奋。

下午进行开营仪式，孩子们有模有样地端坐在主席台前聆听军队领导讲话。开营仪式后紧张而有序的军事训练开始了。军营生活的第一页翻开了。我坚信：我们五(2)班的孩子们一定会用坚强与勇敢上好军训这一课！

军训营地采用封闭训练，能够保证学生的生活和安全，请家长放心，明天开始正式训练。

这里的网不太好，总断。这几组照片我已经传了很长时间。总等能上网时紧着传，有时照片传到一半就断了，只好等能上网重新传。这一两天要检修网络，很可能较长时间断网，因此传照片会受到影响，不过，我们会努力。实在不能传的话，我们也会把孩子们训练的照片保存，待回去后上传邮箱，请家长谅解。不过博客我会尽力去写，和家长通报情况，家长有什么话，可留在我博客里。

樊红岩

2007．9．18晚

以下为回复：

　　樊老师您好：看了您的帖子，我们悬着的心总算放了下来，如读家书般的受用！得知孩子们的感受、表现及即将开始的军事训练生活，我仿佛看到了她们兴奋的笑脸听到了他们欢乐的笑声，只是所有的美好瞬间都得在您的陪伴、帮助和付出中取得记忆和预期的收获，您承担了所有家长的责任和辛苦！在此，祝您工作顺利！飞去郝晶晶的家长的忠心感谢！

樊老师您好！

　　虽然无法在邮箱里看到孩子们军训的照片，但看了您的文章，我感到非常塌实和欣慰。老师辛苦了！白天要照顾这么多孩子，晚上还要向家长们及时通报孩子们的情况，为的是能让我们这些家长放心，谢谢您了！

　　这次军训是田珺第一次在没有家长陪同下外出，我想很多同学也是这样的。如果平时在家有意识地对孩子进行过简单家务和自理能力的培养，那么，军训这几天，这样的同学和他（她）的家长都是很从容的，我不知道有多少家长和我一样，属于不从容的行列。樊老师您应该最有发言权了！

　　樊老师，您好！谢谢您给我们家长发过来的军训照片！这让我看到了孩子的另一面，孩子放在您的手里，我很放心！谢谢！

[2007-09-19]

9.19中午

各位家长好，看来咱们的邮箱真的有问题了，不是这的机子的事，可能是126邮箱的服务器的事，因为我曾让一个家长帮忙给挂照片，结果还是不成。可能让家长们失望了，不过没事，等我们回去后，我会把照片给大家的，到时家长们可以安心的看您孩子军训时的表现的。

今天军训正式开始了，一切正常，孩子们在练习站队及走步，在军训过程中，教官注意了劳逸结合，适时让他们休息、喝水，他们的宿舍我也看了，内务很好，整齐干净。有的宿舍还被挂上了卫生流动红旗，中午孩子们在休息后进行训练。总之有教官和老师在照看，您尽可放心。

以下是家长回复：

[新浪网友]

樊老师：谢谢您把每一位孩子的照片都登在博客上，让家长们通过这一交流的平台，能够亲眼目睹到自己孩子的军训生活照片。看见您和所有孩子的真诚笑脸，我们的脸上也露出了会心的微笑！您在方方面面上表现出来的真诚与周到，令我们为之感动！

[新浪网友]

老师您好：邮箱里的照片我已全部下载，真是难为老师了，为所有的学生都拍了相片，让家长们都能看到自己的孩子，真让人感动，谢谢。

[董斯元家长]

樊老师您好：我们看到孩子的照片了，很高兴。我家有女初长成！感谢老师！感谢部队教官！

樊老师您好：孩子们的相片我已从您的邮箱下载，看到孩子们兴高采烈的样子，我真的很感动，感谢老师及时将照片传送给我们，让每位家长都能看到孩子们的表现，您真是一位有着细心、爱心和责任心的好老师，我们为您鼓掌。

[2007—09—19]

19日小结

一天的训练工作已经结束了，今天下午学生们进行了军体拳的学习和救护练习，一切正常，学生们能够按教官的要求去做，完成了任务。晚上，所有学生在教官的带领下洗了澡，晚上在各自的宿舍内，由教官组织学歌，唱歌。学生们情绪比较稳定，有个别孩子出现了想家的现象，这也是很正常的，毕竟孩子们大多是第一次独立出门，家长们也同样会想孩子吧。说实话，离家两天了，我还有些想家呢，因为我的孩子今年上初三了，她的学习，我还是有些不放心的，总想能看看才好。咱们班孩子身体都无问题。

明天上午训练，下午安排一次采摘活动，后天我们就回去了，您就可以见到孩子了。照片我先不发了，虽然今天仍照了一些学生训练的采风，但我们的邮箱真的不争气，这主要是１２６邮箱的服务器的问题，只好等回去后再想办法了，请家长耐心等一等吧。

先写到这吧，明天我会把消息及时通报的。

樊红岩

9月19日晚

以下是家长回复：

> [新浪网友]
>
> 樊老师：请你继续发照片吧，已经有解决的办法啦！我们也想及时看到孩子们军训的情况。

> [新浪网友]
>
> 樊老师：看了您的小结知道孩子们今天过得很充实，说实话我也想孩子了，不过因为有您的关心才会有我们的放心，辛苦了。

[新浪网友]

看了樊老师带领孩子们军训的照片，非常感谢，今天盼望着樊老师带领"小战士"们归来，愿这次训练能为她们留下深远的影响和记忆。

[张梦琢的家长]

樊老师您辛苦了，孩子平安回来我们放心了。几天的部队生活对他们今后的生活是一种锻炼，这几天您费心了，再次说一声谢谢。

学生的几张照片如下：

以下为家长回复：

[刘奕琨家长]2007-09-19

　　樊老师：谢谢您把每一位孩子的照片都登在博客上，让家长们通过这一交流的平台，能够亲眼目睹到自己孩子的军训生活照片。看见您和所有孩子的真诚笑脸，我们的脸上也露出了会心的微笑！您在方方面面上表现出来的真诚与周到，令我们为之感动！

[朱金红家长]2007-09-20

　　樊老师您好：孩子们的相片我已从您的邮箱下载，看到孩子们兴高采烈的样子，我真的很感动，感谢老师及时将照片传送给我们，让每位家长都能看到孩子们的表现，您真是一位有着细心、爱心和责任心的好老师，我们为您鼓掌。

9月30日的队列比赛

（1）迎接比赛：

（2）五（2）班进入赛场：

（3）比赛开始了：

（4）然而，我们班没有获得优秀：

第四部分
试 飞

（学生练笔一）

　　稚嫩的小手握住笔，写出一派天真。也许笨拙，也许可笑，但尝试是最珍贵的开始。于是，小草，涩地发出嫩芽。

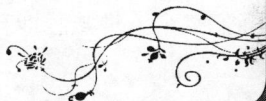

59

一．所写话题："瞬间"

一般要求：语句通顺即可。

较高要求：运用好词佳句。

高要求：引用名人名言、格言警句、修辞、谚语、俗语、成语。（你所写的话中只要有这些方面中的一项就可以。）

注意： 1.严禁抄袭。

2.不需要家长帮助。

3.请写清作者姓名。

备注：不写作者姓名的贴子将一律删除。

五年级一班精选

[臧伊辰]

我记得有一个伟人说"我们每个人都会度过自己最美好的瞬间"，是呀，他说得很对，我们每个人都曾经拥有过自己最美好的瞬间呀！

[孔维鹏]

我记得有一个伟人说："友谊，是瞬间激发出来的。"是呀，他说得对，和同学的友谊都是瞬间迸发出来的呀！

[王诗雨]

有位哲人曾经说过："保留所有的那一瞬间。"是呀，所有的瞬间都是美好的，比如说彩虹，彩虹很美丽，当它把最精彩的那一瞬间奉献给人们的时候，你的心里会感到很高兴，虽然彩虹过后是一片空白，但那一瞬间是否也意味着后面的阳光会更加灿烂？当一缕金色的阳光打到你的脸上时，你是否会感到高兴？生活中也是这样，也许一个不起眼的瞬间就是你人生的亮点。当岁月流逝，你已经没有什么能带走，但除了那些美好的瞬间能陪你走完一生……

[冯丽雯]

有一位圣人说过："虽然瞬间只有几秒的工夫，但是在一瞬间发生的事有时却有价值。我们在生活中宁可要瞬间的精彩，也不要永久的平庸！"

[马晓轩]

有位伟人说过："美好就是在一瞬间产生的"。是呀，如果我们都留意身边的事，我们的生活将变得更充实，更美好。

[张宇昕]

烟花在瞬间绽放，流星在瞬间陨落，你的眼睛是否发现这一瞬间的美呢？有位伟人曾经说过："世间并不是缺少美，而是缺少每一个瞬间的发现。"

[黄一耕]（改）

有一位伟人说过"生命在于一瞬间。"是啊，如果人们能多发现一些一瞬间的美，多一些知道一瞬间价值的人，就能发现世界并不缺少美。

[王茹涓]

时间一点一点地过去，瞬间发生的事情是不可能知道的。

有一位伟人说："每个人都要抓紧时间，时间是每个人的前途。"是啊，每个人都要抓紧时间。

[田宇平]

有一位伟人曾说："要珍惜时间。"是啊！我们要珍惜时间，即使是一瞬间。

[王思明]

瞬间就是一眨眼的功夫，往往成功和失败也就在这眨眼之间，曾记得有一个作家说过这样的话："时间就是生命，时间就是速度，时间就是力量。"我们要珍惜每一个瞬间，去做更多有意义的事情。

[钱娇阳]

一位作家曾说过："风，在一瞬间飘过。雨，在一瞬间洒下。一瞬间的美，你看到了吗？"

那么，多问问自己——瞬间的美，你看到了吗？

[赵丰]

"台上一分钟，台下十年功。"——往往精彩瞬间的背后都凝聚着汗水和心血。

[葛圣杰]

瞬间是风，瞬间是雨，我们的瞬间就是美好的童年。

[赵思蒙]

世界有不少名人，只有一位名人说的话使我记忆深刻，他说："如抓住每一个瞬间，你就会增长很多."对呀！如果我们抓住了每一个瞬间，一切也会不在话下！

[周茂君]

瞬间，是短暂的，但也许就是在这一瞬间，可以成就辉煌。 彩虹，是瞬间的美丽。舞台，也是瞬间的精彩。有一位伟人曾经说过："把握瞬间的机会，就是把握人生."

[于欣然]

时间是一秒一秒组成的，浪费时间就是浪费生命。所以人们要珍惜生命，一瞬间也不能错过。

[李边]

记得有一位名人曾经说过"没有一根缰绳能绑住飞逝的光阴。"如果你不想浪费生命的话，就不要错过每一瞬间。

[吴铭佩]

有一位伟人曾经说过："每一个精彩瞬间的背后往往是艰苦的奋斗与努力。"是呀，他说的很对！在绿茵场上精彩进球的那一瞬间；"嫦娥一号"成功飞上月球的那一瞬间；……那些精彩瞬间的背后却付出了无数汗水与心血。

[丁兆千]

一位名人曾经说过：天才和笨蛋都是在一瞬间出生的，所以都是在同一起跑线上，没有好坏之分，我想也是，天才是靠后天的努力，才比他人聪明的。所以，我们一定要努力，才能登上人生的巅峰。

[程凯琳]

一个瞬间，也许就充满着令你意想不到的精彩；一个瞬间，也许就给予你人生的启迪；一个瞬间，也许就决定你一生的命运。一位伟人曾说过："仅仅一瞬间，你就可以知道许多，不要让它一分一秒地过去了，那往往意味着什么，决定着你的前途。"是啊，晚风徐徐地送来花草的幽香，会使你心旷神怡，可那只是一瞬间。抓紧一瞬间，你会有与众不同的发现；抓紧一瞬间，你会前途无量。

[王锐]

曾经有位伟人说过："要留意任何可利的瞬间，机会到了，莫失之交臂，遗憾终生。"是啊！瞬间，只是短暂的几秒钟，它却像一把遥控器似的掌握着你的人生。如果你错过了一个重要的瞬间，你将与成功分手，与失败结为伴侣，你的人生将最终以失败告终。让我们抓紧每一个瞬间，掌握自己每一个瞬间，让自己的生活无限充实，让自己的前途光辉灿烂。

[蔺杉]

随着那三分球进入篮筐的瞬间，注定了火箭队的十四连胜。是啊，决定成败的时刻往往只有一瞬间。就像"神六"同升空的时刻，圆了中华民族的飞向太空梦。

[解璐铭]

有一位伟人曾经说过："瞬间即逝，但是它往往是最美丽的，这个美丽，是要有付出与代价的。"是啊，做任何事情，我们都要认真努力去做，才能赢得美好的瞬间。

[张煜]

初春的河面，还结着一层薄薄的冰。我从岸边捞起一小片，它在阳光下是那样晶莹剔透，但是一瞬间，它又融化消失了。

[杜孟炎]

佛家说，天堂地狱就在一瞬间。我们必须警惕自己与生俱来潜伏在心底的邪念，不让它有须臾的瞬间得逞；我们也要努力把握做善事的机会，成就他人造福苍生也在一瞬间！

[孟辰]

流星在天空中一闪即逝，那一瞬间的绚丽却能让人有无限的遐想，也正是因为短暂而成就了永久的美丽。

五年级二班精选

[贾瀛晨]

歌德曾经说过——瞬间就是永恒。我认为，运动员打破世界纪录的一瞬间，"神舟六号"发射成功的一瞬间……在他们的背后有着永恒的拼搏和艰辛。

[侯璐瑶]

库尔茨曾经说过："谁能以深刻的内容充实每个瞬间，谁就是在无限地延长自己的生命。"是的，我们要让生命的每一刻都充实，不能虚度年华。

[李子宜]

> 人生是"钟表"
> 瞬间仅是一秒。
> 放弃瞬间就是放弃人生，
> 抓住瞬间就是抓住成功。
> 让我们从现在做起，
> 把握好每个瞬间。
> 相信总有一天，
> 你也会是天才！

[付娆]

瞬间仅是一秒钟，而这一秒钟，也许就会成就一个人，一个人就会成功。也许就会毁坏一个人，一个人就会失败。

不要不在乎这一秒钟，也不要在乎这一秒钟，相信，只要把握好每一个瞬间，成功就在你的手掌中！

[李镇奇]

什么是瞬间?可能是一刹那,可能是一时间,或许是仅仅的一分钟,一秒钟。如果一个人抓住了这一瞬间,他就能成功。如果他浪费了这一瞬间,他将会失败。有人会问到:一瞬间就能控制一个人的成败?是的,难到人生不是由一个个一瞬间组成的吗?一位伟人说:"人生就像奕棋,一步走失,全盘皆输。"同学们,抓紧每一刻每一秒,不要让它们从你的手中溜走。做一只奔跑的兔子吧!

[戴鸣剑]

一瞬间,你只要珍惜,等待你的将会是成功.

一瞬间,你如果浪费了,等待着你的则是失败,正如伟人弗洛伊德所言:人生就像奕棋,一步失误,全盘皆输。

[杨正东]

有时在一场战争中,一瞬间就能决定胜负。一瞬间很重要呀!抓紧每一个瞬间,用好每一个瞬间,等待你的将是一个无限美好的未来!

[何琬楠]

常言说得好:一失足成千古恨。如果你身处贫穷,你是用积极客观的态度去奋斗,还是用偷窃、抢夺的方式获取金钱。而这些想法只在一念之间。我们在任何时候都要把握好每个瞬间。

[刘奕琨]

流星划过夜空的一瞬间,留下了心愿;彩虹显露云端的一瞬间,留下了美丽;产生邪念的一瞬间,留下了遗憾……把握好每一个一瞬间,成功与失败就掌握在你的手中。

[郑昊翔]

火箭腾飞的一瞬间,背后有多少科学家的劳动和付出;刘翔跨栏的一瞬间,背后有多少年的汗水和艰苦训练;郭晶晶跳水的一瞬间,背后有多少年的奋斗和努力。……我为这一瞬间欢呼,为这一瞬间喝彩!更为他们所付出的汗水和努力而感动!

[郝晶晶]

成功与失败往往只是因为一念之差。苍鹰借着一发而不可收的大风飞上了天空。从此，它便在漫无边际的穹庐中自由的翱翔。因为，在机会降临到它面前时，它选择了挑战自我而不是畏缩不前。同样，如果你是苍鹰，在机会来临时，你会怎样？是接受挑战，还是知难而退？莎士比亚曾说过："好花盛开，就该尽先摘，慎莫待，美景难再，否则一瞬间，它就要凋零萎谢，落在尘埃。"我坚信，只要我们每一个人都把握好每一次机会，成功这粒种子将会永远种在我们的身边——生根发芽！

[张梦琢]

一瞬间很短很短，短得甚至没人注意过，但往往这微不足道的一瞬间却注定着永恒，有时一瞬间发生的事情却永远也改变不了，虽然一瞬间只有0.36秒，但这0.36秒却注定着一个人的成功与失败，其实，所有事情不都正是在一瞬间发生的吗？让我们从现在做起，留意身边的每一瞬间，你会发现这个世界如此美妙！

[张天霁]

当你在不经意间看到一颗流星在天际里飞逝，你会不会产生瞬间的感悟？感悟美好的东西总是如此短暂。可能不经意间已离我们远去，但是在我们的心中却留下了永恒的光明！

[田珺]

曾经有一位名人说过：人生只有一刹那，莫虚度了年华。只有真正地把握了每一瞬间，我们才能到达胜利的彼岸。那时我们再回首从前，才会发现，真正令我们回忆的，是那短短的一瞬间。

[郝晶晶]

瞬间比秒过得还快，但往往就在这一瞬间里，有人会失去亲人，有人会收获快乐，有人会失去生命，有人会收获幸福。酸甜苦辣咸，五味俱全。往往就在这一瞬间……

[杨涵]

清晨，一缕金色的阳光瞬间透过窗户打到我的床头上，我下意识地抬头向窗外望去，薄薄的晨雾笼罩着连绵起伏的山峦，直插云宵的山峰在晨雾中若隐若现。遥望天际，太阳像一个害羞的小姑娘似的躲在白云哥哥的身后，用纱巾遮住自己红彤形的面颊。

[郭琪]

时间像火箭瞬间过去，我们瞬间长大。就在一瞬间里刘翔得了奥运冠军！那是快乐的眼泪，那是幸福的眼泪。实质就是瞬间的带来的快乐！

[梁金全]

要留意任何可利的瞬间，机会到了，莫失之交臂，遗憾终生。一瞬间，你只要珍惜，等待你的将会是成功。

[张鑫豪]

时光在我们不经意间就如同白驹过隙一样流失了，所以我们应该像珍惜生命一样珍惜时间。

[唐天婧]

瞬间就是永恒的时光，不要让它悄悄地离去。就在这一瞬间，你将会尝尽人生中酸甜苦辣的滋味。一寸光阴一寸金，寸金难买寸光阴。多少金钱也换不回这一瞬间，让我们共同抓住我们的一分一秒吧！

[王清雨]

每当一个个瞬间从你我身边闪过，你是如何对待的？是抓住？还是放弃？正如一个学者曾经说过："抓住每一个瞬间成功便离你越近！"我们不应该让瞬间从我们身边悄悄离去！抓住它，争分夺秒地去学习。

[王云鹏]

瞬间就是一秒钟，对谁都是宝贵的。很多人都是因为一个瞬间而失败。又有很多人因为一个瞬间而成功。让我们共同抓住成功的瞬间吧！

[董斯元]

瞬间是一眨眼的工夫，所有的时间都是由这一眨眼的工夫组成的，只要珍惜每一分每一秒，你就会成功！鲁迅先生说："时间，就象海绵里的水，只要愿挤，总还是有的。"

[赵晏]

瞬间是什么？瞬间就是人生中那些美丽、难忘的一刻。它们就像夜空中那点点繁星，虽微小却也璀璨。正是这些不起眼的瞬间编织着我们平凡又精彩的人生。

[朱金红]

俗话说：台上一分钟，台下十年功。是啊！在每个瞬间美好的画面背后，都有着他们付出的艰辛和汗水。愿我们在台下也付出艰辛和汗水，在台上把我们最好的一面展现出来！！！！！！

[钱雨]

流星划过夜空，瞬间就消失在人们的视线里。正如伟人所说：人生就像奕棋，一步走错，全盘皆输。让我们把瞬间拿在手中，放在心中，瞬间就如你所想的那么快了。只要你抓住它……

[金梦旭]

每个瞬间都很重要，成功抉择的瞬间会留下美好的回忆。生出坏的念头时，就会使你输得一塌糊涂。瞬间就掌握在你的手中，打好人生的奠基才是关键。

[张瀚]

在你每次合上书的那一瞬间，如果你能领悟出其中的道理，你将受益匪浅。

[谢昊冉]

笑容是自己送给别人最好的礼物，请把这个礼物送给他人吧！你将永远不后悔！

[沈昕雨]

一位伟人曾说过："人生最珍贵的礼物就是宽容。"世上多一点宽容，就会少一点不愉快，让这个礼物成为世界上最美好的东西吧！

二.所写话题："望春"

一般要求：语句通顺即可。

较高要求：运用好词佳句。

高要求：具有真实感受，有丰富的联想，有丰富的想像，有好的修辞，发现并写出了不被人注意的春天的独有的美(所写的话中只要有这些方面中的一项就可以。)

注意：

1.严禁抄袭。

2.不需要家长帮助。

3.请写清作者姓名。

五年级一班精选

[周茂君]

春天，好似树荫下的小鸟，又好似叮咚流淌的小溪。

有一位诗人说过："春色满园关不住，一枝红杏出墙来。"春天就像那枝红杏，不屈不挠地挣脱冬天的束缚，让万物复苏，让大地重新生机盎然。

春天无处不在，打开心灵的大门，一切就像春天一样。

[张宇昕]

春，是万物苏醒的季节；春，在饱含露珠的草上；春，是等待开放的花朵；春，是树枝上充满活力的嫩芽；春，还会在哪里？

[赵丰]

春天，是一个新的季节，新的开始。

春天，是一个新的起点，新的生命。

春天，是一个活泼可爱的小姑娘。

春天，其实就在我们心中。

[赵思蒙]

春天，是植物从深睡中醒来的季节。

春天，是大地复苏的季节。

春天，更是农民伯伯播种的季节。

[蔺杉]

北方还是冰天雪地、大雪纷飞的时候，这里已充满了盎然的春意。和煦的春风没有一丝寒意，悠然的雪花反而给这种似冬非冬，似春非春的季节带来了一种宁静。几天后下起了第一场春雨，春雷响过后那尖尖的竹笋又顽皮地钻了出来。

[吴铭佩]

可爱的春姑娘，迈着轻盈的步子来到了人间。整个世界从一个漫长的睡梦中苏醒过来。我怀着好奇的心情来寻找春天。瞧，我找到了！那被融化了的小溪"叮咚，叮咚"地唱着歌儿流去；那柳枝像一群群穿着绿衣的仙女，在春风中翩翩起舞；那花儿们也睡醒了，仰着一张张可爱的笑脸，来装饰着绿色的草坪。春天的到来，让大地万物复苏，鸟语花香，呈现出了一派生机！

[解璐铭]

春天，是一位美丽的仙女。她来了，河水被融化了；小草变绿了；干枯的小树长出了小小的嫩芽；燕子归来了；小虫子睡醒了；花儿们都绽放了。迎春花黄得娇艳欲滴；桃花粉得热情奔放；玉兰花散发着浓郁的香气……小朋友们也被春天感染了，他们在操场上嬉戏玩耍，好一派生机勃勃的景象！

[王锐]

每当那最后一丝寒冷从我们身边擦去时，春天就即将迈着轻盈的步伐朝我们走来。我们将迎来一个万紫千红、百花齐放的世界。到处鸟语花香，充满了浓厚的气息。动物们都从沉睡中苏醒，花儿们都散发出阵阵清香，小树小草们伴着春风跳起了欢快的舞蹈，到处充满着欢声笑语。

一年之计在于春，春天是一个新的起点、新的开始。让我们忘掉过去的成败，充分的利用这大好春光吧!

[臧伊辰]

一场倾盆大雨刚刚过去，万物复苏，小小的嫩芽从大地里钻了出来，小燕子飞回来了，太阳的脸红了，小草笑开颜。春天来了，又是一个播种的季节，春天来了……

[王诗雨]

春天来了，悄悄地来了。看，一枝玫瑰已经悄悄地从枝头上爬了出来，几只蝴蝶在那里翩翩起舞。听，可爱的黄莺在树杈上唱着动听的歌儿，河水应和着它的歌声打着有节奏的鼓点。春姑娘走来了，带着希望的种子走来了……

[张煜]

春天是一个美好的季节，寻春也是一种美好的感受。

我们能在光秃的树枝上找到春天；能在广阔的田野里感受春天；春天是一个万物复苏的季节，我们在哪里都能找到春天!

[程凯琳]

春天里，动物们会从它们懒懒的睡眠中苏醒；春天里，小鸟们"唧唧"的声音会在树上响起；春天里，晚风会徐徐地送来一阵令人心旷神怡的幽香；春天里，花草树木会呈现他们最艳丽的样子。春天是一个美好而又神奇的季节。因为在春天所有事物都会改变，变得吸引人、变得意想不到。黄莺在树上清脆地歌唱着；玫瑰诱人的香气飘散在人间……在这春意盎然的春天，人间万物，人间万事，皆变美妙。

[钱娇阳]

春天，仿佛是一个可爱的小姑娘，骑着春风，扬起柳枝，戴着一串花的项链，悄悄地来到人间，给人们带来温暖，她好似一个神奇的魔法师，一点花，花开了，一碰树，树绿了，大地仿佛跟着她跳舞一样，连冬眠的小动物也跟着她歌唱。

[李边]

盼望着，春天的脚步近了。燕子飞回来了；杨柳青了；桃花开了。小草偷偷地从土里钻出来了。春在人们的浇灌下，变绿了：绿色的水，绿色的土，绿色的冥想……春天像小姑娘，花枝招展，笑着，走着。俗话说"一年之计在于春。"春天代表着朝气、代表着微笑、代表着希望、代表着……

[王思明]

春天，是万物复苏的季节。天更蓝了，树更茂密了，小草更绿了。大雁也从南方飞回来了，蜜蜂在花丛里高兴地采蜜，蝴蝶也在尽情地嬉戏。真是莺歌燕舞、鸟语花香阿！我向往春天，热爱春天，因为它能播种希望，给我们带来生机和活力！

[李伟森]

春天来了，柳树发芽了，我窗前的玉兰花苞也开了，那洁白的玉兰花看上去是那样典雅。春天一到，那万年青和小草都探出了嫩绿的小脑袋。春天精神爽朗，蓝色的天上飘着朵朵白云。这样的春天谁能不喜欢。

[戴维蓥]

青翠的柳枝，冒出的嫩草，和煦的暖风，盛开的迎春花。这一切都给我们以春的感受，春的气息。

[于欣然]

春天来了！花开了，树绿了。春姑娘穿着绿色的长裙，迈着轻盈的步伐悄悄地走过来。小鸟唱着动听的歌儿，冬眠的小动物们也渐渐地苏醒过来。因为它们在迎接未来！

[孟辰]

我站在屋檐下，倾听小草和春雨的对话，春雨说："你好，小草。""你好，春雨姐姐。"小草们齐声回答。一滴春雨掉进了花苞，花儿开了；一滴春雨打在了含羞草上，含羞草仰起了她那美丽的小脸。我能感觉到，春姑娘正在悄悄到来。

[金梦旭]

嫩绿的柳条在春风中摇曳着，柔韧的小草有着蓬勃的生机。我走在蒙蒙细雨之中，闻着玉兰花香感受春天。

[梁金全]

春雨惊春清谷天，转眼已到深秋间。

话语绵绵催心醉，夜夜期盼梦犹酣。

只愿君心向天歌，不怕冬寒雪罩山。

待到花开绿来时，春风陪我笑开颜。

[田珺]

春天来了，我在花园里散步，感受到了春天的气息。我用手指轻轻地掐下了一片绿绿的嫩芽，一滴晶莹的露珠从叶子上滑落下来……

[赵咏怡]

春暖花开的季节到了。柳树冒出了嫩绿的柳芽。小草从地里钻出来了。空气里弥漫着青草的芳香。

[王清雨]

天变暖了，

学校开学了；

暖气在不知不觉中停了；

春雨代替了冬雪；

夹克衫代替了棉大衣；

昼长夜短代替了夜长昼短；

春天已经悄悄地向我们走来。

[马辰阳]

春天的脚步近了，花开了，树也绿了，温暖的春风，推动着碧绿的湖水，仿佛是绿色的使者在向我们传递春的信息。

[贾灏晨]

报春第一使者是迎春花。它那枝条弯弯的，上面一簇簇呈喇叭状的黄花很招人喜爱，尤其是那花瓣，浅浅的黄色里含着一点白色，在整个花的中心是红色的花蕊。你听，它正用小喇叭广播着："春天来了。"

[侯璐瑶]

春姑娘来了，冰雪开始融化，树上长出了嫩绿的叶子，花儿在偷偷地吐露芬芳，我们脱去了棉衣，穿上了鲜艳的春装，春风柔柔，像妈妈的手一样抚摸着我的脸。我们要细细的感受春天，"一年之计在于春，"好好的珍惜春天吧!

[谢昊冉]

跨过了寒冷的冬天，迎来了美好的春天，花开了，草绿了，简直让人难以忘怀。

[郝晶晶]

你听见、看见了吗?
小溪流淌的声音既清脆又明亮，
桃花含苞欲放时既惊艳又羞涩，
万物复苏、生机勃勃。
这样美丽、美好的一切是谁带给我们的呢?
我问了鸟儿、柳树和青草。
它们异口同声地说，
是春、是春，……
春迈着优雅的脚步向我们走来，
唤醒了万物的生命，
吹散了冬的气息。
她把冬眠的动物从睡梦中叫了起来，
她为所有树姑娘和树兄弟亲手缝制了翠绿的衣裳，
她帮我们脱下了厚重的棉衣，披上了漂亮的轻便外套。
在春的怀抱里，我们尽情地享受着阳光的沐浴、春风的洗涤!
嘘! 你看，春姑娘……

[付娆]

花开了，草绿了，不知不觉中春天来了。她是绿色的使者，她为人们传播春的信息。顿时，春回大地，到处洋溢着春的气息。

望着柳树的枝条慢慢舒展，看着花朵竞相开放，真是："春风放胆来梳柳，夜雨瞒人去润花！"

[郑昊翔]

一年四季迅速地交替，

转眼间到了又一年春天，

时光老人不因我们慨叹光阴似箭而放慢他那匆忙的脚步。

春天是五颜六色的，

嫩绿的小草和嫩绿的树叶像刚出生的小孩，

正要去迎接春风，

各种各样的花开了，

小河脱下了穿了一冬的冰装，

穿上了春姑娘设计的新衣服

……

让我们一起来欣赏春天！

[郭琪]

春天来了，鸟语花香，可爱的动物们从睡梦中惊醒。花儿慢慢绽放。春天太美了！！！

[崔鹏]

美丽的春姑娘飘然而至，树木换上了一件件嫩绿的新装，花草露出了甜甜的笑脸，燕子从南方赶回来了，人门都换上了五颜六色的春装，这一切为大地增添了不少生机。

[沈昕雨]

春天，是万物复苏的季节。每个有生命的东西，都在春天里有了一个新的开始。草木发芽了，小鸟出来了，火红的太阳照耀着大地，整个世界都变得五彩缤

Bo ke sheng de jiao yu li cheng

纷，我们伴着春天的脚步茁壮成长。

[张宇君]

春天来了，万紫千红的花瓣撒满了大地，柳树发芽了，好似头发迎风飘动，蓝蓝的天空，红红的太阳，照耀着万紫千红的大地。

[杨涵]

春天来了，万物复苏。树叶像一个小宝宝似的，在春风爸爸的呵护下茁壮成长。在大树妈妈的滋润下快乐玩耍。等待着迎接黎明。

[李镇奇]

柳树发芽了，燕子回来了，绿色的春天又回来了！俗话说得好，一年之计在于春，一日之计在于晨。是啊！新的一个春天又到来了，我门要抓紧每一分，每一秒，迎接一个新的春天！

[张瀚]

一场春雨过后，大地万物复苏，小草钻出了嫩芽。俗话说得好，"春雨贵如油"。春天来了！

[钱雨]

春天是美好的，走在铺满樱花的小路上，望着那美好的春天！

[李净琳]

春天像个拖着绿色长裙的姑娘，她把嫩绿的色彩送给了大地。当我在公园中散步的时候看到花开了、草绿了，深深地感受到——春天来了。

[李子宣]

什么季节充满生机？是春天，万物复苏，鸟语花香。什么季节美丽无比？是春天，山清水秀，色彩斑斓。什么季节吉祥如意？是春天，春回大地，福满人间。是啊！春天，一个燃烧着希望之火的春天！

[唐天婧]

> 我在窗边望着，盼望着春的到来。
> 春悄无声息地走来，
> 慢慢，她将绿撒遍人间。
> 在这万物复苏的时刻，
> 她又将花儿的种子，
> 撒向田野、山川，
> 春将她全部的美丽赋予大自然。

[柴云沄]

柳树在摇曳着她那婀娜的身躯；小草在一点点长大；
花儿在微笑地看着我们，在这个春暖花开的季节里，
让我们来一起望春吧!

[杨正东]

大树们盼望着春天那柔和的阳光，小草们盼望着春天那甘甜的雨露。我们像一棵棵小树苗，等待着、盼望着春天给我们力量，在这个新的春天里茁壮成长。

[朱金红]

我走在蒙蒙的春雨中，感受着春风的舒爽，感受着花草的芳香，感受着大地给我们带来的绿色，感受着……

[张天霁]

春天的颜色真是五彩缤纷，太阳是红灿灿的，天空是湛蓝的，树梢是嫩绿的，迎春花是娇黄的……难怪诗人爱吟咏春天，画家爱描绘春天，因为春天是世界一切美的融合，一切色彩的总汇。

[张梦琢]

春风吹过冰雪，雪化了，冰融了，又有一片春天被种植了。柳树长出了嫩芽，花儿张开了笑脸，小草伸了伸懒腰，燕子回到了故乡，就连春雨也来凑热闹，这一切看起来都是那样的美好、和谐。真感谢大自然给了我们这样好的礼物——春天。

[董斯元]

走在回家的路上，小雨淅淅沥沥地下了起来，落在我的脸上，轻轻的，柔柔的，我深深地吸了一口清新的空气，不禁感叹道：春天终于来了！

[何琬楠]

春天来了，万物复苏，玉渊潭公园里到处都是春的足迹，迎春花开了，小草绿了，柳条发芽了，湖面上不时看到三三两两的野鸭子在水中嬉戏，岸上到处是踏春者的身影……

[赵晏]

春天是一位穿着绿色纱衣的姑娘，迎春花是她的使者，海棠花点缀她的衣裙，当她轻轻走来时，桃花冲她点点头，柳树摇摆着绿色的长发。看，小燕子们穿梭于田野之间，互相传颂着春天的喜悦。

三. 所写话题："感春"

一般要求：语句通顺即可。

较高要求：运用好词佳句。

高要求：具有真实感受，有丰富的联想，有丰富的想像，有好的修辞，发现并写出不被人注意的春天的独有的美（所写的话中只要有这些方面中的一项就可以）。

注意： 1. 严禁抄袭。

2. 不需要家长帮助。

3. 请写清作者姓名。

备注：不写作者姓名的贴子将一律删除。

五年级一班精选

[丁兆千]

春天来啦，我蹦蹦跳跳地跑了出去。春风打在我的脸上，舒服极啦。前面忽然飘来一股花香。一股草腥味在我的鼻子里弥漫开来。我把手放在上面，摸了一摸。软软的，好像在摸泡泡糖。春姐姐已经到来了。

[解璐铭]

我走在放学的路上，春风拂过我的脸颊，暖暖的、柔柔的。小草迎着春风在整齐地跳舞，我忍不住摸了摸，软软的，可爱极了，像小松鼠那蓬松的大尾巴。不经意间，我发现在小草边点缀着些漂亮的小紫花，那淡淡的花香飘到了我的鼻子里！春姑娘迈着轻盈的步伐来到了人间。

[黄一耕]

我走在放学回家的路上，一阵春风吹来。吹在我的脸上，暖暖的。冰封的河流融化了，小河欢乐地奔腾着，呼啸着，发出了震天动地的声响；小溪间传出了"叮咚，叮咚"的音乐，美妙极了。在不知不觉中，春姑娘已经走进了我们的生活。

[张宇昕]

在公园里散步的我，感到"春"到了。丝兰火红的花苞像一枝火把。柔和的枝叶触碰着我的脸颊。"冬"过去了，栾树枯黄的树枝的枝尖长出了几棵嫩芽。蝴蝶在几棵发出浓郁花香的花朵间飞舞。一只大蚂蚁爬上一朵花苞，悠闲地晒着太阳。在这里，我感到了"春"。

[赵丰]

　　　　春天，在那一丝丝暖风中到来，
　　　　春天，在那一株株青草中生长，
　　　　春天，在那一朵朵美丽的花儿中绽放，
　　　　春天，在鸟儿那清脆的歌声中随风飘扬。

[马晓轩]

一丝春雨打入我心底，凉凉的，一个人走在大街上。
沙沙，那是草在做响，其实，春天就在我们心中。

[董兆瑄]

春天迈着轻盈的脚步来了。漫步在春天的道路上，能闻到花的香气，看到花的美丽。

[王茹涓]

我走在一条通向春天的大路上，一阵春风拂过我的脸颊，仿佛要把我带到春天的王国，那里有能让人陶醉的芳香。

[臧伊辰]

我坐在草坪上，感受着春天，小草软绵绵的，清风带着花香打在了我的脸颊上，好像一只柔滑细腻的手，春天来了……

[钱娇阳]

　　我来到树下，静静地在聆听着小鸟演奏的乐曲，那是春天里最动听的旋律，嫩嫩的柳枝轻轻扬起，仿佛告诉春天：我来啦！摘一片柳叶做成书签，把春天的记忆珍藏……

[程凯琳]

　　春天到了，我静静地来到户外，感受春天的气息。我趴在草坪上，小草随着风在颤抖，春，是那样静，那样轻，那样默默无声地到来。我来到柳树身旁，用双手抚摸着略带些鹅黄的树叶，在风中飞舞着，呼啸着。春，是那样生机勃勃，富有动感。我从柳树边走过，来到草坪正中心，环顾四周，不仅有绿色，还有鹅黄、火红，而更多的是春意盎然。

[蔺杉]

　　春雨——你是大地的母亲，把自己洒在地上，却一次次召唤了绿色的精灵。

[李伟森]

　　春姑娘驾着风车悄悄地走来了，她踏过小草，小草就探出了脑袋，那小草绿里还发着黄，摸上去软软的，滑滑的，微风吹来它就向我点头。

　　春天的风也不像冬天那么冷，那么刺骨了，那风就像春姑娘用那细腻的双手摸过我的脸，那感觉实在是太舒服了！

[王思明]

　　春不只是妩媚动人的花朵，更多的还是我们心灵上的体验：春天的颜色是五彩斑斓的；春天的声音是生动流畅的；"草长莺飞二月天，拂堤杨柳醉春烟。"春天的气息是芳香四溢的，"春色满园关不住，一枝红杏出墙来。"

[王诗雨]

　　一场姗姗来迟的春雨过后，我走在窄窄的小径上，春风轻轻地拂过我的发梢，玉兰花的花瓣随着微风慢慢地落了下来，拾起一片，敷在脸上，一股沁人心脾的清凉融入我的体内。闭上眼睛，似乎感到春姑娘已拉着我的手翩翩起舞，睁开双眼，一滴露珠已悄然落到了我的额头上……

[戴维蒙]

> 一片翠绿充满了我们的双眼；
> 一股暖风抚摸着我们的笑脸；
> 一片片花瓣包围在我们身边；
> 使我们感到春的气息和温暖。

[李边]

一个刚刚被丝丝细雨冲刷过的早晨，我独自走在小院子里。一颗颗碧绿的小草上托着几滴水珠，我蹲下来用手轻轻地抚摸那碧绿的小草。我轻轻一摇草上的水珠，它顽皮地滚落下来，难道这不代表春天来了吗？

[王锐]

春天，迈着轻盈的步伐朝我们走来，向我们招手。她走过的地方，到处五彩缤纷、鸟语花香，还散发着淡淡的清香。我不禁被那迷人的春姑娘吸引，到处感受她的美丽。我用手抚摸着那婀娜多姿的鲜花，嗅一嗅那散发着芳香的小草。只听远处传来的声音："是春，是春！"一阵轻柔的微风向我吹来，带着我跳起了优美的舞蹈，小鸟们为我伴奏，唱起了动听的歌声。我完全陶醉在春的气息中，被他那柔美的舞姿、动听的歌声和迷人的芳香吸引，在她的带领下奔向一个崭新的、生机勃勃的世界。

[于欣然]

> 当微风吹过我的发梢时，
> 我知道春天来了。
> 当我吹灭生日蜡烛时，
> 我知道春天来了。
> 当天上下起绵绵春雨时，
> 我知道春天来了。
> 当小树长出新叶时，
> 我知道春天来了。
> 啊……
> 多么美好的季节呀！

[贾灏晨]

我走在公园的小路上。一股淡淡的香气牵引着我，仿佛是一只无形的大手把我推到了桃树旁。我找到了香气的来源，那黄黄的花蕊上有一些颗粒。在花蕊的周围有粉红色的花瓣，那娇滴滴的样子十分招人喜爱，如果她一旦开放就一发不可收。忽然，一只蝴蝶进入了我的视野。它缓缓飞到桃花上，用嘴吸食着大自然的"精华"。

[张天霁]

同学们，你喜欢春雨吗？我是非常喜欢的。每当春雨下起来的时候，我会高兴地跑进雨中，张开嘴，让雨流入嘴里，品尝雨的味道。

[唐天婧]

一阵春雨过后，清风阵阵，远处那沁人心脾的桃花香，随风飘来。我抚摸着绿叶，感受那浓浓的春意。鸟儿清脆的歌声，时时传入我的耳中，好像在说：大自然，你真美……

[钱雨]

那迎风飘散的樱花，是多么的美丽。那含苞待放的玉兰花，是多么的动人。那绽放的迎春花，是多么的可爱……

[刘奕琨]

当人们还沉浸在雪的欢乐中时，春迈着轻盈的步子悄悄地来了。春是大自然的使者：它飞入桃林，迎来一阵粉红，接吻大地，泛起一阵嫩绿；春是大自然的设计师，为大自然重妆五彩斑斓的外衣；她正在为大地播撒希望。

[王清雨]

春风一吹，
她吹过的地方树木便发芽了；
春雨一下，
她下过的地方花儿都开了；

春雷一响，

她响过的地方便惊动了熟睡的小草。

此时我看到了遍地的绿色，

闻到了花的芳香四溢，

我感到了春天的生机勃勃，万物复苏……

[郝晶晶]

在春天里，你注意到了什么？

是那流淌的小溪，还是那盛开的桃花？

无论如何，在春天里，我们看到的都是生机勃勃的景象。

而有些事物正在渐渐衰落。

黄河周边，每到春季就布满废弃物。

工厂内排出的废气，污染着我们的空气……

这就是春天吗？？？

[侯璐瑶]

我偶然地感到，在我的身边多了几分色彩。那是含苞欲放的玉兰花；金灿灿的迎春花；粉红色的桃花……这都是春天和各式各样的花儿带给我们的色彩。使我感到了春天的美丽。

[金梦旭]

"两个黄鹂鸣翠柳，一行白鹭上青天。"我走在一条幽静的小路上，两旁是开满桃花的树林。路上铺满了桃花瓣，林中香气迷人。嫩绿的小草，清澈的小溪，溪中有许许多多活蹦乱跳的小鱼。我感觉这给美丽的春天增添了几分色彩。

[田珺]

春天正是万物复苏的季节，走在山路上，旁边的树绿了；坐在花园里，花开了，风一吹，园中弥漫着香气。

[沈昕雨]

感春

春天的绿色越来越多了，小鸟在枝头唱起了欢乐的歌谣。当你在花园里散步时，你会闻到，一阵花香，这迷人的香气使我不禁陶醉在其中。

春天的气息在大地间游荡，一阵凉风吹过，粉红色的花朵变成了花瓣飘落在大地上，这种景象是多么美好啊！真是如仙境一般。

[李净琳]

我在公园中，用眼感春，花开了，草绿了；

用耳感春，小鸟唱歌了。

用鼻感春，空气更清新了；

空气中飘散着沁人心脾的花香，闻着这令人陶醉的香气，我笑了……

[付娆]

春天的身上担负着许多使命。

她帮小草找回绚丽多姿的生命，让它们继续织成一块块绿毯。

她让花儿露出灿烂的笑脸，让它们享受人们的赞誉。

她帮人们找回新鲜的空气，让人们生活在环境清新的世界里，过着多姿多彩的日子！

她还来到了大自然，亲吻着久别的大地。让泥土贪婪地吸食着来自天空的雨露。

春天迈着轻盈的舞步走来了，她的到来使我感受到了春天那充满活力的气息！

[马辰阳]

微微的春风吹拂着清凌凌的江水，唤醒了沉睡中的小草，吹开了数不清的五彩鲜花，绽放了人们那一张张真诚的笑脸．

[谢昊冉]

早上，走在路上一片叶子扫过我的脸，露水那样的凉爽，好美丽的春天啊！

[张梦琢]

　　　　　我用脸，

　　　　　轻轻地蹭了蹭小树刚刚发出的嫩芽，

　　　　　我用嘴，

　　　　　轻轻地吻了吻花儿刚刚张开的笑脸，

　　　　　我用手，

轻轻地抚了抚刚刚苏醒的小草,

我用心,

轻轻的感受着春天的美好。

[杨涵]

春姑娘踏着优美的舞步,花儿用美丽的花瓣为她伴舞;大树用嫩绿的叶子为她伴奏;小草用柔软的身躯汇集成绿色的长绒地毯;小溪用连绵不断的春水为她歌唱,像一个盛大的晚会,而我是她的唯一观众。

[张瀚]

在近处,那小树、小草都发了芽,开了花。在远处,连绵不断的山也变得郁郁葱葱。

[李子宜]

春风吹拂着大地,春雨滋润着田野。

听,泉水从高山上喧闹着流淌下来,

看,小动物们在它的身旁嬉戏玩耍。

春的气息无处不在,

好似一朵弥散着香气、绽放的花!

[郭琪]

春天,万物复苏的季节。鸟语花香,太阳公公送给大地一片温暖,五彩的花儿从睡梦中慢慢惊醒……

[陈鼎新]

春雨——是春天的妈妈,她洒在了地上,生育了春天……

[朱金红]

雨后的小道上,小草探出了脑袋,花儿展开了笑脸,随手摘下一朵,抿了抿它的枝叶,抚了抚它的花瓣,闻了闻它的花蕊,这时,我才感觉到春天是多么的美好!

[赵咏怡]

走进公园闻到了花香,还有那温暖的春风,轻轻地吹着我的脸。我感受到了春天是多么美好。

[赵晏]

是谁,像一个闹钟,使万物苏醒过来?是谁,像一支支彩笔,使枯黄的树叶、凋落的花朵重新焕发光彩?又是谁,像一瓶香水,给花儿喷上醉人的芳香?

漫步在公园的小路上,处处洋溢着春的气息。原来是暖人的春风吹醒了大地,吹绿了枝条,吹得百花争艳,引得小蜜蜂沉醉于花丛之中。春天来了,处处是一派生机勃勃的景象。

[郑昊翔]

春天,万物复苏的季节,花草树木重新发芽;春天,生机勃勃的季节,冬眠的动物苏醒了。春天,像一个魔术师,带来了这么美丽的景色。让我们来感受春天的美吧!

[何琬楠]

春天是万物复苏的季节,她把小草从泥土中唤醒,把燕子从南方送回……让春雨轻轻抚摸我的脸,让我感受到了春。

[杨正东]

春天终于来了,我们——这些小树苗们,在绿得不能再绿的春天里,感受着春天的阳光,享受着春天的雨露。

[张鑫豪]

春色满园关不住,一枝红杏出墙来。春天是万物复苏的季节,任何力量都不能阻止万物的成长。

四. 表达对樊老师的思念而非怀念之情

樊老师去开会了, 有近一周的时间将不能和大家在一起, 请大家尽情地表达对樊老师的思念而非怀念之情(尽量说真话, 表真情, 实在没有, 说假话也可)。你写的这段话, 最好能达到使樊老师读后掩面而泣的程度. (思念之文不限字数, 不限文体, 不限篇数, 但至少一人一篇)。

五年级一班精选

[李伟森]

春风啊春风, 你是否看到了我亲爱的樊老师, 你是否轻轻地抚过他的脸颊, 请你给我带去一份问候吧。

樊老师啊, 自从你出差了以后, 我就感觉像爸爸出差一样, 不仅少了一个聊天的伴, 而且总觉得心里空空的。

樊老师啊, 我多想让您快点回来啊! 快给我们讲幽默的故事, 说至理的名言。

盼啊盼! 盼着这一个星期赶紧过去, 我敬爱的樊老师就会回来了!

[周茂君]

枯朽的树木被春姑娘变绿了, 随风轻轻地摇摆。在此, 我放飞一只白鸽, 真挚地问候那远在千里之外的樊老师: 一切都好吗?当您坐在树荫下乘凉时, 是否看见我那只满载着学生对您思念之情的白鸽。

相隔很远, 电脑前的我, 仍把这深深的祝福送给你。

[丁兆千]

樊老师, 您在深圳曾看见一只燕子用期盼和悲伤的眼神望着您, 那只燕子是由我们思念化成的。您不在的时候, 没有一个笑话打破冷场。樊老师, 您快回来吧, 樊老师我们思念您。

[解璐铭]

那晚，那辆火车乘载着我亲爱的樊老师去向远方，您发现了吗？有一只小鸟跟随着您，我让它带去的问候您收到了吗？

樊老师，在您出差的日子里，课堂上缺少了欢声笑语，缺少了您那幽默而慈爱的声音，我们是多么的不习惯啊。

那辆火车什么时候才能返程？快快让我们看到您那熟悉的身影和亲切的笑容吧。

[荷塘晨曦]

虽然只有三个留言，但大家的真情思念，我已经感觉到了。并且大家的语言真美，总有使我快要掩面而泣的感觉。还是回到住处再"泣"吧。大家发言的水平很高，读起来很舒服。盼大家更好地发言。好词尽情整，真情尽情发，甭考虑我——樊老师受得了。我很想大家，不光想那些大才子，我想所有的学生。

[张煜]

阳光普照，园丁心坎春意浓；甘雨滋润，桃梅枝头蓓蕾红。

当思念我那亲爱的樊老师时，愿化作一只灵巧的小燕子，飞到南方，给您带去一番问候。

[于欣然]

正是樱花怒放时，一阵微风吹过，片片花瓣落下来。这片片花瓣正如我的点点泪珠，樊老师呀！您什么时候回来？我好想您哪！您的身影什么时候出现在我的眼前呀？

[黄一耕]

樊老师，您就像辛勤的园丁，滋润着我们那幼小的心田。

在您出差的这段日子里，我度日如年，从深圳开往来火车里，何时才能坐着那令学生期盼已久的樊老师？

[张宇昕]

樊老师，在您出差之前，您讲的每一节课都使我们的课堂里充满欢笑声，让我们感到快乐。虽然代课老师也尽力把课上得幽默一点，可是感觉不一样。希望樊老师尽快回来，继续像以前，辛勤的园丁教育着我们这些稚嫩的幼苗。我真希望有一只信鸽，把我的语言传达到您那里。

[钱娇阳]

樊老师，我们像您想我们一样地想您，盼望您早点回来，好聆听您那充满智慧的话语，您的生日快到了，当火车徐徐地驶向北京，在回家的路途上，请接受学生对您深深的祝福：祝您生日快乐！

[李边]

樊老师，您在外地生活的还习惯吗？没了您，我的生活好像被打乱了。樊老师，当您生日到来时，可能只能在火车上度过了，提前祝您生日快乐。

[王思明]

樊老师，您在那儿过得好么？我已经三天未听到您那风趣幽默的话语了，心里有种说不出来的滋味。在语文课上，我总是把代课的主任叫成您的名字。樊老师，希望您开完会后尽快回来给我们上课。

[沈昕雨]

敬爱的樊老师啊！您走后的几天里，我每时每刻都回想着您的身影，您走后，班里如同少了点什么似的，您快点回来吧！

[戴维蒙]

樊老师：春天来了，一切春意盎然，但我们的思念却随着奔驰的列车飞到了遥远的深圳。我们非常想念您，想念那轻松的课堂；想念那幽默风趣的气氛；想念那颗与我们一样的童心。非常希望您能提前回来，我们会非常快乐的。最后祝您在他乡一切顺利，提前祝您生日快乐！

[胡浩鹏]

樊老师您不在班里的时候我们心里总是空落落的，请您回来继续给我们讲好听的故事吧！

[赵思蒙]

樊老师啊！虽然您去了深圳，可您的心仍然留在我们温馨的教室里。这星期我们过得一点也不快乐，因为缺少了您，我亲爱的樊老师!在这儿祝您生日快乐!

[杜孟尖]

　　为什么南风拂面春意盎然？因为那是从樊老师那里吹来的。为什么小鸟啼叫清脆悦耳？因为它是从樊老师那里飞来的。可为什么天色灰蒙？因为樊老师不在北京。亲爱的樊老师，您快回来吧，没有您北京就缺少明媚的阳光。因为您是我们心中的太阳!

[王诗雨]

　　　　　　樊老师，
　　　　　　在旅途中您会遇到一场倾盆大雨，
　　　　　　那正是同学们心中的泪；
　　　　　　樊老师，我们想念您!
　　　　　　樊老师，
　　　　　　在旅途中您会看到一只鸽子，
　　　　　　那是我送去的祝福；
　　　　　　您在深圳过得还开心吗？
　　　　　　樊老师，
　　　　　　您不在的日子里
　　　　　　语文课失去了往日的欢声笑语，
　　　　　　樊老师，您快回来!
　　　　　　樊老师，
　　　　　　现在的五（1）班与往日不同了，
　　　　　　再也没有人扎堆找语文老师聊天，
　　　　　　樊老师，我期盼您在的日子!
　　　　　　全班同学真心地对您说：
　　　　　　樊老师，您快回来，我们想念您!

[王锐]

　　　　　　樊老师,
　　　　　　您就像大海上的灯塔,

带领我这孤帆走出迷茫的道路。

而您现在却离我们远远而去，

伴着阵阵微风，

相隔在千里之外，

再没有欢声笑语，

愿我们之间的友谊，

化做一艘小小的白船，

寄托着美好的祝福，

我真诚地对您说：

樊老师，愿您早日回来，

回到这个温馨的大家庭。

[李伟森]

樊老师啊我们想您想您，

您就像一位父亲，

教我们做人的道理；

樊老师啊我们想您想您，

您就像一位辛勤的园丁，

传授我们新的知识；

樊老师啊我们想您想您，

就像饿极了的老鼠想大米！

樊老师您是我们心中的太阳！

[孟辰]

雨停了，我走在小路上，思念着在深圳的樊老师，我问白云是否看见了樊老师，如果看见了，请让他快点回来，我会等着的。

[程凯琳]

火车随着风呼啸而去，带走了我敬爱、幽默的樊老师。火车呀，你何时从深圳仍如风一般再回来？让我们思念已久的樊老师凯旋归来。我仰望那湛蓝的天空，看见小鸟在树上"喳喳"地叫，我用盼望的眼神看着它们，我期待它们把这思念之情捎给樊老师。我静静地走进教室，安静了许多。同学们脸上的表情也变沮丧了。这是因为樊老师的离去。语文课缺少了欢歌笑语、幽默风趣、书声琅琅。樊老师，我发自真心地盼望您尽快归来，用激情让我们在"知识的海洋"里重新"启航"。

[蔺杉]

樊老师呀，您快回来把，我快疯了。樊老师呀，您快回来把，让我们继续感受您的幽默吧。

[赵丰]

那一丝丝清凉的春风，当你吹过深圳时，你是否看见了我们亲爱的樊老师那忙碌的身影？

请你把我们的期盼和思念带给他吧！

[蒋超逸]

> 终于察觉到了吗？
> 就在前一阵子，
> 我们失去了什么.
> 但它带来了，
> 对樊老师的思念；
> 对以前的思念.
> 多么想做一个时光旅人，
> 但那天已很遥远……

[吴铭佩]

敬爱的樊老师！在您出差的这几天里，我们都是很不习惯。在语文课上，少了那活跃的气氛。还好，明天您就回来了。祝您生日快乐！

[唐立言]

火车把你带到遥远的南方，在这段日子里，我每天都在想念你。北京的花红了、树绿了，小燕子也从南方飞回来了，我问燕子："你在那里可曾见过樊老师？他的身体好吗？何时回来？

[荷塘晨曦]

大家给我的留言，我今天回来都细细看了，我很高兴，又很感动。突然间，我又有些后悔，感觉出去这么一周，非让孩子们想我似的。其实，我的用意只是想让大家更多地捕捉一下自己的内心感觉，抒发某些情感。从这个角度而言，我已经达到了预期的目的。不过，同学们对我的思念，我真的能感受到的，包括今天我回来后，同学们给予我的欢呼。谢谢大家。

（樊老师的留言内容一班、二班是相同的。）

五年级二班精选

[李子宜]

我仿佛感到一切都变了，虽然同学还是同学，老师还是老师，但不知怎的，我就是感觉缺了点什么。好像我们的生活都打乱了，没着没落。平日里我们在一起学习，没觉得有什么，但现在我却觉得度日如年。樊老师，我们真心希望您早日归来，恢复我们从前那忙碌但快乐的生活！是真心的！

[侯璐瑶]

虽然我知道您今天不在，但今天我总觉得很别扭，我的作息也好像都乱了。樊老师，我盼着您回来，希望您在深圳注意保养，否则会水土不服的。

[李净琳]

您到深圳考察，我们过了离开您的第一天。

我们都很想您，纪律也受到了代课老师的好评。

每当上课铃响的时候，我们多么希望是看到您那熟悉的身影啊！

您快回来吧！

[唐天婧]

您不在的这一天里，心里总是觉得空荡荡的。当作文课的铃声响起时，我们的眼中便会浮现出您那熟悉的身影。

我们都很想您，您快回来吧！

[王清雨]

敬爱的樊老师，短暂的分离勾起我对您的思念之情，虽然您刚离开我们仅一天，但我好像觉得已经过了好长时间，我在学校里少了一个交流的伙伴，我盼望您早日归来！

[荷塘晨曦]

大家好，我在网吧看大家的留言，很感谢大家留给我的话，我相信大家说的都是真心话。只是大家的语言应再美一些，谁不愿听更美的话哟。有时真理也需要包装的哟。大家的思路还应再宽一些。盼大家更精彩的留言。尽情地往上整好词，别客气。

[付娆]

虽然您只去了深圳一天，但我总觉得度日如年。我知道您一定非常想念您的亲人，特别是您的女儿。俗语说得好"一日为师，终生为父"。

我们也像您的孩子一样，非常想念您。您一定也特别想我们吧？！

早上到校，总想叫一声"樊老师好！"却听不到您的声音，看不到您的身影。

我们盼着您早日归来，您多多注意身体，把您了解到的新东西都告诉我们，让我们开阔眼界。

樊老师，我们祝福您！

[崔鹏]

思念老师

师生相处很平淡，
每日课堂都相见。
老师出差刚几天，
全班同学都想念。

[刘奕琨]

周五那特殊的一天，我总感到课堂上少了些许欢声笑语，一天的生活少了一份温暖，为什么？因为樊老师被带到了千里之外。风儿呀，你是否捎去了我们的思念之情？雨儿呀，你是否送去了我们的牵挂之心？樊老师，您快些回来吧！让我们重新感受到那份久违的温暖……

[汪应辰]

周五您走的那一天，我们感到十分冷清！想起您在的日子，我们真是难以忘怀。希望您在深圳，好好保养。您快些回来吧！

[何婉楠]

冷清清

—— 思念樊老师

清晨上学时，

总觉有种空空的感觉，

恍然大悟，

老师已去深圳，

进行为期一周的考察。

老师在外一切是否顺利，

无数思念从心里生起，

今日的作文课上，

没有了那张熟悉的笑脸，

没有了黑板上龙飞凤舞的板书。

自习课不再是语文、数学的天地，

只能听见铅笔在作业本上沙沙的声音，

很不习惯这异常的安静，

樊老师，您什么时候归来，

我盼了很久、很久。

[候璐瑶]

如果暖暖的春风能带去我的思念，我愿意去拥抱整个春天；如果天上的白云能捎去我的问候，我愿意投入蓝天的怀抱。亲爱的樊老师，你可感受到我心灵的思念？我祈祷那远行的列车快快把您带回来，让我们可以看到您可亲的笑脸，听到您爽朗的笑声。老师我想念您。

[沈昕雨]

　　敬爱的樊老师啊！您走后的几天里，我每时每刻都回想着您的身影。您走后，班里如同少点什么似的，您快点回来吧。

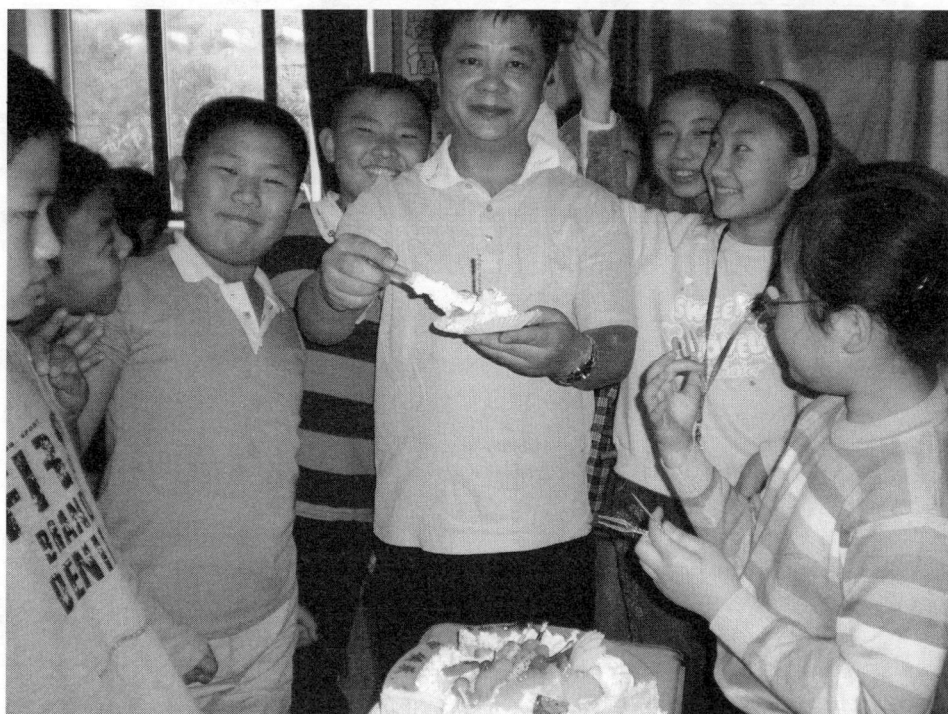

97

五.以"雨中遐思"为题写一小散文

用最美的语言，写你由"雨"产生的无限遐想，注意捕捉自己的自然而真实的感受，写作目的明确，文笔优美。祝大家成功。

五（1）班 精选

[田宇平]

清晨，我带着备用的雨伞，坐在长椅上，仰望着天空，等待久违的大雨，因为——我喜欢雨，尤其是那盛夏的雷阵雨。

天，不知怎的，渐渐地开始变色。像一个刚刚和伙伴们打过球的孩子，湛蓝的衣服愈来愈发黄，在回家的路上，正好摔了一跤，身上显得有些土色……最后，他那由蓝变黄的衣服，被他妈妈放进了黑色的洗衣机……

天空漆黑一片。突然，一把无形的手将洗衣机盖打开了，露出了一丝刺眼的光亮，可又被快速合上了。过了几秒，"隆隆隆"几声闸门响后，又感觉一丝雨滴擦过了我的鼻尖。我站了起来，撑开了雨伞，随着刚刚降临的水滴，天空中又有几丝水点落了下来。洗衣机放水了！

刚开始的绵绵细雨，再往后竟然变成了倾盆大雨。闪电伴着响雷；响雷衬着大雨；大雨托着闪电。闪电来不及闭眼；响雷等不及捂耳，大雨都用伞来当乐器："哒哒哒哒……" 好一场"盛夏的大雷阵雨"。

大雨渐渐地疲惫了，可还在"噼哩啪啦"地下个不停，但也许马上就会戛然而止……可谁又能知道这一切呢？猛然，一杆亮亮的丈八蛇矛刺穿了乌云密布的天空，紧接着"轰隆隆"一声巨响，雨，似乎停了，仅有那星星点点的小雨滴，还在半空中飘荡……

被洗衣机洗过的天空，又恢复了以往的湛蓝，甚至比从前更蓝，更明朗了……不知道什么时候，天，再跟伙伴们打球……

小田，不含标点，最后十个字，樊老师没看懂。不过，咱们两个班的同学，你是第一个发贴子的人，我真高兴。写得很棒，想像力很丰富。文笔美多了。祝贺。

[张宇昕]

我最喜欢雨，尤其是绵绵的春雨。它不像夏雨那样疯狂、猛烈。而是柔柔的，轻轻地滴到我的脸颊上。使我产生了许多遐想……

天蒙蒙的，就好像雾一样，又很潮湿。春雨姑娘来了，她的丝带罩住了天空，而她却离我们越来越近。终于，我感到了它的存在，他的小信使跳向大地，一滴、两滴……滴在我的身旁。它从我的耳边蹭过告诉我远方的消息，为我解开了心中的许多谜。小信使们呵护着小草、小花，让它们从睡梦中苏醒过来。微风吹过，嫩绿的小草懒洋洋地伸了个懒腰。

春雨姑娘拂过我的脸颊，我不需要任何东西为我遮挡，任它滴在我的脸上，感觉是那样柔和，慈祥，是那样亲切。从那一刻起，我喜欢上了春雨姑娘，和他说悄悄话，没有任何距离，没有什么能阻挡。

春雨姑娘也好像是一个忙碌的人，要和每一株花、每一棵草、每一片树叶问候。要飞过每一个人的头顶，让人们体会到快乐。

春雨姑娘轻轻掀起她的丝巾，像来时一样，来也匆匆、去也匆匆。随着乌云一起飘散。此时，太阳公公用身体发出耀眼的光芒。只有现在，才能体会到春雨的美和忧伤。

[戴维蒙]

六月的天气变化无常。时而出现阴霾的天气，而我最喜欢的却是牛毛细雨的天气。

小雨虽然没有大雨那么壮观，也没有晴天那样燥热，但它十分的温柔、细腻。

不用打着伞，走在飘着牛毛细雨的道路上，使我感觉到小雨就像一位慈祥的妈妈一样抚摸着我的面颊，使我有一种温柔、湿润的感觉。小雨不但温柔，还很朴素。它会像一道白色的幕布，披在山川、河流、树木、房屋上。

幕布上虽然没有丰富的色彩、美丽的花纹，但是它带给我们的却是一种朦胧、朴实的美，小雨不像暴雨那样，不会给我们带来可怕的雷鸣电闪，给我们带来的是大自然的亲切抚摸。

走在飘逸的小雨中，我们呼吸到的是新鲜的空气，感觉到的是亲切、温柔的抚摸，滋润着我们快乐的心情。

所以我喜欢走在绵绵细雨中，感受妈妈的抚摸、感受大自然的温柔，感受我自己的快乐心情……

[赵丰]

春末的傍晚，我走在街上。天色朦胧，星星眨着眼。忽然，一丝丝细雨降了下来，轻轻地，拂过我的面颊，滴在我的发梢上。

艳丽的花朵，你们是否在细雨中生长，把世界装点得五彩斑斓。路旁的小草，你们是否也在细雨中生长，把花儿衬托得更美丽。

细雨，是多么伟大，滋润了万物，滋润了人们的心。万物都在雨中生长，人们的心变得格外敞亮。

细雨，是柔和的，是亲切的，是沁人心脾的。

我喜欢雨，特别是春末那蒙蒙细雨，它让我忘掉了烦恼，忘掉了不愉快。

[张潇]

我喜欢雨，喜欢秋天的雨，它不像春雨那样柔。

绵绵的秋雨，梳洗着青山、滋润着大地。地面上大大小小的水洼积满了水。它们缓缓地留下大渠，汇聚起今年的深情和来年的希望。这秋雨又仿佛是甘醇的美酒，奉献给满怀丰收喜悦的人们。

一场秋雨过后，本来就要落山的太阳，从西边重新露出脸来，染红了天边的云彩。在广阔的云幕上，奇异地出现了一条半圆弧——彩虹。"赤橙黄绿青蓝紫，谁持彩练当空舞？"彩虹的最外层是红色，往里红色逐渐变成了橙色、黄色、绿色、青色、蓝色、紫色。七色之间衔接和谐，浓淡变化相宜，真像仙女从空中抛下的彩带一样绚丽多彩。怪不得有人说雨后的彩虹是人间天上的桥，登上这座桥就能上天。

总之，我喜欢秋天那绵绵的秋雨。

[丁兆千]

闪电划过天空，轰的一声，雨开始下了。我打着伞，漫步在街头，不由得加快了回家的脚步。我望着天空，不知怎么，脑海中出现了一幅又一幅的图片。来得那么突然、那么奇怪……

不知那些穷苦的孩子在干什么？是在用一快破旧的衣服挡风雨，还是在一边接雨水一边看那本破旧的书。

不知在那干旱地区的人们有没有解渴，那些快枯萎的植物，有没有得到水，不知道这场雨有没有滋润着干旱的土地。

我好像先看见柯岩先生，在拿着笔望着窗外若有所思，好像在孕育着下一篇文章。

我好像……

雨渐渐停了，它随着我的那些遐想一起消失了。

[赵思蒙]

"轰"天上的神用她那鬼斧劈开了天。一幅幅画展现在我们面前。是那样美丽，是那样壮观，是那样波澜壮阔。

不知四川那些受灾群众过得还好吗？他们有没有房子住？有没有香喷喷的饭菜吃？有没有一个安心的晚上？如果他们没有房子住，他们会被这突如其来的大雨淋湿；如果他们没有香喷喷的饭菜吃，他们会很饿；如果他们没有一个安心的晚上，他们会很惊恐。哪怕只有一个安心的夜晚，地震也会不再强大……

雨渐渐停了，彩虹露出了他那甜甜的笑，他照耀着我同时也照耀着四川那些受灾群众，他在给我们力量，让我们更加坚强！

[蔺杉]

天空灰蒙蒙的，落着粉丝般的细雨，像用筛子筛过的一丝丝毛毛雨，绵绵不息地下着。蒙蒙的细雨像一层层灰色的烟雾，弄得到处都湿漉漉的。

不知在那受灾地区的人们有没有饭吃，有没有房子住，有没有水喝，不知道这场雨有没有给他们带来幸福？

细雨仍在不断地下着，近处的青枝绿叶，显得青翠欲滴；远处的房屋树木，却似被轻雾笼罩着。

细雨像微尘般地飘着，湖边的杨柳树像刚沐浴过的姑娘的头发，滴着晶莹的水珠。

我喜爱细雨纷飞，因为，它带给我无限遐想。

[黄一耕]

夏天的雨，像一场交响乐：阴沉的天空是入场券，轰隆隆的雷声是前奏，翻滚的乌云是指挥家，哗啦啦的雨声是观众热烈的掌声。

夏天的雨很特别，也许几分钟前太阳还在笑，几分钟后它便生气了，阴云密布，随后一场暴雨倾盆而下。夏天的天气就像小孩子的脸，说变就变。所以常常，人们会猝不及防：早晨出门时还是晴空万里，谁也不会想起带上一把伞；傍晚下班放学时，便雷雨交加。此时，如果你恰巧走在回家的路上，那你只能享受上天赐给你的"浇灌"，想象一下，也许你会像喝饱了水的小树，头上长出绿色的叶子。

夏天下雨的黄昏，我喜欢站在窗前，听轰隆隆的雷声，看雨噼里啪啦地落下。窗外行人撑起的雨伞像夏季盛开的花朵，很美。

[李边]

忽然，一道闪电划过了天空。我不由一惊，手里的《三国演义》"啪"的一声掉在了地上。没过多久，这宁静被打破了。

只听"哗"的一声，憋了好几天的雨在一瞬间下了起来。我轻轻地把《三国演义》捡起来，面对倾盆大雨，我陷入了沉思……

我好似看见了，罗贯中手里正握着毛笔，在聚精会神地写着那部看了就让人惊心动魄的《三国演义》。

我好似看见了，曹雪芹正在呕心沥血地完成那部能体现一个家庭的兴衰的历史，满纸荒唐言的《红楼梦》。

突然，我又想起了四川灾区的人们你们好吗？我坚信你们的第二个家园，一定会在中国甚至在全世界人民的帮助下重建起来。灾区人民不要怕，房子垮了可以再盖，物品没了可以再买，那是因为你们身后有许多平凡而又伟大的人，有一个伟大的祖国。

我又仿佛看见了虽然身在国外，但心永远在中国大陆的华侨。我想对他们说："您们一定要保重身体，祝您们早日回归。"

我又好似看见了……

一道闪电划过天空，雷像闷鼓一样在我耳边敲响，把我从沉思中拽了回来。被大雨冲刷过的夏天显得格外宁静，我打开窗子深吸了一口气，此时我又想到了……

[冯丽雯]

风肆虐地吹着，寒风刺骨。几滴雨点率先掉了下来，随后大滴的雨点落了下来，雨急促地下着……

一瞬间，雷电交加，夜空像白天一样亮。雨像一丝丝银发在飘曳，像一根根风筝线在抖动，大雨敲打着有节奏的鼓点。雨打在地上，形成波浪在大地上奔腾着。突然，天边一道闪电把天空划个粉碎，天边隐隐约约传来了雷声。接着，雷声越来越响，"轰"的一声炸雷。

雨渐渐地变得淅淅沥沥，朦朦胧胧的，大树的"发梢"上洒满了一层晶莹的水珠。路边的小雏菊贪婪地享受着雨水。

雨过天晴，他从东方碧绿的山峰上跨到西边青翠的山峰。薄薄的，淡淡的，好像在天上搭了一座天仙桥。它把大地映得更加绚丽多彩，它就是那美丽的七彩虹！

[王诗雨]

春，是花的世界；秋，是风的世界；冬，是雪的世界。在我认为，夏，是雨的世界……

要下雨了，天色渐渐地暗了下来。乌云遮住了太阳火热的面庞，把雨滴撒给大地。"哗……"瓢泼大雨降临了，它拍打着大地。一道闪电划过天际，它给这阴惨惨的云雾又增添了几分生动……

我趴在窗前，欣赏着大自然的抽象画。此时，我仿佛感到这是母亲默默为我们付出的汗水。平时，为我们付出最多的是母亲，然而，她却不求一丝回报。她的双眼总是布满血丝。我深深地体会到，母爱是最伟大的……

雨，还在下着，只不过没有那么急促了。慢慢地，雨停了。雨后的空气变得活跃了。草，绿得像翡翠；花，红得像血；天，蓝得像海。这场雨，拂去了太阳的焦热，让清凉遍布大地，让它变得无与伦比……

到现在，我还是很爱雨，因为它总是让夏的炽热消失得无影无踪，让雨的清凉融入大地……

[董兆瑄]

春天的雨是美的。一条丝巾蒙上了天空，使天空灰蒙蒙的。随后，一根根细丝落下，打在脸上，凉丝丝的。滴在地上，地上泛起了一个个沙漩涡，发出"嗒嗒"声，美妙至极。如果你漫步在这种细雨中，你会感觉好像珍珠轻轻掉落在皮肤上，使人觉得很舒适。

夏天的雨又不一样，一片黑云笼罩大地。不久，一把宝剑从天上劈下来，几秒钟后又有鼓声响起来，"哗"，一颗颗豆大的雨点眨眼间掉下打在你身上，麻麻的。后来，天上的黑云散开了，天空由阴转晴。就这样一场雨带走了夏天的热。

秋天的雨最闷，你走在街上的时候，冷不丁的有雨滴滴在脸上，几分钟后，便下起了一场倾盆大雨，雨滴看起来淡淡发黄 ，下完后，又给秋天加了几分闷气。

冬天的雨雨中带雪，滴在身上冰冰的，可以感觉到雨滴里还有雪。一场雨下完后，又给冬天加了几分冷气。

四季的每一场雨都各有特点，都使人浮想联翩。

[李伟森]

傍晚，天空渐渐的黑了起来，突然漆黑的天空中一条蓝色的巨龙划过，接着就是倾盆大雨，我连忙撑开了雨伞来挡雨，可是怎么也挡不住。雨点伴着有节奏的鼓点打在透明的雨伞上，就在这时，又有一道闪电划过天空，紧接着就是一阵雷声"轰隆隆"，我们小区的车子一起发出了警报声。

一进家门我便扔下书包冲进屋，躺在床上开始了十分钟的沉思：我在想今天的雨何时能结束，明天是星期日我还能不能去学校打篮球？能不能去老师家上课？能不能和朋友一起嬉戏？灾区的小朋友一个月后过得可还好？唉，还真的挺担心他们！

不一会儿雨停了，我和妈妈拿上羽毛球用具下了楼，准备去锻炼！

[杜孟炎]

雨渐渐沥沥地下了起来。俗话说得好："春雨贵如油。"但夏天的雨能给人带来清凉，带来舒爽，使人感觉到很舒服。

天空中划过一道蓝色的闪电，伴随而来的就是"轰隆轰隆"的雷声，雨渐渐地下大了，雨滴打在地上，打在伞上，打在车上，发出各种声音，好像一曲和谐的交响乐。

[程凯琳]

一层灰色的浓云严严实实地遮住天空，天，阴沉沉的。雨，就像有人拿苞米喂鸡那样"哗哗"撒下一把。一刹那，小雨滴像吃了增长剂似的，或是突然间它大发雷霆，下起了猛烈的暴雨。它使人振奋，此时此刻，居然雷公公也来凑热闹，

"隆"一声更让人心惊胆战。

这不得不使我想起"金戈铁马"……我仿佛看见了明年的鲜花正在生根、发芽、长叶；我仿佛看见了解放军叔叔仍然毫无怨言地练习；我仿佛看见了一个个经过大雪又熬过地震的受灾儿童，正在帐篷里学习；我仿佛看见了路上的交警在冒着倾盆大雨指挥着交通；我仿佛看见了在天安门广场上人们在万众一心地喊着口号……

闲暇之中，我回到了自己曾经听雨的地方。又听到这熟悉而又陌生的雨声。迷蒙之中，雨声里透出一种古怪的情调，是久未沟通的那种。它拒我于千里之外，向我表明它对我的陌生，然而我却能从意识的最深处感受到它存在的气息。我有一种从梦中猛醒的畅快和历经迷茫后的沧桑感。

雨还在下着，引起了我无限的遐想……

[葛圣杰]

这是一个静得出奇的夜晚，我独自一人漫步在街头.忽然天空中冒出了小雨点，顷刻间下起了小雨，这雨丝细得像绣花针，打在脸上柔柔的，滑滑的，轻轻的，软软的。那花儿，在雨中摇曳着婀娜多姿的身躯，散发出迷人的芳香。我观赏着雨中的美景，心里不禁想起了远在他乡的灾区人民，你们的家园建设得顺利吗？不用担心，我相信在不久的将来，你们的家园一定能恢复昨日的容貌。

这场雨下得很长，每当这绣花针一般的雨点打落在我身上时，我都会不由打颤一番，这雨带着一丝清凉滋润着我的全身。终于，这雨下完了，再看那花花草草，仿佛被雨水冲刷得更有活力了。再看那彩虹，仿佛被这场春雨滋润得更加艳丽了……

春雨过后，大地的气息更加浓郁了，空气中仍然飘散着雨点的香气，花朵中散发着迷人的芳香……

[于欣然]

我喜欢春天的花，秋天的叶，冬天的雪，然而，我最喜欢的还是夏天的雨。

夏天的雨像一个脾气暴躁的孩子，想什么时候下就什么时候下，从不和我们打招呼；想下多大就下多大，从不顾及我们的感受。刚才还火辣辣的天空转眼间就变得乌云密布，不一会就风雨大作，还不待你去品味，它却好像和我们捉迷藏，不见了。

然而这急匆匆的雨却一扫夏天的闷热，雨后那清新的空气令人心旷神怡，尤其是那道亮丽的彩虹令人陶醉。

夏天的雨是热情奔放的，也是美丽的。我爱这夏天的雨！

[解璐铭]

我喜欢雨，尤其是那柔柔的雨。夏天，闷热的天气让人感到很烦躁，可雨儿一下，闷热的天气就马上凉快起来。

雨说下就下，而且越来越大，我抬头望着天，一片模糊不清，黑白相连，听着"嘀嗒、嘀嗒"的雨敲打着窗檐的声音，我仿佛看到了：花儿在哭泣，树伯伯在叹气，鸟儿们飞快的地飞回巢里，流浪猫急忙跑进洞里……

可是，蜗牛和蚯蚓就不一样了，它们正想出来遛弯呢！一滴雨滴在了我的脸颊上，凉冰冰的，真爽！

想着，想着，雨停了，彩虹姐姐露出了灿烂的笑脸，一切都清新怡人，好不惬意！

[王锐]

雨，是可爱的。而我爱的不是那柔美的春雨，不是那凄美的秋雨，而是那急促的夏雨。

天，本来是蔚蓝的。霎时间，那密布的乌云遮挡住天空，掠夺了太阳的地盘，将它赶了出去。天，变得十分漆黑，一个阴沉的场面浮现在眼前。随后，那急促的夏雨便降临了人间，抹去了闷热，带来了清凉。一道闪电划过天边，伴着那作响的雷声，为这阴沉的天空带来几丝光亮……

雨滴，落在地上，发出"嗒嗒"的声音，与那"嗖嗖"的风声和那"隆隆"的雷声，演奏出一首大自然的乐曲。不经意间，几滴雨水轻轻地滴在手上，感到无比舒爽。

欣赏着大自然美的旋律，渐渐地想起，我那已升入天堂的爷爷。在这多年的岁月中，他是多么悉心地照料着，关爱我。不知疲劳，辛勤地为我着想，为我服务，好比农民锲而不舍地看护着自己的农作物，希望它们变得硕果累累。不知他流过多少汗水，为我做过多少事情。最终，死在那无情而肆虐的病魔手中。爷爷，你在天国过得好吗？我真诚地希望那急促的夏雨能将我的祝福传递给爷爷……

又一阵雷鸣奏响起来，打破了这平静，而我仍旧想着爷爷，心中充满无限怀念。几颗水滴落到手上，我已分不清这究竟是雨还是泪。渐渐地，雨停了下来，乌云逐渐地扩散，天空恢复了正常，太阳又出现在我的面前，向我传递来几丝温暖，使我感到十分畅快。

夏雨啊夏雨，我爱你，因为你总能勾起我那美好的回忆。

[新浪网友]

我喜欢下雨的日子，每当我望着密密的雨线从天而降，轻轻敲打窗棂的声音，都会引发我无限的遐想……

我喜欢漫步在雨中的感觉，丝丝细雨柔柔地飘落在我身上，像是在给我做按摩，湿湿的、滑滑的、痒痒的，感觉既清爽又舒服。

细雨如线，纵横交织，多像一张铺天盖地的大网，笼罩着大地，滋润着大地。花朵儿饱吸着甘露，享受着沁心的微风，得到了无限滋润，绽放出诱人的馨香。雨水洗净了草儿身上厚厚的灰尘，使草儿更绿了。

雨后的大地真是焕然一新，使人更加赏心悦目。

我爱雨中的景色，更爱雨后的大地，那真是一幅美丽、和谐的画卷……

[朱金红]

不知不觉，窗外已下起蒙蒙细雨，我兴奋的走出家门，漫步在丝丝细雨中，感觉是那么的惬意。

雨点像个顽皮的孩子，一上一下地跳着，风姑娘带着雨点肆意地掠过我的脸庞，为我带来阵阵凉爽。

雨点玩累了，终于歇了下来，再看两旁的花草树木，早已被洗刷一新，空气也变得格外的清新，我不禁吸了一口又一口。真是：春雨贵如油，润物细无声。

[王慧然]

雨，是大自然的使者，上周五，它悄悄地来了。

刚下雨时，雨不大，但风很大，楼房两旁的树木无奈地晃动身子，不停地摇来摇去，顽皮的大风还将雨点吹到我的窗前，雨点柔和地拂过我的脸颊。过了一会儿，乌云密布，雨大了起来，在地上聚成小水洼，雨点滴进水洼里，溅起可爱的水花。"轰隆"一声巨响，掩住了淅沥哗啦的雨滴声。街上赶集的人都打着伞，像一片五颜六色的伞海。接着，又响起"轰隆轰隆"的雷声，随着雨越来越大，雷声也越来越响。猛然间，我想起了四川的地震。解放军叔叔们冒着倾盆大雨，奋不顾身在救援的第一线；那些在救灾帐篷里的幸存者……想到这儿，我不禁向窗外望去，在大雨的冲洗下，树木露出翠绿的枝条，换下了满是污垢的旧衣裳。路面的垃圾也没有了，马路上变得干干净净的。尽管有这么大的风和雨，可赶集的人一个也没有少，反而越来越多，他们热闹的交谈声怎么也比不过风声、雨声和雷声。"呼呼呼"的风声、"淅沥哗啦"的雨声和"轰隆轰隆"的雷声，合成了一曲大自然的歌。

这雨，可真调皮，一连下了几个小时。

[马骁轩]

春天的雨，是柔和的！站在雨中，轻轻的感受。

下雨了，雨轻轻地打在我的脸上，我不禁陷入了遐想！

我看见了蜻蜓在雨中点着水，这一切，是多么的美好！

[蒋超逸]

雨悄悄地下着，我憋在家里。与爸爸血脉地牵连，让我思绪万千。爸爸所在的山西，现在怎么样？也许，那里晴空万里，爸爸卖力地干活；也许，那里大雨倾盆，爸爸和我一样，憋在家里。

总之，我思绪万千……

[钱娇阳]

如果问我雨在什么时候壮观，我会说是夏天。

一开始，天空还挂着太阳，白云在微微地动，太阳光普照在大地上。天渐渐阴了，太阳收起了笑容，几片乌云聚集在一块，雨就淅淅沥沥地下着，豆大的雨落在屋檐上、地上和草上，小草早已承受不住雨点的打击，在雨中垂下了头。雷声震耳欲聋，不时还有闪电来凑热闹。雨打在地上，弄得顿时尘烟滚滚，雾蒙蒙的，一切都看不清楚，小鸟受到了雨点的攻击，飞得忽高忽低，它能承受住吗？雨渐渐变小了，地上的水洼上有几只蜻蜓，它们在水池边飞来飞去仿佛被这里的景象所迷恋。

夏雨啊！你给我了一种清新舒畅的感觉，雨后的空气格外的清新，像被过滤了一样。夏雨，你肯定会给炙热的城市带来一片清凉！

六. 花廊品读静思

孩子们，如果愿意，美文尽情写，我等着看哟!

五（1）班 精选

[赵丰]

当我坐在花廊的长椅上，捧起了那本书，聆听着春风吹在树上的"沙沙"声和清脆的鸟叫声，闻着沁人心脾的花香时，感觉多么美妙啊! 那时，我仿佛走进了书的世界，在故事中遨游。

[张宇昕]

走在花廊的绿荫小道上，阳光透过缝隙照在脸上。我翻开书的第一页，耳边却清晰地听到树叶的"沙沙"声，鸟儿在枝头"唧唧喳喳"地唱着，好像是在欢迎我们。听见同学们踢着路边的小石子的滚动声，我感到亲近大自然的快乐。我专心致志地读着书，好似身临其境。当我看到这样的一个题目《假如世上没有人类》时，我陷入了久久的沉思。上面动物和植物都很快乐，又很安全。我是多么希望环境受到破坏的地方能像这里的花廊一样，同时也希望这里的环境永远清新。一片叶子轻轻地飘在我的书上，我开心地笑了，这是树姑娘的祝福吧。

[解璐铭]

我坐在花廊上，捧起我心爱的童话书，斑驳的阳光斜斜地透过枝叶落在书上，我静静地读着，偶尔一阵微风吹过，轻轻地掠过我的脸颊，树上的叶子"沙沙"作响，一股沁人心脾的花香也伴随着鸟儿的歌声传了过来，好不惬意! 这时，我已进入了童话的世界。

[丁兆千]

烈日当空，我们走进了林荫小道里，细细地品味着爱不释手的书，心里感到无比的舒畅。其他人都玩得热火朝天，唯独我们，在品味那本读不完的书。

[田宇平]

太阳当空，我捧着心爱的书，坐在花廊中的长凳上读着，虽然正在上体育课的班吵吵嚷嚷，可我就当作什么都听不见，因为——我已被手上的这本书吸引住了，而不能自拔。

[臧伊辰]

坐在那树阴小道的长椅上，一股股沁人心脾的花香飘荡在我的四周，我举起那本沉甸甸的书，慢慢地品味着，枝头的小鸟不停地欢唱着，除了鸟儿，如同这世上只有我。细细地品味，也许这就是我们美好的世界吧！

吴铭佩

走进那长长的花廊里，淡淡的风从里溢出，轻飘飘地掠过了我的脸颊。我坐在了大树下的长椅上，翻开了书页。阳光穿过头顶上树枝的缝隙，好似碎了的星星散落在书面上。我深吸了一口气，那浓郁的松香气息和书香气息扑鼻而来，使我心旷神怡。看着看着，我仿佛走进了书中那茂密的树林里，和那些小仙女们唱歌跳舞……随着欢快的下课铃声，我依依不舍地离开了这儿……

[王思明]

那天第四节课，我拿起那本心爱的《青年文摘》来到学校花廊里，津津有味地阅读起来，偶然间抬眼望去，篮球场上的同学们正在热火朝天地打比赛，而我在这安静的花廊里享受读书带来的乐趣，在知识的海洋中遨游，这真是一种美的享受。

[冯丽雯]

穿过那拱形的门，我来到学校的花廊，坐在那长椅上享受着书中的快乐！突然，一股花香把我从书中拽了出来。我环顾四周，哦－原来是那娇艳的牡丹在微风中绽放，一缕阳光穿过树叶的缝隙洒向大地，花儿吮吸着灿烂的阳光.我又回到了书中享受快乐，那树阴小道上充满了书香……

[王锐]

一股沁人心脾的香味吸引了我，把我带到了这散发着清香的花廊中。穿越那拱形的大门，好似来到另一个世界。到处开满了婀娜多姿的鲜花，散发出那令人陶醉的香气。而这，又是那样幽静，那么令人向往。坐在那林荫下，拿起一本书，细细地品读起来。我不禁被这妙趣横生的故事吸引住了，沉浸在这书的海洋，如痴如醉。此时，外面的喧闹声，在我耳中，已消失得无影无踪。一个个栩栩如生的人物，浮现在我的脑海中，飘荡在我的心中。慢慢地，渐渐地，耳边传来一阵"叮铃铃"的声音，伴着那柔弱的阳光与微微的春风，我，恋恋不舍地离开了这属于我们的地方。

[博主]

不错，不错，我没在班里给范例，但同学们内心之独有感受樊老师已经体会到了。还在拜读，明天与大家交流感受。

[李边]

如果你手捧着一本书，坐在自己的小屋里读的时候，不管多有趣的文章你都会感到无味。但你如果坐在一个小画廊，周围都是小草，即使文章不是非常精彩，你也一定会有一种特别的感觉。在这里充满着浓郁的书香，在这里也充满了浓厚的学习气氛，在这里读书是一种美的享受。

[王诗雨]

穿越拱门，感觉自己进入了另外一个世界。月季花静静地倚在枝头，贪婪地汲取阳光，春风伴着书香扑鼻而来，打开那本小说，仿佛自己进入了书中。遨游在知识的海洋，那感觉，如痴如醉。当自己捧着一本书，静静地去品，那是莫大的享受。当自己真正地懂得了书中的真谛，会有一种成就感。"叮铃铃——"下课铃响了，我忽然从这个世界中走了出来，恋恋不舍地离开这里。此时，我多么渴望再一次来到这里，再一次来到这个世界，再一次静静地读书……

[蒋超逸]

我们在花廊中静静地读书，闻着草香;品着书香。是啊，我们真正进入书籍的殿堂时，美好的岁月过的太快，太快……一辈子，也许是一条漫漫征程，但在花廊中的快乐，却十分短暂。

[程凯琳]

花儿的清香把我引到了那令人向往的花廊。穿过拱门，隐隐约约有落叶飘在地上，透过屋顶那被青藤撕碎的缝隙，刺眼的阳光照在脸上。映入眼帘的是鲜艳的花朵，飘着沁人心脾的花香。百根竹子茁壮成长，在花廊里迎风飘扬。一切使人心旷神怡。这时，捧起一本书，细细地去品读他们，陶醉在书的海洋，知识的天地。任何嘈杂也不会扰乱我对读书的欲望。"铃——"下课了，我依依不舍地离开了画廊……

五（2）班 精选

[刘奕琨]

初夏的清香把我引到了那令人向往的花廊。掠过拱形的门，舒坦地靠在长椅上，任花儿之香与书香弥漫在我的周围。廊顶带叶的青藤撕碎了阳光，阳光如碎纸片无规律无拘束地落在碎石小路上。眼前，黛玉的花冢里又多了些凋落的花瓣，黛玉望着它们，不禁潸然泪下……

不知谁叫了一声，自己一下子从那境地中出来了，再看眼前的在风中"沙沙"作响的竹子，尽管它的每片叶上都装满了阳光，尽管它没有变，但它在我眼里，带着几分忧伤……

[王云鹏]

每当捧起一本书，在花廊中，像是在享受美好生活，一阵阵微风吹着树叶"沙沙"响着，鸟儿在花丛中鸣叫，一股股花香沁入我的心田，那感觉是多么美啊……

[李子宜]

迈入拱门，一片书香，心旷神怡，漫步花廊。
月季争艳，藤条盘绕，鸟语花香，幽静清爽。
身在荫下，似入仙境，静坐椅上，捧书欣赏！

[付娆]

夏天的气息把我带到了似入仙境的花廊，花儿争宠，风儿唱歌，鸟儿聊天，青藤舞蹈。我倚在长椅上,走进了探春的诗社。黛玉,宝钗,湘云,探春,宝玉,香菱……又是作诗,又是联句,好一个赏雪诗会,热闹极了……

这美的享受,令我走进了书的王国……

[张梦琛]

任鸟儿在树梢欢快地唱着,

任花儿在身旁静静地开着,

任风儿在脸上轻轻地吻着,

任发梢在脸上柔柔地舞着,

任心儿在书中自由地飞着,

任书中的墨香轻轻地飘着,

这廊下的一切是多么的美好,

让我不禁美美地幻想!

[侯璐瑶]

当我走进了那美丽的花廊,四周那平坦的小草翠色欲滴好像一个绿绒绒的地毯;月季花花香袭人,在风中摇摆着身躯,千姿百态、婀娜多姿……我在这美丽的景色中,不知不觉已走进了书的世界。

[郝晶晶]

你可曾去过,那个平常但令人向往的地方。真的,那儿太平常不过了……月亮门是用蓝砖砌的,显得旧了些;用石头做的长椅,黑迹斑斑的。也许,你听我这么一说,怎么也不会联想到"令人向往"这个词。但是,如果你走进这静谧的花廊,你会发现:藤条在慢慢地生长,沿着支架,缓缓地向上爬;沁人心脾的花香,在向你袭来,而你毫无防备,也不想防备,直到你被花儿弄的如痴如醉,完全沉浸在大片大片的月季花中。

有趣,真有趣!你要是手捧一本书,来到花廊里,倚在石柱上,或坐在长椅上。阳光会从藤条与藤条之间的缝隙中洒在你的书上,好一盏天然的灯啊!

更有趣的是,你在读书时,会闻到两种香味。一种是花香,另一种是书香。

好象没有人能准确地说出书香的味道,但是,一旦你闻到了书香,它一定是种淡淡的香,真的,那香一点也不浓郁……

[李净琳]

充满花香的走廊，
读书人，
在这里品读。

一种美的境界，
在花廊中静静地蔓延。

当你，
也同样抱着一本厚重的书，
坐在里面时，
一股轻松的感觉，
就会纷纷向你袭来。

[唐天婧]

捧起那充满墨香的书刊，
走向那布满芬芳的长廊。
微风轻轻地吹着，
你是否感到
一股惬意涌上心头。
在，
不知不觉中，
你身临其境，
漫步到，
书的世界。

久久，
不愿离开……

[贾瀚晨]

随着几声欢呼，我们来到了长廊里，那月季花争先开放，一簇一簇的是那样漂亮。只见，一只蝴蝶飞来，轻轻落在月季花上，那可真是人间绝配。我坐在长椅上，一种读书的冲动从我心中燃起，我翻开书，那书中的知识让我陶醉着，陶醉着……

[陈鼎新]

走在那幽静小道上，
舒坦地坐在长椅上，
慢慢地靠在墙上，
捧起那本《童年》，
好似看到了仙境，
上课了！
不愿放下……

博主

陈鼎新同学好样的，写的不错。积极参与，真棒。

[王艺竹]

走进，
那静静的花廊。
观赏那美丽的紫藤花，
不时拿起一本书，
细细地品味着……
鸟儿为我歌唱，
风儿帮我翻开下一页，
上课了，
不愿走开，
拿起的书，
轻轻地放下……

[王清雨]

考完试，我拿着本《三国演义》坐在教室对面的花廊下细细地品读着它。当我读到"周公瑾鄱阳湖训练水军"时，忽然，迎面吹来了一股清风，我仿佛也感到有身临其境之乐。此时，那花香和书香已经完全沁入了我的心田……

[杨涵]

踏进美丽的月亮门，整齐的长椅映入眼帘。漫步在花藤缠绕的走廊里，一缕缕阳光刺破了它的阻碍，坐在长椅上捧起一本书，书香和花香伴着我细细品读，抬头一看，一簇挺拔的翠竹座落在墙角，有时伴着风儿跳舞，有时沙沙地为我歌唱.忽然，一片火红的树叶飘落在书上当起了书签，风儿时不时地替我翻开了下一页。

正当我陶醉在这人间仙境时，上课铃无情地把我拉出了这幽静的花廊，但是，我依然喜爱那花朵，那绿草，那翠竹.

[田珺]

风，在身边拂过，任由它吹过我的发梢。拿起一本沾满墨香的书，静静地在花廊下品读。小雨无声无息地落在花丛间，淡淡的花香与墨香慢慢地沁入我的心田……

[董斯元]

我坐在幽静的藤廊下，捧着那引人入胜的课外读物，从茂密的枝叶缝隙中透过来一缕缕金色的阳光，打在书上也打在我的脸上。一阵清凉的风从身边吹过，风中的花香沁人心脾。

[赵晏]

漫步于紫藤花廊之下，靠坐于长椅之中。随手翻开一本书，静静地品读着。风儿吹拂着我的脸颊，绿叶在枝头跳动、嬉戏。抬头一看，眼前的竹子在风中"沙沙"作响，月季花摇摆着腰肢，争相怒放，仿佛要把这一生，寄予那火红的花瓣上……

眼前，这美好的一切令我如痴如醉，好不惬意！

铃声清脆地响起，而我已完全沉浸于这淡淡的书香之中，留恋着这静谧的花廊，手中那本心爱的书久久不愿放下……

走进那美丽的花廊，地上的小石子好似一个个诱人的葡萄珠，我们在里面静静地看书、玩耍。风轻轻地一吹，竹叶也在"沙沙"地作响，好像在说："风姐姐我来陪伴你，你不用孤独！"花廊里回荡着书的清香。上课铃响起，我们才依依不舍的离开，走回教室。

[何琬楠]

清脆的下课铃催促我来到紫藤花廊。踏过不太平整的石子路，坐在暗红色的长椅上，我抱起一本书细细品读。风儿轻抚我的脸颊，花香和书香使我如痴如醉。静谧的花廊，你怎能不使我喜爱得如此痴狂？

[沈昕雨]

当我迈进带着书香的长廊，我悠闲地坐在长椅上，翻开了一本《读者》，用心去细细品味起来，不一会儿，一股清风从我身边吹过，但我并没有被这清爽的凉风所迷恋，我依然沉浸在书的海洋里。

[朱金红]

越过铺满石子的小路，来到静憩的花廊里，我捧起一本书，细细地品味起来，风儿抚摸着我的额头，树藤伴着我舞蹈，不禁让我身临其境，啊！多好啊……

[张宇君]

坐在溢满幽香的长廊里，品阅着令人心仪已久的书籍。意味深长的道理让我如痴如醉，微风不时拂过我的脸颊，沁人心脾，我仍沉浸在书的世界里，忘记了周围的一切……

[张鑫豪]

我坐在幽静的长廊中，手中捧着心爱的书，细细地品读。微风静静地吹起，竹枝扭动着它那阿娜多姿的身体，小草扶了扶它的腰，在微风的衬托下，小野花显得更加艳丽。

[郭永泽]

下课铃响了，我抱着《二拍故事》又走进了花廊，津津有味地读了起来：什么

《莫大郎认弟退五虎》，《吴帅臆断险成冤案》，《东廊僧夜识黑衣贼》……虽然不长，但都让我着迷。上课了，我虽然离开了花廊，但脑海里却还想着：狱中自救的"我来也"是怎么想的？于是就越想越入神，竟忘了自己在上课！

[李镇奇]

坐在花廊中，抱着那本用厚厚黄色牛皮纸印出的《狼图腾》感觉到周围的空气好似格外凝重。好像我在那一望无际的大草原上正骑着一匹嘶鸣着的战马与那龇牙咧嘴的草原狼对峙着，一场恶战即将来临。

依靠在石柱旁，真正体会到草原狼那种驰骋战场的精神。心里感到一份敬意，一份钦羡。

[金梦旭]

随着那清脆的下课铃响，我拿着《明朝那些事》，飞一般地冲出了教室，奔进了花园的长廊。坐在长廊之上，低着头，专心致志地看着书，那嫩绿的扁豆叶为我挡住了夏日强烈的阳光。阳光斑斑点点地透过树叶打在我的脸上，不时，一丝小风吹过，翠竹向我频频点头……

[杜孟炎]

坐在舒适的长椅上，倚靠在墙边，手捧一本《青年文摘》，一页页地品味，清风拂面，心都醉了。

七.以我笔写画面，"初夏"——小随笔

用最美的文字，写你印象中"初夏"的美景，写两个画面，每个画面一个自然段，祝大家成功。

五（1）班 精选

[冯丽雯]

仰望天空，初夏的月亮像个害羞的小姑娘偷偷地从一片乌云后面向外窥探，没有发现危险才蹦了出来。顿时，大地披上了一身银色的长裙。

灿烂的阳光照在睡莲上，荷叶伸展着腰肢。在那淤泥里，隐隐有一个白点在湖中间，羞涩的睡莲迟迟不肯开，它要攒足了体力，等到盛夏时，再绽放它那美丽的样子。

[田宇平]

拿着篮球刚一下楼，小黄花在成群结队地拼命开放，组成了一片黄色彩云，美不胜收的黄色云朵。在黄云之下，一棵棵嫩绿的小野草汇合在了一起，汇成了一块绿瓷砖，黄云与绿砖组成了一"天"，一"地"。此外，小白腊树从"地"上拔地而起，笔直破"天"，真似"通天铁柱"！

[张宇昕]

清晨，鸟儿唱着清脆的歌在窗前飞舞，夏天下完第一场雨的早晨，空气非常清爽。阳光穿过厚厚的云层，像箭一样射向大地。叶子上的水珠一滴一滴往下跳。荷叶上的水珠却非常固执，怎么也不肯跳下来，晶莹的像冰块。花，不再是花骨朵了，但也没绽放，就像是含苞欲放的感觉。风，轻轻地吹，和杨树打招呼，杨树高

兴地"哗啦哗啦"地拍起手。夏，是生命最旺盛的季节，初夏，我不得不喜欢你。

初夏，夕阳西落，残阳如血。小河，像是被染上了红颜料。看着渐渐落下的太阳，就好像一个害羞的孩子，正向我甜甜的笑呢，万物都被它所感染，也脸红红的……这就是初夏的残阳。

[赵曼汐]

我凝视着大地，在阳光的抚摸下显得那样耀眼。初夏姑娘掠过大地，树苗向上拼命地伸展，伸展。奋力地拱出大地的小草也不甘示弱，窥探着初夏的美丽，尽情呼吸初夏的空气！花儿们也在阳光的照耀下，开得那样斑斓多姿！在这个美丽的初夏，每个生物都在不断地生长，生长！我相信，这种力量是每个人都不可抗拒的！

[周茂菁]

夜，深了，一切归于静憩。惟独只有那不停的蝉鸣蛙噪，叫醒了冬眠的小动物和小草，让它们有力量冲破土层，见到皎洁的月亮，闻到露水的香气。

傍晚悄悄地来临了，初夏的蔷薇被太阳的余辉照耀着，泛着淡淡的红。它正顺着毫无生机的铁栏杆静静地攀爬，它为自己的美丽羞红了脸，低下了头。这时，太阳的最后一点光辉映照在蔷薇黎明收集的露珠上，它显得更加娇艳，仿佛在它的花瓣上开了一朵金色的水晶花。刹那间，蔷薇变得又凄美又生机勃勃。

[赵丰]

初夏，是一个美丽的季节。清晨，温暖的阳光打在含着露珠的蔷薇花上，晶莹剔透的露珠和金色的阳光把蔷薇花衬托得格外美丽。它开遍了院里的每一个角落，充满生机。

池塘里，漂亮的鱼儿们在玩耍、嬉戏。鼓眼睛、大肚子金鱼玩得正带劲。漂亮的花尾巴金鱼在水里游来游去，向同伴们炫耀着它的美丽。

[博主]

才子，才女们，为师甘拜下风，写得真好。感觉我都要写不过你们了。（我怎么觉得，我的语言这么苍白无力哟）。

[钱娇阳]

"轰隆！"一声惊雷，把我吓了一大跳。如蚕丝般的细雨丝随后落下，天从蓝色转变成了土黄色，远处什么也看不清，只有迷蒙蒙的水雾笼罩在空间。大股水流从天空奔泻而下，大树、小树，在暴风雨中发狂似的舞动着，喊着，仿佛在欢呼暴雨的来临。初夏的雨，痛痛快快地冲刷着美丽的北京。

初夏的早晨，天空就像刚用水洗过的蓝玻璃一样清澈、透明。微风轻轻地吹，像母亲的手抚摸着我的脸。风里带着花的清香，混着泥土的气息，吸一口使人感到神清气爽。

[李伟森]

就在端午节的前一天早晨，我和我的父母一起坐火车奔向安徽老家。清晨，当东方刚刚露出鱼肚白时，我站在窗户边向远处眺望，啊！那乳白色的晨雾缭绕在山峦之间，就像给青山披上一层乳白色的外衣。

当我走在林间小道上时，那树上的叶子深绿深绿的，就像刷了一层绿漆似的，在阳光的衬托下它是那么透亮美丽，当烈日当空时，它会让你感到一丝凉爽！

[赵思蒙]

"叽叽叽"小鸟欢快地叫了。太阳从东边升起。初夏的早晨是这样的美丽！小溪"哗哗"地流淌。人们扛这锄头走向田地，田中的禾苗懒懒地伸着懒腰。慢慢地睁开眼睛。

夏天在慢慢地来到，小区中的花草树木都在变得更绿。小草在长高，小花在开放，树木在茁壮成长。树上的蝉在"知了，知了。"不停地叫。

[黄一耕]

树上的叶子绿了，密了；风儿吹在脸上，比春天时更柔和；空气变得更暖了，稍微一活动，身上开始出汗……初夏就这样悄悄地来了。

清晨，小鸟在树上唱歌；午后，小猫吃饱了，卧在房子的阴影里睡觉；傍晚，太阳迟迟不肯落山，我想，它也喜欢初夏的景象吧，它也想在怡人的夏日黄昏多停留一会儿吧？

[解璐铭]

清晨，空气清新湿润，深深地吸一口，带着一些凉意，还有一丝淡淡的甜味。

小鸟早早地站在枝头，叽叽喳喳地唱着歌，小草带着晶莹的露珠也愉快地随风摇摆，太阳散发出温暖的阳光，露出了欣慰的笑脸，一切是那么恬静、美好。

初夏，是翠绿的。 公园里，湖面水平如镜，荷叶大大小小地漂浮在湖水中，一眼望去，翠绿无边，含苞欲放的荷花，羞答答地迎风摆动，露出一丝粉红，湖边的柳树笑弯了腰，翠绿的枝叶触着湖面，多美丽的初夏！

[丁兆千]

初夏的大雨过后，第一缕阳光打在土坑的雨水里，不知从哪里蹦出了许多翅膀还沾着点点露珠的蜻蜓，它们在急切的寻找着自己的领地。一只只蜻蜓把尾巴向土坑里点去，点完后迅速地飞走，一只又一只飞走，一只又一只离开了这片土地。

初夏的树林里真是妙不可言，我走在树林里看到一屡屡被树叶撕碎的阳光打在郁郁葱葱的草地上，一丝丝清风带走了我身上的炽热，送给了我一身清凉。

[臧伊辰]

下雨了，那绵绵细雨打在了湖水上，乌云密布，太阳突然消失了。风姑娘来了，她飞过的地方，小树，小草，都在迎风飘扬。雨后，小草上都挂着露珠。啊！这是多么的美好啊！

初夏的草地上，就像是一个生态园，密密麻麻的小草组成了一个绿色的大毯子，里面有许多小虫子。我躺在草地上，啊！小草给我一丝清凉。

[张潇]

初夏，北方乡村的原野是活跃而美丽的。天上的白云缓缓地飘着，辽阔的大地上三三两两的农民辛勤地劳动着。柔嫩的柳丝低垂在静谧的小河边上。河边的顽童，破坏了小河的安静："看呀！看呀！""泥鳅，这个小蛤蟆！"的叫声，笑声飘散在鲜花盛开的早晨，使人们不禁深深感到了夏天的欢乐。

[董兆瑄]

湖水碧绿碧绿的。湖面上碧波荡漾。那一片片绿色的荷叶像一把把小绿伞一样。荷叶与荷叶中间还有一朵朵含苞欲放的荷花骨朵儿。微风一吹，荷叶和荷花骨朵儿轻轻摇曳，像跳舞一样。有时还有一只只蜻蜓在湖面上点水。

阳光像箭一样穿过茂密的树叶，照射在草地上，小鸟"唧唧喳喳"地叫，像在唱歌一样，树叶已经从没有变成了茂密，像一把巨大的绿伞一样，下有好多碧绿的小草，使人感到很清爽。草地上还有一些小花，使人心神舒畅。

[王诗雨]

一个夏夜，万籁俱寂。雨，淅淅沥沥地下着。天空中繁星点点，显得那么孤独，那么凄凉。月，照得湖面波光粼粼，几颗星星依偎在月的旁边，将夏夜的清凉表现得淋漓尽致。我静静地趴在窗前，让这夏夜的雨滴肆意地掠过我的面庞。湖边的玫瑰在雨的衬托下变得更加美丽，露珠点缀在玫瑰的花瓣上，显得娇艳欲滴。夏，总会给予我意外的惊喜……

一场蒙蒙细雨过后，空气中蕴藏着一股浓浓的草香。月季伸了伸懒腰，舒舒服服地晒着太阳。蝴蝶在花丛中翩翩起舞。天边镶上了一道美丽的彩虹。太阳照着大地，使它泛着一片片金黄。柳枝迎风飘扬，鸟儿唱着动听的歌。我站在小湖旁边，仰望苍空，它是那样纯洁。几朵白云若隐若现，它们，似乎也被这美丽的景色陶醉了。

[王锐]

初夏，在那幽静的林中，奔流着一条清澈的小溪。那柔和的阳光照在它的身上，使它更加光亮、更加耀眼。风在静静地刮着，水发出潺潺的声响，发出清脆而动听的声音。远处跑来几个身影，鹿儿朝小溪奔来，来品味这清凉的溪水。远处，几棵参天大树矗立着，遮住一缕缕阳光，带来一丝凉爽。树荫下，动物们在安闲地睡着，享受着这大自然带来的舒适。而那小溪，还在不息地流着，流入山川，流入湖泊。我，陶醉在这大自然的美中……

夜幕，慢慢降临了。天，变得漆黑漆黑，等着看天空中的星星，一眨一眨，向我们微笑。月，照在碧波粼粼的溪水上，弯弯的，令人怜惜。只听"咚"的一声，一粒石子被投进了水中，月亮被撕碎了，打破了这平静，一阵雨突然降临，打进了这溪中，打进了土地。眨眼间，大地变得湿润。这雨，在人眼中，也是可爱的。一滴细雨，滴在手上，感到清凉清凉的。漫步在这绵绵细雨中，我的心感到无比的激动……

[张煜]

清晨，天空中飘着细细的雨丝，我不禁跑进公园欣赏雨景。瞧，那雨珠顽皮地在荷叶上撒欢儿；伴着荷花跳舞，是多么快乐呀！

池塘里，一只只漂亮的大金鱼正在水下嬉戏，清晨一起争夺食物，夜晚聚在一起睡觉。又一清晨，鱼儿们纷纷跳起舞来，向同伴展示自己。

[于欣然]

初夏，是一年中最美丽的一个季节。清晨，在天空刚露出鱼肚白时，那淡淡的颜色，真让人感到心旷神怡。忽然，一阵微风吹过，小草，小花都在迎风飘扬。风姑娘把叶子上的露珠，刮得像一个顽皮的孩子，活蹦乱跳。

初夏，雨后，彩虹姐姐穿着五颜六色的衣服，露了出来。这是一个多么美好的初夏呀！

[李边]

暴雨停了，被暴雨冲刷后的池塘显得十分幽静。池塘上空弥漫着一缕薄薄的青雾。一片片碧绿的荷叶和几朵含苞欲放的粉红色的荷花，就好似刚刚被牛奶洗过一样。荷花和荷叶上镶嵌着几颗晶莹剔透的露水。忽然一阵微风拂过，露珠调皮地滚落了下来，发出"嘀哒，嘀哒"的声响，给雨后的池塘增加了优美的乐曲。

[程凯琳]

夏雨，忽急、忽缓、忽飘、忽洒地下了一夜，终于在黎明即将来临之际，悄然而住了。雨后初晴，碧空如洗。四周满溢着泥土的芬芳，混杂着草香、花香，使人精神为之一振。那些圆圆的、亮亮的、润润的露珠，像散落的珍珠，像满天星斗，挂在树枝上和草叶上，闪闪烁烁，熠熠生辉。

晨雾似乳白色的薄纱，如梦、如幻、如诗、如画。挥不走，扯不开，斩不断，使人有种飘飘然乘云欲归的感觉。山披着雾，雾笼着山，绿色透着白色，白色浸着绿色，如同挂着白霜的绿葡萄，又好似典雅清秀的山水画。霞光执拗地照在我的脸上、身上。我似乎置身于仙境之中，不禁陶醉了……

[博主]

水平很高，水平很高，水平真的很高。不错，不错，真的不错。

[王思明]

送走了初春的丝丝寒意，我们迎来了初夏炽热的阳光。太阳一下子变得勤劳起来，清晨五、六点钟就已爬出地平线，晚上六、七点钟，眼看月亮就要登场了，可勤劳的太阳还迟迟不肯"下班"。

初夏是个黄金季节。那时，乡村的原野是活跃而美丽的，天上白云缓缓地飘着，柔嫩的柳丝低垂在静谧的小河边上，广阔的大地上农民辛勤地耕耘着，好象一幅美丽的油画。

[蔺杉]

初夏的一天，刚才还骄阳似火，而顷刻间乌云滚滚，天黑得像锅底似的，狂风伴着电闪雷鸣和瓢泼大雨而来。暴风骤雨过后，一抹彩虹映在天边，碧空万里。

太阳炽烤着大地，大人们在树荫下摇扇纳凉，孩子们纷纷跳入溪流中，嬉戏着，打闹着。

[夏日荷花]

初夏，是一个渐热而又欢乐的季节。

早上，晴空万里，云霞满天，太阳公公把一切都镀上了一层金黄色。一群群美丽的小鸟，在绿树枝头欢蹦乱跳，"唧唧喳喳"地唱歌。空气清新凉爽，而且散发着难以形容的芳香，每吸一口都令人振奋。

[杨子薇]

初夏的一场雨打破了初春的宁静。雨后的荷花美而凄凉，他身上的雨珠有如一粒粒钻石滚落了下来。那荷叶像一片碧绿的翡翠在河中闪烁着光芒。一只蜻蜓在荷花上轻轻落下，另一只则在湖面上落下又轻轻飞起。雨后的雾如烟一般轻而柔。

[杨子薇]

初夏的一场雨打破了春的宁静。雨后的雾轻如烟薄如云。荷花上的露珠如钻石般晶莹剔透，荷叶如一片片碧绿的翡翠在太阳的照射下散发着一种神秘的美。彩虹在天边犹如一架通向天边的桥。在它那美丽的光线下，一群孩子在尽情地玩耍。

[蒋超逸]

天，突然黑了。云，如同黑锅底一样挪了过来。只听咔啦一声，倾盆大雨从云中跳下，伴着婀娜的闪电，在空中飞舞，人门如同落汤鸡，一头扎进屋里。

清晨，阳光跳向大地，给人们一幅幅图画——影子。那碧波粼粼的湖面上，一艘艘小船在工作，一缕缕阳光在跳跃。

[杜孟炎]

在那农村的山涧里，农民们都忙碌着。河里那一朵朵莲花像一只只小船一样飘摇。一个人坐在船上打着把绿伞在读书。在公园里，风筝在天空中飘荡，花儿争先开放，柳树的嫩芽也长大了，一直垂到河边。

五（2）班 精选

[马辰阳]

初夏的早晨，凉风吹过草地，小草慢慢地伸伸懒腰。花儿悄悄地从梦中醒来，散发出浓浓的花香。小树伸着树枝向你挥手。这多么像一幅美丽的风景画啊！

初夏的夜晚，风吹的树叶沙沙地响，带来一丝丝的凉意，真像一首动听的摇篮曲，让人们和植物安静地入眠。小草睡了，花儿也睡了。这是一个多美的夜晚呀！

[李子宜]

初夏，湖泊在阳光的照射下微波荡漾，闪闪发光。瞧，那硕大的荷叶如同椭圆形的、碧绿碧绿的丝绸毯子一样，整齐而柔和地躺在"鳞甲"上。那粉红可爱的荷花们在微风中轻轻地摇曳着、舞蹈着。她们会长大，长得有一天不再是娃娃，而是一个个亭亭玉立的淑女……

同样是初夏，却拥有着另一幅美丽的图画。太阳缓缓升起，金光四射。阳光打在细枝绿叶的脸上，使它们不再娇惯，个个精神抖擞，容光焕发，挺起身子迎接又一个美好的一天。树林里一片芳香，花儿们在相互媲美，小蜜蜂们在忙碌着采花蜜。我静静地走在茂密的树林中，不敢打扰一切美好事物的发生，只是尽情欣赏着，享受着阳光给我带来的温暖……

此时此刻，我惊讶地发现：大自然竟然如此美好，美原来就源于身边！

[付婉]

看！蔚蓝的天空中的几朵白云，映在湖水中，像一只挂着白帆的小船，随波荡漾。一棵棵高大的垂柳，像一把把绿绒大伞，柔软的枝条在微风中摆动。一串串嫩绿的柳叶，在初夏的气息中，在阳光的照耀下，晶莹透亮！哇！湖心的一朵白荷花上，站着一个手持花瓶的仙女。我凝视着，一滴滴水珠从花瓶中落下，在湖面上荡起一圈圈的波纹。看着看着，荷花好像载着仙女游动了，美丽的公园，美丽的一角，刻在了我的心中！

天渐渐地暗下来了，初夏的夜晚来临了，风儿徐徐地吹拂着大地，带来了一丝丝凉爽的气息。我搬了把椅子坐在窗前，仰望着那墨蓝的天空。月亮像一把银色的镰刀，镶嵌在深蓝的天幕上，月亮四周有千万颗星星在闪烁着。夜深了，周围非常安静，草上起了露水，晶莹的露珠在月光下闪亮，像一颗颗珍珠。我慢慢地向床边走去，那一幅幅美丽的初夏画面，在我眼中浮现着，我永远不能忘怀！

啊！多么美丽的初夏！夏天，你永远是我的掌上明珠！

[张宇君]

初夏的荷塘上，碧绿色的荷叶伸展着腰枝，荷叶的中心捧着一朵桃红色的荷花，荷花羞涩地盘扭着躯干，舞着她优美的身躯，碧波粼粼的湖水为她们歌唱，岸边青色的柳树为她们伴奏，她们成群结队地跳着。从远处看去，像一块粉红色的绸缎。

初夏的山路边，一簇簇野草贪婪地望着路上过往的旅客，围在野草边的花儿谈笑着，嬉戏着，玩耍着，风轻轻地掠过，花儿便唱起了优美的歌曲。

[刘奕琨]

初　夏

夏日的和风吹开了稚嫩的小芽，刚刚睡醒的树叶一下子变得精神百倍、容光焕发。刚才还是饱含水分的嫩绿，霎时间就变成了油亮的翠绿色锦缎。一阵微风吹过，满树的叶子都兴奋起来：有的在摇曳，有的在旋舞……好个群英荟萃的舞台！

也是风儿与阳光赋予了树的力量，让它换去了历尽风雨的倦容，显出了活泼与欢畅。它笑了，笑得那么爽朗，那么无拘束，让我的心也甜甜地笑了……

海岸　仙境

海上的明月已升起，海边的我也已心旷神怡……

月色如水，浸透了薄云。银光泻在水面上，使这位名叫"海"的窈窕淑女更加动人。她的裙摆随风荡着，涌起雪亮的浪花。我漫步于海边，耳边回荡着海浪的欢歌，脚下踏着软绵绵的沙滩，享受着圣洁之美、夜之静……

夏，创造了美。这美，让我陶醉……

[唐天婧]

初夏的清晨，在那遥远的天际，太阳出现的地方，慢慢露出了淡淡的红晕。在那充满了朝气的小树林里，还是一片静憩的景象。太阳冉冉上升，一缕缕阳光不声不响地射了进来，打在了那正在伸懒腰的小草上。旁边，那条清澈见底的小溪"哗啦哗啦"地响着，波光粼粼的水面上，闪烁着阳光。不久，那蝉鸣蛙噪声便连绵起伏的响起。

初夏的夜晚，也是格外的迷人！夜幕降临了，皎洁的月光洒在了湖面上，微波粼粼的湖水上一朵朵艳丽的荷花旁，飞舞着许许多多的蜻蜓。时而的蜻蜓点水，使刚刚恢复平静的湖面上，顿时出现了一条条圆形的波纹。

夏天中的大自然，你真美！

[博主]

文采飞扬，联想丰富。好强的文笔。甘拜下风。

[何琬楠]

初夏的荷塘十分宁静，但不时也有成双成对的蜻蜓飞来点水。翠绿的荷叶与粉红的荷花一起舞蹈，庆祝夏天的来到。

我真想变成一条小鱼，在荷花荷叶中嬉闹，天天无忧无虑，没有烦恼。

月光如洗的夏夜里格外凉爽，弯弯的月亮船在星河中荡漾。天上的星星格外的少，好像困了，提前睡了。只有月亮仍在忠实地站岗。

我虽然坐在阳台上，但心儿早已飞入月宫，我与嫦娥姐姐和玉兔一起划着月亮船，去探索宇宙的奥妙。

[贾灏晨]

星 空

坐在公园的藤椅上，一阵夏风吹过我的脸庞，一种犹如摆脱夏日炎热的快感油然升起。仰望天空，那万里星空如同一块镶满美钻的绒布，覆盖了整个天空，又像千千万万的萤火虫在飞舞。突然，一只从天上落到了地平线的交界处……

胡 同

在北京，最有名的就是"胡同"了。看，那位老大爷靠着椅子，扇着扑扇一摇一摇地显得格外自在。

旁边还有一只小尾巴狗，趴在地上，伸着舌头嘴里还不时发出"哈哈"的声音。

[李镇奇]

初夏

初夏，小菜园绿起来了。绑在架子上的西红柿苗，已结出一个个绿色的小果子，在尖头处那青青的果皮上泛出了一抹红晕。还有那已爬上架的黄瓜秧已结出一根根顶花带刺的嫩黄瓜，掰开后，一股沁人心脾的清香吸引着人。小菜园里的杏树也已熟了，一颗颗橙色的小黄杏好似小灯笼一样挂在树上，甜美诱人。在初夏的小菜园中我感到一股清新，一股舒畅。

赤脚走在那用鹅卵石铺成的小路上，感受初夏的旋律，感受初夏的清新。呼吸着初夏的空气，我把所有的烦恼都抛在了脑后，细细的品味初夏的美丽。

[侯璐瑶]

"首夏犹清和，芳草亦未歇。"

初夏的绿叶飒飒挥舞着它的罗帕。仰望天空，叶子油亮油亮，无论是翠绿的旧叶，还是鹅黄的新绿，都是那样的青葱娇嫩，嫩得润泽，温柔。风过处，每片叶上都似乎颤动着新的生命力。树荫把天空切割得细细碎碎，并不炙热的阳光似乎在叶缝里游弋。凝望地面，斑斑驳驳的光点摇曳生姿，浓密的树冠深处偶尔传出几声脆生生的鸟鸣，更添了一份情趣。

初夏的风儿清清爽爽。它轻抚着我们的肌肤，凉爽中充满着惬意，惬意中充满着温馨……

[张梦琢]

初夏　雨

"哗、哗、轰隆隆"那是什么声？那是初夏的暴雨与闷雷声呀！看，那白茫茫的一片，那又是什么？那是初夏的雨雾呀！那雨声与雷声，犹如万马奔腾，浩浩荡荡；又如几十面大鼓被一齐擂响，震耳欲聋！那雨雾，朦朦胧胧，犹如丝绸，柔柔的，丝丝的，细细的。这一刚一柔，一强一弱，交织出大自然那最美的篇章！

初夏　雨后小草

那暴雨渐渐地停了；那雨雾渐渐地散了；那天空渐渐地晴了；那空气渐渐地新了。看，那暴雨后的小草又渐渐地把腰伸直了，多么顽强的生灵啊！那草上的露珠，晶莹剔透，真是惹人怜爱。那雨后的草地又是一片生机勃勃呀！

[杨涵]

初夏的湖泊格外的美丽动人。当烈日打在湖面上时，阳光伴着湖水，波光粼粼，湖边的杨柳叶飘落在湖面上，借着微风慢慢航行，好似一叶扁舟。小蝌蚪懒洋洋地趴在石头缝里，好像在乘凉，时不时的还摇摇尾巴，好似在伸懒腰。

在初夏的竹林里，蜻蜓在竹叶上轻轻地弹跳，竹叶也在微风的指挥下"沙沙"地歌唱。小鸟也这里乘凉，用自己的歌喉伴奏。漫步在竹叶铺成的小道上，竹叶清脆作响，烈日的阳光穿过竹叶细碎的打在了小道上。

[汪应辰]

沙滩

漫步在那金黄金黄的沙滩上，极目远眺那瓦蓝瓦蓝的大海如明镜一般，扑面而来的海风中好像裹着一丝歉意。那一粒粒金灿灿的沙粒还带着一丝悔意，那美丽的贝壳还带着我的一丝心意。

望星

躺在那郁郁葱葱的草坪上，仰望那闪闪烁烁的星辰，那一望无际的夜空显得十分静谧，那高挂在夜空的射手座显得威风凛凛，那北斗七星显得十分威武，那一颗颗的星辰在那一望无际的夜空中，显得十分寂寞，在寂寞中还带着一丝孤独。

[柴云沄]

初夏之海滩

正午时分，太阳炽烤着沙滩，把沙滩照得金灿灿的，犹如铺上了一层金子。我漫步在这美丽的沙滩上，欣赏着周围的美景。海浪轻轻地拍打着柔软的沙滩发出"啪啪"的声响。我边漫步边拾起沙滩上那美丽、花样繁多的贝壳！

初夏之美

傍晚时分，太阳将那半边脸放在那碧绿的山脉上，犹如闪闪放光的金子镶嵌在翡翠的盘子里。看上去是那样的诱人！使人馋涎欲滴，而这时我正在公园里嬉戏、玩耍，公园里那碧绿碧绿的翠竹，在太阳的照射下显得无比美丽！

[张天霁]

夏夜

晚饭后，我趴在阳台上。一轮皎洁的明月，慢慢地升上树梢。天上的星星，闪烁不定，发出美丽的光芒。听！树丛里传来蟋蟀优美的歌声。瞧！微光忽隐忽现，十分神秘。喔！原来是萤火虫在草丛里飞来飞去。在这夏夜里，真令人陶醉。

夏雨

夏日，窗外的雨已经很大了。雨珠在阳台的瓶瓶罐罐上轻盈地跳跃，发出悦耳的叮叮咚咚的声音。不知过了多久，雨停了。雨后空气的清新无法形容，晾衣架上挂着些晶莹的水珠，望去像一串天然钻石项链。

[赵晏]

皓月当空，繁星闪闪，好一个美丽动人的夏夜。

坐在门前的石阶之上，静静地扇着扇子。仰望星空，群星荟萃，闪烁着那充满诱惑力的光芒。朦胧中带着几分神秘……繁星点缀在那蓝紫的庞大幕布之上，呈现出一派迷人的景色。

一缕清风缓缓吹来，一不留神碰响了风铃，那清脆的铃声打破了寂静。竹子在风中"萧萧"作响，它那摇摆着的模糊的身影投在了洒满星光的大地上……

此时的世界是如此的宁静与美妙。

[张鑫豪]

海边的夕阳染红了天边，一片片桔红色的晚霞在海天交汇处像火一样燃烧着。大海，也被这霞光染成了红色，每当一排排波涛涌起时，那映在波峰的霞光又红又亮。当霞光慢慢淡去，高而远的天幕上就镶上了一颗颗闪闪烁烁的星，好似一盏盏悬挂在天空中的明灯，我漫步在被海水打湿的沙滩上，静静地享受着夏夜带来的美。

太阳下山了，田野暗了下来，天幕好似披上了黑色的纱衣，一盏盏小灯笼在田野的上空忽忽悠悠的飘动，好似一串串流动的珍珠，原来这是一群萤火虫在美好的夏夜里玩耍游戏，也为我们带来了美好的遐思。

[王清雨]

初夏的风带着白色的柳絮向人们迎面扑来，一些小孩在路旁抓着柳絮玩，不时地还能听到他们在抓柳絮时发出的嬉笑声，那纷纷扬扬的柳絮似乎还能给人们带来一些"冬天"的景色。

初夏的清晨，当太阳还未把整个身子跃出东海的时候，气候是那么的凉爽，露珠从稚嫩稚嫩的叶子上、花瓣上，打着旋落在了地上。一些老人三俩成群地走在街道上，有的去散步，有的去采买，他们相互打着招呼问候着。这一切都发生在那初夏的早晨。

[田珺]

初夏的清晨，走在雾蒙蒙的山路上，享受着清风的洗礼，仿佛置身于风的世界……一片柳叶刮到我的脸上，把我从另一个天地引回了现实……

眺望远方，海水仿佛把天和地都连在了一起，一望无际……望着那渐渐破碎的红日，不禁让人万分感慨，却又让人望而生畏。

[朱金红]

我那轻盈的步伐，落在了芳香四溢的公园小路上，漫步到池塘边，那金色的阳光洒在了波光粼粼的湖面上，十分动人。远处，那大片的荷叶翠色欲滴，那粉红的荷花婷婷玉立。那晶莹的露珠在金色的花蕊上滚动着，让我看得如痴如醉。好一幅初夏的美景，我不禁低吟到：接天莲叶无穷碧，映日荷花别样红！太阳下山了，晚霞露出了笑脸，我放松地躺在草坪上，晚风一阵阵地掠过我的脸颊，好似轻纱拂过，是那么的轻柔，让我不知不觉就有了睡意。

[王云鹏]

夏天一到，这青山一天一个样，经过烈日的暴晒，骤雨的浇淋，那草木就窜枝拔节很快地长起来，变得葱茏青黑了。这时，山地里一片青纱帐里，那些狼呀山猫呀野兔子呀……逍遥自在地活跃在里面，就像鱼儿游在海洋里那样。

乳白色的轻雾弥漫在空气里，笼罩着远处的林木；许多灰暗的、轮廓朦胧的云片，悠闲地浮在苍蓝的天上；强劲的枯风不断吹拂着，但不能驱走暑热。

[金梦旭]

郁郁葱葱的树木撑开巨大的伞盖，把夏日强烈的阳光遮蔽得无可奈何，树荫下的小花尽情地伸展着腰肢，在微风中舞动着婀娜多姿的身躯，碧绿的小草为大地盖上一层茸茸的、厚实的绿被，微波荡漾的水潭静静地映照大地美丽的景色。鸟儿们终于忍不住夏日晴空、美景带来的快乐，唱起婉转的歌儿。

生机勃勃的绿藤爬满树枝，初夏的阳光打在树叶上，透过叶子间的缝隙斑斑点点地照射在地上，地面上顿时出现了许多的"金娃娃"，风儿吹过，顽皮的金娃娃跳起了踢踏舞。

[谢昊冉]

初夏——雨中

静坐在阳台的木椅上。天上下着绒毛细雨。雾，拥抱着天空，雨滴轻轻地亲吻着绿油油的大地！发出"滴滴哒哒"的声音！雨丝随意地留过我的脸颊，清凉凉的，犹如锦缎掠过，让人有一种心情畅爽的感觉实在是一种享受！

初夏——细雨后

细雨过去。拥抱天空的云雾散开了！在那嫩嫩的叶子上积满了正面对阳光的水珠，远处的天空上挂着七色的锦布，胜如披着长绸的仙女。去掉了心中的郁闷。

[沈昕雨]

雨中遐思

夏天的夜晚是那么宁静，不知不觉下起了绵绵细雨，这似乎又为那美丽的夏夜增添了几分色彩。

那柔柔的细雨轻轻地亲吻着大地，世间万物都在变，低着头的小草重新抬起头，合拢的花儿瞬间绽放，这里的一切都生机勃勃。湖面上还不时泛起水花，几颗晶莹的露珠在枝叶间滑来滑去，滋润着翠绿的叶芽。

夏天是闷热的，这场细雨带来了几分清凉，冲走了夏日的炎热。

我举着一把蓝色方格布的雨伞，沿着湖边向家的方向走着。雨还在不停地下着，我环顾四周，一所医院呈现在我的眼前，尤其是那耀眼的"十"字。这"十"字似乎比白天更显眼，我的脑中一闪念，想起了发生不久的汶川大地震的情景，许多灾民只住在简陋的帐篷里，甚至有的百姓连一顶帐篷也没有……，而现在又下着雨，北京人民有伞，有房，灾区的人民可能要荒野露宿在街头。下雨时也只有无奈地被雨淋。

太可悲了，我再也感不到这场雨是美的了。它是可悲的，但还有更可悲的事情，有的商家竟把一顶帐篷卖到一万元，这简直听得令人心都揪得慌。

突然，一阵大风呼啸而过，打破了我的沉思。这一晚，变得不再宁静……

八. 以"雨中遐思"为题写一小散文

　　用最美的语言，写你由"雨"产生的无限遐想，注意捕捉自己的自然而真实的感受，写作目的明确，文笔优美。祝大家成功。

[刘奕琨]

　　在一刹那降临的夏雨终于冲刷尽了沉闷，带给人们以清爽的感觉。尽管雨珠还在无休止地落着，但我心中那因闷热所生的愁云被雨中的清风吹散了。身处花苑，我似花中精灵被百花簇拥着，漫步于泥石花草之中。珍珠成串地落下，织成珠帘，构画出一幅奇妙的雨景图，使人萌生无际遐想。

　　春雨，总是给人柔柔、无声息之美。雨丝如银线，时而在眼前消失，时而让我触到她的柔美。她是那么弱不禁风，那么容易碎，使我心也因她而碎了……她曾与春风同行，让层层土地泛出嫩绿，鸟儿为她欢歌，绿树为她奏曲。春雨，她是希望的象征。

　　到了鱼跃荷开的夏，我最爱急促的夏雨。它带来清新、凉爽，让人在雨过天晴之时得到一种自然的洗礼。在暴雨来临之时，雨点像鞭子一般抽打着大地，疯狂地、猛烈地从高空坠落……夏雨，它给人以动力！

　　虽然秋是收获的季节，但秋雨多少有些凄凉。娇柔的秋雨触碰着发黄的枯叶，每一声响都碰撞着我的心……秋雨，凄美之感流露其中。

　　不知不觉，急促的夏雨停了。在百花中遐思的我，深深地懂得了雨之美……

[张瀚]

　　天，突然闷热起来，蝉鸣蛙噪声越来越大，这大雨马上就要来临了。放学时大风来了，吹得我们睁不开眼睛。唰的一下，一道闪电划过天空，接着就是声闷雷，哗哗下起来，在车里的我不由的沉思起来。

　　四川的那些灾民，会不会因为没有帐篷而淋雨生病？

那些著名的作家是不是又借着大雨来写篇文章抒情？

……

春天的雨，使人感到舒服；夏天的雨，使人感觉很急促；秋天的雨，让人感到有些凄凉；冬天的雨，使人感到阵阵寒意。

夏天的雨，可以以迅雷不及掩耳之势，哗的奔涌而下，而后越来越小至停；也可以是带着风的绵绵细雨；还可以是哗的一声，一阵"枪林弹雨"下个不停……

[金梦旭]

这憋了好几天的雨也不下，让人觉得心里闷得慌。忽然，起了风，树枝不住摇晃起来，好像得到什么喜信儿似的。天沉了下来，一声惊雷唤醒了在空中沉睡已久的雨娃娃。雨娃娃睁开惺忪的睡眼，顽皮地从云端跳了下来，跳到滚烫的马路上、跳到娇嫩的花朵上，也跳到饥渴的禾苗上。大地上的万物打了一个机灵，兴奋起来。

我合上书，怀着喜悦的心情走出了家门。雨点落到我的脸上，冰冰的、凉凉的。我觉得舒服极了。坐在下花园的亭子中，欣赏着优美的雨景。雨点串成珠子形成大大的帘幕，落在繁花嫩叶上、落在散发着芳香气息的泥土上。我被雨无私地滋润大地的精神所感动，我联想到在抗震救灾前线上浴血奋战的解放军战士，他们就像这雨一样，把自己的爱、自己的情无私地奉献给灾区的人民，让他们感受到炎黄子孙同根同源的情谊。

雨停了，我还呆呆地注视远方的天空，抗震救灾中感人的一幕幕还在我的脑海中挥之不去。我们应该珍惜自己拥有的美好生活，不要奢望太高。回到家，我重新打开书，专心阅读起来。

[李子宜]

雨中之美

雨中遐思——自然之美

听，雨来了。那绵绵细雨如仙女一般，悄悄地降临在大地，"滴滴答答，滴滴答答"。小溪听到了这悦耳的乐曲，情不自禁地喜上眉梢，泛起了微波的笑脸；鸟儿们听到了这悦耳的乐曲，停止了欢唱玩耍，回到巢中静静品味。而那些懂得感恩的小树呀、小草呀、小花呀，都把大自然给予他们的这滴水之恩当成了涌泉相报，她们使劲地长啊长，绿啊绿，艳啊艳，还给了大自然一片美丽绿洲！

雨中遐思——人文之美

下雨了，城里的孩子跟随着父母，举着漂亮的花伞，乘着汽车，去上学了。而住在山里的"大眼睛"，却还像从前那样，艰难而孤独地行走在求学的路上。下雨使坑坑洼洼的山路变得泥泞不堪，平时轻松跨越的小溪也变成了水流湍急的大河，求学之路的坎坷可想而知。雨不停地抽打着"大眼睛"的身体，可是为了美好的未来，她从没有放弃这条路。这样的画面，比打着最美的花伞、乘着最好的汽车、行走在宽阔平坦的柏油路上都要美丽！

雨中遐思——心中之美

我走在路上，沐在雨中，心情无比舒畅。望着那被雨冲刷干净的城市，我的心也好像被冲刷过一样。忘记了生活中的烦恼，忘记了学习中的压力，忘记了先前的悲伤……不知不觉中，繁华的城市安静了下来，我的心也平静了下来，痴呆地、认真地欣赏着。此时此刻，我心里有一种空前未有的喜悦，一种发自内心的喜悦。因为我惊喜地发现，一场普通的雨，给我带来了收获，它让我知道了世间竟是如此奇妙，它给我带来了美！

雨中遐思，思出了这么多种不同的感受、不同味道的美。但有一点是我永远坚信的，那就是源于心中的美，才是无穷的美，最重要的美！

[张宇君]

走在，绵绵细雨中，遐想着森林中的情景。

一棵棵参天大树遮挡住了下雨时瓦蓝的天空，好像一把大伞，盖住了森林中的花草树木。它，挺拔的身躯，魁梧的身材，碧绿的头发。每一片树叶上都躺着一滴晶莹的水珠，慢慢地水珠站了起来，一步步地蹭到叶子的边缘，恋恋不舍地滑了下去，滴到小溪里，与小溪一起玩耍，流向远方。

这一切吵醒了石头，他慢慢地睁开了惺忪的睡眼，低下头，看了看身上的青苔，它并不惊讶，那是它洗澡时所留下的，几只小昆虫在它身上耍闹，它则静静地观看着表演，不时聆听鸟儿的歌唱。花儿与草儿也舞动着身姿，小泥路上踏着新鲜的脚印，一只小鹿迈着轻盈的步伐走到小溪边，将头微微低下，喝着清澈的水，唱着动听的歌曲。

大自然就像一幅山水画，带领你走进美的天地。

[候璐瑶]

柔雨——

坐在屋中，临窗听着淅淅沥沥的雨声。下得缠绵、温柔纤细持久；使人想起
"洞箫牧歌、""春花秋月，"想起那酒香四溢的"杏花村"和青烟缭绕的山野、
村舍……仿佛看见一位少女在雨巷中，打着一把小伞，踩着古老的青石板领略着那
淋漓之感的温馨……

暴雨——

突然，听到加大，下得那么热情奔放。使人想起"黄钟大吕"、"金割铁
马"，想起浑厚的高原、平坦的沃土以及犄角般的玉米和火一样燃烧的红高粱……
我的心也随着这雨声忽而缠绵、忽而燃烧……

下雨的时候那雨景很美，这使我们产生了许多遐思，而我们的遐思——更美！
真可以说是"芭蕉叶上潇潇雨，梦里犹闻碎玉声"。

[唐天婧]

柔柔的，第一滴雨悄悄落下，不知不觉，第二滴、第三滴……轻轻地坠落于我
的手心，一阵清凉向我袭来。雨慢慢大起来，不知不觉中，已从柔柔细雨便成了狂
风暴雨，就在这瞬间的变化中，我目睹到了世界最壮观的雨景。

雨中，临窗而立，大街上一朵朵美丽的"鲜花"在雨中格外耀眼。回想，以
前，雨中的雨伞，不像现在这样繁花似锦。

夏天的雨，是柔柔的，是清凉的，更是美的。雨倾洒着大地，一切绿意被它
唤醒。

转瞬即逝，雨渐渐停了，一阵泥土的芳香，从大地传来……你听，那鸟儿的歌
声是多么的动人。

雨，我爱你的柔，清凉，更爱你的美！

[杨涵]

"轰隆"刹那间，倾盆大雨迫不及待地泼了下来.一滴滴小雨珠打在大地上，
细细的哺育着所有的植物宝宝；一滴滴小雨珠轰走了炎热的阳光，带给了人们清凉；
一滴滴小雨珠冲洗干净了树叶，使树叶更加美丽，但雨珠却消失了。

雨中遐思：雨是无私的，她哺育大地。老师也是无私的，他们教育我们。

自从入学那天起，老师就无私地把知识慢慢地传授给我们；老师就批评我们，让我们改正自己的缺点和过错茁壮成长；但老师却失去了他们的青春。

人们都说老师是辛勤的园丁，但我认为老师更有春雨那润物细无声的无私品质和奉献精神。

[张天霁]

绵绵细雨中，我站在阳台上，俯看下面步履匆匆的行人和形形色色的建筑物，每一个步履匆匆的行人和每一幢建筑物里都发生着故事，或喜或悲……有的故事也许刚刚开始，有的故事也许正在继续，有的故事也许已经结束……

而我的故事和他们的故事一样，其实都是那么渺小，都是那么微不足道。但是我要将自己的生活，精装成一本书，每一页都是一个新的故事。

[付娆]

又是一个蒙蒙的细雨天。我靠着湖边的柳树坐了下来，只见雨点像千万个小士兵，随着轻柔的风，在天空中静静地飘洒着，轻轻地落到了湖面上。

雨点落在水中，泛着波纹，像无数条小鱼在水里吐泡泡，波纹一圈套着一圈，连连不断。

雨滴在荷叶上，宛如翡翠盘子托着光洁、明亮的珍珠。珍珠越滚越大，最后变成了一盘水银。荷叶受不了啦，东摇西晃起来，终于，她低下了头，弯下了腰。"哗……"一道道水银柱落了下来。

那片荷叶四边下垂，只有中心存有一些水，它盛不下了，就流了出来，但总是流不尽，泛着银光，一漾一漾的，湖中的波纹因它而越泛越大了。

一片柳叶落在了我的腿上，把我从遐思中拽了出来，我才发现，淅淅沥沥的雨停了，雨后的天空被洗得湛蓝，几朵洁白的云彩在天空中飘浮，过了一会儿，它们便宁静地沾在了蓝天上。

花儿经过雨的洗礼，红得更艳，绿得更翠。

啊！雨后的空气是那么的清新，还带着泥土的芳香。

世间万物都因有了雨的滋润而显得那样可爱。有谁不喜欢这蒙蒙的雨天呢？

雨中遐思

"嗖"的一声，一道银白色的闪电划破了天空。在那一刹那间闷了好几天的倾盆大雨"唰"的一声下了起来，这场夏雨使人们感到清爽，而不是潮湿。站在窗前观看这场倾盆大雨犹如在看琼瑶写的那《又见一帘幽梦》，那汪紫菱和汪绿萍正依偎在一起观赏着汪紫菱的那一帘幽梦。

春天的雨是柔柔的；夏天的雨是清爽的；秋天的雨是凄凉的；冬天的雨却是寒冷的。

过了一阵，雨慢慢地停了，天也慢慢地晴了；太阳也慢慢地露出了笑脸，小草也慢慢地舒展起了腰肢，花儿也慢慢地绽开了花朵。那简直就是一幅万物复苏的风景画。

在夏天我有很多的爱，但我最爱的还是那急促的夏雨。因为它能使人感到舒心、凉爽、愉悦、清新，这是在夏天人们收到最好的礼物！

我起床后，看了看表早晨九点钟了。可窗外还是黑乎乎的。我站在阳台上。看见天空中一块块黑压压的阴云好似千军万马奔腾着，翻滚着，好像要把整个天空都染黑了。楼下的行人也加快了脚步。骤然间狂风夹杂着蚕豆大的雨点掉在地上，行人们裹紧了衣服，飞快地向家门奔去。小区里的一些杂物也被风卷得老高，在空中盘旋。小树也被吹得东倒西歪。随着一声声轰隆隆的雷声。

一转眼，倾盆般的瓢泼大雨"哗"的一下砸下来。倾刻间我感到整个世界都在雨雾中消失了，连楼对面的小山也变得灰茫茫的一片。没过一会儿，楼下的一个大台阶已经成了一个小瀑布了。雨是大自然创造出来的，它变幻莫测，来得匆匆在一瞬间就过去了。

"轰隆"的一声，只见云层上破了一个大洞，不一会儿，雨点儿就啪嗒、啪嗒地落到了地面。

刹那间，我想到了灾区的同胞们，他们是否正在被大雨淋着，也想到了正在回家路上的妈妈是否能顺利了赶快回到家中。

不一会儿，雨停了，可以见到那一道道美丽的彩虹挂在天上。

[张梦琢]

春雨　遐思

春天的细雨又柔柔地飘落了下来，又一次让我的心酥了。在细雨中散步是那么的美好，我享受着那春雨落在脸上的感觉，柔柔的，轻轻的。落到脸颊上，是那吻一般的感觉。

听那雨声，看那雨景，这一切让我想起了那春雨过后，竹林的景象。

春雨停了，在那竹林中停了，恋恋不舍地停了。那雨后的春笋开始拼命地拱破那褐色的土地，拼命得要呼吸新鲜空气，你便听到那"沙沙、沙沙"的声，哈，那声音预示着新的生命的开始，蓬勃的生命，春笋露出了那嫩嫩的脸蛋，嫩得可爱呦！

秋雨　遐思

秋天的雨也如同那春天的雨一样，是轻柔的，是凉爽的。

听那雨声，看那雨景，这一切让我想起了那秋雨过后，果园的一片场景。

秋天，这丰收的季节，那雨后的苹果是粉淡淡的，晶莹的雨滴在那诱人的苹果上，这看起来让人垂涎欲滴呀！还有那紫灵灵的葡萄，黄澄澄的柿子，这一切显得都是那么的可爱，那么得生机勃勃，那么的诱人呀！

雨中遐思，思那自然的美，思那可爱的美，思那自然的生机。

[新浪网友刘泽生]

雨中遐思

雨中会引起我深深地回忆，总是这样。在一个烈日当空的日子里，太阳炙烤着大地。热得行人汗流浃背，烤得绿叶无精打采。我多么希望在这闷热的天气里能痛痛快快地下一场大雨啊。突然，大片大片的乌云席卷而来，像一块巨大的黑布，瞬间把辽阔的天空罩在里面。风夹杂着雨的气息，扑面而来。"要下雨了，太好了！"我不禁欢呼起来。雨点开始噼噼啪啪地落下来。打在行人的雨伞上，发出沉闷的声音；敲打在窗户的玻璃上，发出清脆的声响。紧接着，一道闪电，仿佛银蛇刺破黑暗的天空。雨中交响曲的前奏在这里打响了。啊，多么壮观的大自然的交响曲啊！

[何琬楠]

初夏的午后，天渐渐沉了下来，憋了好几天的雨终于要下了。忽然，一道闪电划破了天空，一声闷雷宣布了风雨交响曲的开始。顿时，雨点纷纷落下，奏响属于自己的音符。临窗而立，我不禁有所想。

数年前的一个雨天，我也遇到过这样的情景……一个襁褓中的娃娃放声哭了起来，那位年轻而又美丽的母亲用自己的身躯为娃娃挡雨，父亲则为她唱着熟悉的摇篮曲。随着雨越来越小，妈妈怀中的娃娃静了、睡了。她多么幸福啊！爸爸妈妈像一座山一样为她挡风挡雨，无微不至地关爱她、呵护她。

其实，父爱、母爱便是这样。他们爱你、疼你、关心你，但却从不言爱。也许，在你还在襁褓中酣然入睡时，爸爸妈妈却还在为你忙前忙后。

其实，襁褓中的婴儿便是我、你或每一个人。

这时，妈妈走过来，慈祥地叮嘱："别站在那儿了，小心一会儿着凉了。"

[田珺]

又是一人独自漫步在柳荫小路上，不知何时，那柔柔的、细细的雨丝，以悄然越过肆意飞舞的发梢……

而我，却无暇打理。这雨，会不会让早已干涸的溪涧重新流淌？能不能给干旱地区带来一丝清凉？可不可以阻拦沙尘暴的肆虐？如果可以的话，我愿意当一丝雨，哪怕只能给人带来一丝清凉也好啊。

这雨走时，也像它来时一样悄然，带走了水中的涟漪……

[李镇奇]

雨中暇思

雨，来了，临窗而立，我望着一颗颗晶莹而又轻柔的雨珠，一滴一滴地从天空中坠下来，温馨又舒畅。

突然，一道闪电划破天空，照亮大地，紧接着一声震耳欲聋的雷声打响，雨越下越急促。雨打在池塘里，一条条波纹犹如乱麻在水中舞动；雨打在土地上，迷迷蒙蒙，眼前是一朵朵斑斓的小花；雨打在树叶上，发出沙沙的响声，重复倾诉雨的柔情。

夜雨潇潇，此时我好像看到草原上万马奔腾的景象。雨打在池塘里的水声，打在叶子上的沙沙声，都是草原上骏马踏出的马蹄声，震耳的雷声，飘洒的雨声，都使我心旷神怡，伴随着道道闪电，真正让我感受到雨的壮观，雨的美丽。

[郝晶晶]

那一把伞，是的，一把伞，一把在风雨中的伞。

我至今不知，它，是怎样酿造出，那令人扑朔迷离的香气。

那伞，引领着一条牧羊犬，噢不，应该是牵引着它。伞下，多了一个身影，一个全身穿着褐色的姑娘。她举着一把咖啡色的伞。

雨中，不时传来"啪嗒啪嗒"的声音，高跟鞋在青板石上，踏出来的声音，显得格外动听。这一切，别有几番清新灵秀的韵味。

她和它身旁，是几簇含苞待放的无名野花。粉白的瓣，淡黄的蕊，精致而轻盈。在风雨的洗礼中，他们学会了如何去变得深绽。

那女孩见了小花，赧然的笑了，刹时，暴风骤雨如期而至。女孩只是把伞移了移位置。

……

瓢泼大雨已过，小花却再也抬不起它们曾经高昂的头了。

女孩俯下身，用手拾起那根已断的几株花。脸上再也不是笑容，而是茫然和忧伤。一滴泪顺着它的脸颊流了下来。就在这时，女孩的手机响了，她打开手机盖……女孩只是木呐地笑了笑，把手机扔向远方。她没有去追她那只黑色的狗，任它漫无目的地前行。

天还是灰的，那伞依然，阻挡了阳光的照射！

[张鑫豪]

一刹那间夏的夜雨冲刷了我心中的烦闷，使我感到了无比的清爽。淡淡的雨雾朦胧着月。月的纯净，柔软与平和如一张睡美人的脸。窗外有一枝交缠的海棠花，共有五簇上下错落着，或散或密，都玲珑有致。在月光的掩映下，微有浅深之别。在这雨中圆月之夜，海棠花是那样的妩媚。

雨停了，我试想在这圆月朦胧之夜，那高踞枝头的好鸟为何尽撑着眼皮不肯睡去？它到底等着什么，难道是舍不得那淡淡的月？

这番情境似一幅画呈现在我眼前，这布局那样经济，设色那样柔和，精彩足以动人。

[朱金红]

不知不觉，窗外已下起蒙蒙细雨，我兴奋地走出家门，漫步在丝丝细雨中，感觉是那么的惬意。

雨点像个顽皮的孩子，一上一下地跳着，风姑娘带着雨点肆意地掠过我的脸庞，为我带来阵阵凉爽。

雨点玩累了，终于歇了下来，再看两旁的花草树木，早已被洗刷一新，空气也变得格外的清新，我不禁吸了一口又一口。真是：春雨贵如油，润物细无声。

第五部分
拾 贝

(学生练笔二　与家长PK)

　　老师赞赏的眼神鼓舞了孩子心中的志向。翅膀，在一次次试飞中变得坚强；视野，在一次次试飞中变得广阔。海浪冲刷，贝壳闪亮。

一、同学们搜集到的作文开头与结尾

五（1）班

[张宇昕]

开头：在我童年的港湾里，有许多姹紫嫣红的花瓣，随着几度潮涨潮落，悄然汇入了记忆的长河。每当我在童年的港湾里寻找那飘逝的花瓣时，心中总会涌起一股股眷恋之情。结尾：如今，我已经长大了，不过我只想个子长高，不愿长大，因为我想有颗天真的童心。适用作文题目：《想起那件事，我就……》、《礼物》等。

[学生]

开头：每当唱起我心中的歌——《童年的小摇车》时，那优美的旋律常常激起我对童年美好的回忆和纯真的爱。是啊，童年的梦幻就像天上一朵朵彩色的云，童年的岁月就像一首首甜蜜的歌。

结尾：童年，是人生途中最绚丽多彩的一段生活。幼稚的心灵像一叶纯洁无暇的白帆在浩瀚无垠的大海上冲浪。然而，一阵突如其来的飓风把白帆卷入了浪谷。从此，我开始了一种从未经历过的生活。

适用作文题目：《童年》

[吴铭佩]

开头：在我小小的"记忆库"里，往事如同一朵朵小小的浪花，时时刻刻徘徊在我的记忆库里。随着日子的一天天过去，许多事已经淡忘了，有一件事却时时跳跃到我记忆的闸门口……

结尾：这朵小小的浪花会永远徘徊在我的记忆库里，给我留下美好的回忆。

适用作文题目：《想起那件事，我就……》、《礼物》、《我懂得了……》等。

开头：父母，给了我们生命。伤心的时候有他们安慰的话语；没有信心的时候，有他们坚定的微笑；生病的时候，有他们关切的眼神和悉心的照料……虽然他们从未要求回报，但感谢父母，就是善待自己的生命。

结尾：拥有一颗感恩的心，我们将永远沐浴在阳光下，懂得感恩，善于感恩，我们将拥有整个世界！

适用题目：《一想到这件事，我就……》、《我懂得了……》、《令我……的一件事》等。

[程凯琳]

开头：童年，是一片没有莠草、污秽的净土，是一片无遮无拦明朗的天空。这里流淌的纯真与甜美，总会使我产生难以忘怀的回忆。我童年的一段往事，就时常萦绕在我的脑海。

结尾：我时常摘下这童年之花，闻一闻它那沁人心脾的花香，取出一个小秘密与好朋友分享。或者跳进波光粼粼的童年之河里尽情地畅游、嬉戏，与小伙伴们一起做着童年悠悠的梦。啊！童年的故事真有趣！真令人回味无穷。

适用作文题目：《童年趣事》、《一件美好的往事》、《想起那件事，我就……》、《礼物》、《我亲身经历的一件事》、《……笑了》、《我得到了教训》、《我懂得了……》等。

[王锐]

开头："快乐"两个字，不同的人会有不同的理解。在我看来，快乐是在草地上追寻春姑娘的足迹，是在蓝天白云下呼唤和平鸽的到来，是用手抚摸自己心爱的玩具，是看见整洁的卷面上那火红的100分……每一份快乐都让我对生活充满了热爱。

结尾：其实，生活中快乐的事数不胜数，甚至每一次笑都是一份不小的快乐。只是有些快乐没有被我们发现而已。快乐来源于生活，而生活源于一点一滴的积累，而积累就需要去睁大双眼，细心地去发现。不要抑制自己的好奇心，这样就会凭添许多的快乐！为了大家都能快乐，请仔细观察我们身边一点一滴小事，从不同的事物中"提炼"出内心深处最真诚的快乐吧！

适用作文题目：《想起那件事，我就……》、《笑》、《快乐》、《一件……的事》、《第一次……》、《小窍门》、《童年趣事》、《我亲身经历的一件事》、《礼物》等。

[王诗雨]

开头：童年的事如同一朵朵小浪花，总是在夜深人静、明月当空之时，悄悄地涌上心头，伴随着窗外那有节奏的蛙鸣，一起翻腾……

结尾：外面的夜依然很静，可我的心却像大海一样汹涌起伏，久久不能平静。好想回到童年去啊，可那是根本不可能的，只能在另一个静夜，在另一个梦里延续童年的神奇……

适用作文题目：《想起那件事，我就……》、《友谊》、《礼物》、《难忘的童年》等。

[杨子薇]

开头：每当早晨我上学路过双井十字路口，看到那川流不息的车辆时，就不禁想起这样一件事。

结尾：生命是最宝贵的东西，只有一次。如果因为一时地疏忽而失去了，那就太可惜了！

适用作文题目：《想起那件事，我就……》、《令我……的一件事》、《这一次，我懂得了……》、《这件事教育了我》等。

[丁兆千]

开头：我的快乐多得像天上闪闪的繁星数不尽。可有段最快乐的时光却是深藏不露，只有细细地品味才能体会出来。

结尾：如果不通过艰苦的劳动，可能我就不会有如此的快乐。

适用作文题目：《快乐的劳动》、《苦中有乐》、《我忘不了那次劳动》等。

[臧伊辰]

开头：我的记忆是一只美丽的木匣，里面放着许多珍珠。每一颗珍珠都是我童年的一件往事，但有一颗永远闪闪发光，让我记忆犹新。

结尾：现在，每当我想起这件事，总会情不自禁地笑出声来。

适用作文题目：《想起那件事，我就……》、《我懂得了……》、《童年》等。

[赵曼汐]

开头：我的记忆就像海岸上的细沙，海浪一来便带走了许多。但有一粒海浪永远也带不走！

结尾：如果没有经历这件事，我可能永远是掉入这个万丈深渊里！它让我懂得了它是可怕的！这粒细沙在我的心灵里深深地刻下，在我的脑海里常常浮现，在我的梦里常常出现！我的心像大海一样汹涌起伏，冲来冲去，但那颗细沙已深深刻在了心里！

适用题目：《想起这件事，我就……》、《友谊》、《礼物》、《难忘的童年》等。

[黄一耕]

开头：在我的记忆中有很多对我重要的人，但是有一个人对我却有着特殊的意义……

结尾：看着他（她）那远去的背影，我想：我是他的指路人，他更是我人生的指路人！

适用题目：《想起这件事，我就……》、《友谊》、《我懂得了……》、《指路人》等。

[赵思蒙]

开头：在我的脑海里，常常浮现出许多往事，就像洁白而又细碎的浪花，忽大忽小，时隐时现，但有一件事却令我很难忘记。

结尾：这件事已经过去很久，但至今却令我难以忘记。

适用题目：《想起这件事，我就……》、《友谊》、《我懂得了……》等。

[张煜]

开头：我对无声飘落的雪花有着一种无言的敬畏。在我看来，无声的雪要比暴风雨神秘可怕的多。或许，雪无声地飘落，就像把我的记忆闸门打开，让人在蓦然回首时惊讶不已……

结尾：这时，天上的雪花又飘洒下来，无声无息地飘洒着，似一曲童年的歌谣。我仰起脸，接住天上的雪花，但是雪花落到我的脸上就化了；那雪花就一直化到我的心里，融合在我的血液中，终于汩汩地流淌……

适用题目：《友谊》、《想起这件事，我就……》、《我懂得了……》、《童年》等。

[钱娇阳]

开头：在我的记忆长河中，有许多大小不一的礁石——一件件往事。现在就让我们乘上小船，去考察其中的一块吧！

结尾：每个人心中都会有难忘的记忆，这只是我记忆中的一个片断，但它却像水晶一样，纯洁、透明，并且闪着晶莹的光。这是属于我的那份记忆，它是我成长道路上的财富。

适用作文题目：《童年》、《记忆的片断》、《想起这件事，我就……》、《礼物》等。

[王思明]

开头：生活就像一本书，记载着我们每一天的生活，无论这一页有多么平淡，但细细品味仍回味无穷……

结尾：随着岁月的流逝，这一页已成为过去，但它给我带来的是一段成长的经历，至今难以忘怀。

适用作文题目：《难忘的一件事》、《成长的经历》、《想起这件事，我就……》、《这件事使我懂得了……》、《生活中的一件事》等。

[冯丽雯]

开头：打开记忆的窗帘，脑海里久久不能平静，我驾着记忆的帆船，向远方的彼岸驶去，我站在船头眺望。啊！我看见了，我看见了多年不见的老师，这使我不由的想起那件事。

结尾：啊！老师您在我心中闪耀着神圣的光芒，我要用七分李白的诗情、三分齐白石的画意来描绘您那可亲可敬的面容。

适用作文题目：《想起那件事，我就……》、《我的老师……》等。

[赵丰]

开头：我家发生过许多有趣的事，大多出自我身上，这些趣事好多都记不清了，但有一件事让我记忆犹新。

节尾：这件事已经过去几年了，至今想起来还觉得非常好笑.

适用作文题目：《想起这件事，我就...》《 难忘的一件事》等。

[解璐铭]

开头：我生活的班集体，是一个充满无比温暖和幸福的集体.

结尾：此时此刻，一股暖流涌遍我的全身，我心里默念着："这就是我们的班集体，一个多么团结幸福的集体"。

适用作文题目：《友谊》、《想起这件事我就……》、《我懂得了……》等。

[田宇平]

开头：记忆的闸门打开了，各种各样的往事如潮水一般涌来，有的令我高兴，有的令我伤心，有的令我开怀大笑……其中印象最深的一件事是……

结尾：这件事虽然已经过去很久了，可总像昨天发生的一样。

适用作文题目：《想起那件事，我就……》、《快乐的一件事》、《难忘的一件事》、《我真后悔》等。

[周茂君]

开头：如果说友谊是一颗常青树，那么，浇灌它的必定是出自心田的清泉；如果说友谊是一朵开不败的鲜花，那么，照耀它的必定是从心中升起的太阳。

结尾： 他的影子至今仍时常萦绕在我的脑海里，鼓舞着我，鞭策着我，激励着我……

适用作文题目：《友谊》、《想起那件事，我就……》、《宽容》、《回忆童年》等。

[杜孟炎]

开头： 在我记忆的海洋中，有许多的事情都变得模糊不清，但有一件事仍清晰地印在我的脑海里，现在回忆起来心里还是酸酸的。

结尾：这件事虽然过去了很久，但它留给我的教训却是永远也抹不掉的，也让我明白：做任何事情都要实事求是，只有自己真实的劳动成果，才是最有价值的。

适用于：《那一次我懂得了……》、《想起那件事，我就……》等。

[李边]

开头：童年，是人生中最幸福的一页，对这一页每个人都有美好的回忆。和大家一样，我的童年也是丰富多彩，绚丽多姿的。

结尾：金色的童年是幸福的，它带着我的梦，我的理想和追求向现实奔去。

适用于：《童年》、《想起那件事我就……》、《回忆》等。

五（2）班

[王艺竹]

开头：成长像苹果一样，甜甜的；成长像青梅一样，酸酸的；成长像橄榄一样，涩涩的……正因为有了这些酸、甜、苦、辣，童年的生活才变得如此美妙。

结尾：漫漫的童年时光，都是……陪我作伴，正因为有了它，我的生活才变得多姿多彩；正因为有了它，我的童年才变得快乐起来。

[侯璐瑶]

开头：是谁曾与松竹梅"岁寒三友"为伴，傲然怒放，把淡淡的一缕芳香默默地奉献给人间？那就是婀娜多姿的菊花。

结尾：秋菊能傲霜，风霜重重恶，本性能耐寒，风霜其奈何？我依然徘徊在菊花的海洋里，如醉如痴……

适用题目：《菊花》、《我喜爱的……》、《……的生命》等。

[王云鹏]

开头：自然界的万物总是能给人们以重要的启示：大海收容每一朵浪花，不论其清浊，所以大海浩瀚无涯。大海这种无限的包容力，正是启示人们要有宽大的胸怀，去包容、宽恕别人。我们应该学会宽容。

结尾：宽容是一种美德，表现了一个人高尚的精神品质。宽容是维护人际关系的纽带，在我们的生活中必不可少。所以我们应该学会宽容，像大自然容纳万物，像大海收容每一朵浪花。

适用题目：《宽容》

[李子宜]

开头：金色的童年总会有金色的故事。童年对我来说，似乎可以算得上"生命之树常绿"了，那一件件快乐的趣事，就是一片片闪闪发光的绿叶。偶尔，一阵秋风吹过，一片绿叶霎时变黄了，飘然而下，让我汗颜，让我后悔。

结尾：虽然这件事已经过去很久了，但每当我想起来，还是有一种深深的愧疚感。可惜绿叶已经变黄，它已永远无法改变。不如改过自新，继续我们金色的童年吧！

适用题目：《想起那件事我就后悔》、《那一次我懂得了(诚实)(做事要认真)》等。

[刘奕琨]

开头：朋友是真心的，朋友是真诚的，有朋友的人生是幸福的人生。友谊之间需要的是宽容，宽容之时才会有笑声。

结尾：此时此刻，两双手紧紧握在一起，两颗心紧紧连在一起，友谊又回到了我身边。

适用题目：《想起这件事，我就……》、《友谊》、《那一次，我懂得了……》等。

[杨涵]

开头：童年像一个五彩斑斓的盒子，里面装着许多有趣的回忆，其中有一件小事，每当想起来总要勾起我的欢悦之情。

结尾：我记不清妈妈给我买了多少件衣服了，可妈妈却总也忘不了女儿买给她的那件小背心，即使它又小又皱，又很廉价。

适用题目《背心》、《想起这件事，我就……》、《那一次，我懂得了……》等。

[何琬楠]

开头：静谧的夜晚，深蓝的天空上干干净净的，没有一丝微云，显得有些清悠。倚在窗前，我不禁想起了今天下午发生在公交车上的一件事。

结尾：夜已深了，可我仍忘不了公交车上那一幕，忘不掉售票员那意味深长的微笑。

适用作文题目：《想起那件事我就……》

[崔鹏]

开头：这件事过去很久了，然而它却像鞭子一样时时抽打着我的心，使我常常感到内疚和不安。

结尾：苍天无言，大地无语。只有这深深的忏悔声在山谷中回荡……

适用作文题目：《想起那件事我就后悔》、《那次我懂得了……》、《请原谅我，好吗？》等。

[贾灏晨]

开头：冬的精灵——雪花，悄然地来到人间，用自己独特的神韵描绘出别有情趣的彩图。

结尾：校园里的雪球在空中飞来飞去，像一只只洁白的信鸽，捎带着童年的快乐。飞溅的雪沫不时地钻进脖子里，凉凉的，令你心旷神怡。冬的精灵——雪花，悄然来到人间。

适用作文题目：《我喜爱的……》、《……的生命》等。

[李净琳]

开头："搬家啦！搬家啦！"随着这欢乐的呼喊声，我们终于从简易的筒子楼搬到了新居。

结尾：临窗而立，眺望远方，一幢幢正在建设中的高楼大厦，我们的城市正发生着翻天覆地的变化。

适用作文题目：《变化》、《一次搬家》、《一想起这件事，我就 ……》等。

[张瀚]

开头：一个友善的微笑像一缕春风，可以滋润人们的心田；还像夏日里的暖阳，可以温暖人们心中的花朵。

结尾：如果每个人都怀着一颗友善的心，将自己最灿烂的微笑播撒在世界的每一个角落，撒到每个人的心灵深处，让每个人心中都盛开着这朵美丽的花，这样自己也能得到他人纯真的笑容。

适用作文题目：《想起这件事，我就……》、《微笑》、《那次我懂得了……》。

[梁金全]

开头：　走完长满了青苔的石板路，跨过一丛歪歪斜斜的篱笆，推开那扇吱呀作响的板门，有一扇窗镶嵌在古老的青砖砌成的墙上。窗纸早已荡然无存，只剩下横横竖竖的窗格，系满了长长短短的红丝绳。红丝绳在风中无助地摇曳，像是谁在哀怨地诉说，又像是吹不散的淡淡哀愁……

结尾：　岁月无情。我想，时间终会慢慢蚀去一个人的记忆，淡去一个人的思念，抚去一个人的伤痕。也许红窗在生命的最后，早已忘却了丈夫的模样，甚至也已忘却了她恪守一生的初衷。

适用作文题目：《变化》、《……的生命》等。

[张梦琢]

开头：　大海把自己放到了最低的位置，才有了容纳百川的胸怀。

结尾：宽容与刻薄相比，我选择宽容。因为宽容失去的只是过去，刻薄失去的却是未来。

适用作文题目：《宽容》、《那次我懂得了……（宽容）》等。

开头：思绪穿过月色。梦想在水面上漂流。松鼠跳，鲤鱼笑。世间的一切都在流动，与我一同涌向前方。

结尾：记忆让美好沉积下来，让当时的瞬间静憩，将心曲自始至终弹奏得清纯如泉。

适用作文题目：《童年》、《美好的回忆》、《想起那件事，我就……》等。

[王清雨]

开头：大人们经常对我说："诚实是做人的基本，诚实是反应一个人的品质。"是呀！诚实对于我们来说是多么的重要啊……

结尾：……我正处在成长时期，需要从小养成诚实、守信做人的好品质，这对自己今后的学习、生活，以及在将来的工作中都将具有重要的影响和作用。

适用题目：《那次，我懂得了……》、《想起那件事，我就……》、《礼物》等。

[李镇奇]

开头：如果时光可以倒流，我一定不会那样做；如果时光可以倒流，我一定不会让他寂寞地离去；如果时光可以倒流，我一定不会让我们的友谊一刹那间被抛到九霄云外。

结尾：这件事虽然过去了许多年，但直到现在，我还忘不了这件事，他就像一根钢针深深地插在我的心里，成了抹不去的记忆。

适用题目：《那次，我懂得了……》、《想起那件事，我就……》等。

[付娆]

开头："春天在哪里呀，春天在哪里，春天就在小朋友的眼睛里……" 就让我们伴着这清脆的歌声，一起去寻找春的足迹吧！

结尾：春在这里，春在那里，春无处不在，一切的一切都渗透着春的生命与活力。春，我的无价之宝！

适用作文题目：《寻找春的足迹》、《我爱春》、《春天来了》等。

[朱金红]

开头：在我的脑海里，就像打翻了五味瓶似的，酸甜苦辣咸样样都有。有高兴的事；有兴奋的事；有气愤的事……可那件事，令我非常难忘，因为，那次让我尝到了成功的喜悦！

结尾：望着证书，我笑了。耳边回响着妈妈的那句话："别着急，慢慢来。只要用心，没有做不了的事情。"就是这句话，让我尝到了成功的喜悦！

适用的作文题目：《成功的喜悦》、《想起那件事，我就……》、《那一次，我懂得了……》等。

[唐天婧]

开头：那是个好去处，有碧蓝的海水，有金色的沙滩，有新鲜的空气，还有柔和的海风。可是，在这心旷神怡的海滨，我却做了一件至今难忘的事。

结尾：我不仅学会了一样本领，更重要的是懂得了只有坚持不懈才能成功的道理。你说，这一举两得的事，能不令我高兴吗？

适用作文题目：《想起那件事，我就……》、《那次我懂得了……》等。

[柴云沄]

开头：我的快乐多得像天上闪闪的繁星数不尽。可有段最快乐的时光却深藏不露，只有你细细的品味才能体会出来。

结尾：如果不通过艰难的劳动，可能我不会有如此快乐的体会。

适用的作文题目：《快乐的体会》、《想起那件事，我就……》等。

[张天霁]

开头：大海对小溪是宽容的，任小溪在大海中玩耍嬉戏；云儿对风儿是宽容的，任风儿将它吹散成各种形状；地球对人类是宽容的，任人类在地球上进行各种活动。

结尾：宽容，能化解人与人之间的恩怨；宽容，能使事业发达；宽容，能使国家繁荣昌盛。让我们学会宽容，让民族，让国家更加兴旺发达吧！

适合写《宽容》为题的作文。

[谢昊冉]

开头：今天，我刚进教室，就发现同学们都用奇异的目光打量我，还有人对我指指点点，是不是我做错了什么?顿时，我的心像十五个吊桶打水——七上八下.

结尾：这时，班长和几位同学跑到莉莉面前，并说了些话，最后她把眼泪一擦笑笑对我说："对不起，我冤枉了你。""没事！"我说……

适合题目：《宽容》、《那一次我懂得了……》、《……的代价》等。

[田珺]

开头：有一件事经常在我脑海里浮现。一想起它，我就沉浸在欢乐之中，这真是一件值得回忆的事。

结尾：这件事在我脑海里留下了深刻的印象。

适用题目：《想起那件事，我就……》、《那次我懂得了……》

[董斯元]

开头：童年生活像一个五彩斑斓的梦，使人留恋，使人向往。童年生活中发生的一件件有趣的事，常常把我带入美好的回忆中。

结尾：嗨！我倒希望雨你再下吧！下大一点，我喜欢家人一起做游戏的时光，我喜欢听到那雨声"沙沙沙……唰唰唰……哗啦啦……哗啦啦……"

适用作文题目：《想起那件事，我就……》、《我喜欢……》等。

[赵方恺]

开头：笔直平坦的小路，不知怎的，变得分外碍脚，路两旁的花草也黯然失色，就连早晨那湛蓝的天空，也引不起我的任何兴趣。

结尾：哦，老师，您的亲切，您的温和，再一次洗刷了一个学生心灵的灰尘，使我懂得了诚实，在成绩，乃至在每件事面前都要诚实。

[郭永泽]

开头：我走着走着，"新鲜的蔬菜——新鲜的蔬菜——"喊叫声传过来，我转过身来一看，果然是卖蔬菜的人，正推着车向这边走来。我急忙跑过去，把钱递给她说："要一捆。"这时，我看见她的眉毛都白了，围脖也蒙上了一层白霜，脸冻得像紫萝卜似的。她摘下手套，露出来的手背上布满了密密麻麻的带雪丝的小口子。我一边看着她称菜，一边想：她受得了吗？太辛苦了。

结尾：清晨，寒风卷着雪花，我又看到了那个卖菜人，她自己冻得直跺脚，却用褥子一层一层包好车上的鲜菜。一个老奶奶来买菜，在菜堆里挑来挑去，她也不烦，耐心等着，最后还给老奶奶多称了几两。大家都说她的菜又好又便宜……

适用作文题目：《想起那件事，我就……》、《那次我懂得了……》等。

[张鑫豪]

开头："……比大海广阔的是天空，比天空广阔的是人的胸怀！"这是妈妈和我在一次谈话中说的一句话，我要把它当作我的座右铭。

结尾：每当我用这支笔，便想起那次妈妈对我说的话，它使我懂得了一个做人的道理。

适合题目：《宽容》

[沈昕雨]

开头：每当我看见小院里那盆青翠欲滴的德国兰，我就想起了我的外公。

结尾：我站在雨中，感到一股清风扑面而来，是那么清新，又是那么洁净，并不断地扩散。我于是掏出口袋里的钱，和着心底清新的风，浓浓的情，一起献给了姑娘。

适用题目：《德国兰》

[金梦旭]

开头：人的一生会经历很多，但往往快乐是最令人向往的。因为快乐是一种心理体验，可以说它远在天边，也可以说它近在眼前。

结尾：快乐如同星星点点般密布在我们身边，几乎随手可得，你们说是吗？人只要以一颗童心来面对纷繁复杂的生活，时时追求光明，向往快乐，你一定会变成一只快乐的小马驹。

适用作文题目：《快乐的滋味》

二. 诚邀家长们参加我们的活动（自愿参加）

　　家长朋友们大家好，最近几周，我们两个班的学生在博客里发表了自己的小文章。虽然占用了学生一定的休息时间，但取得的效果还是很不错的。现真诚邀请您，参加我们的活动。

所写题目：《我喜欢的颜色》

文体要求：记叙文、散文、诗歌均可。

文章字数：不限。

上传时间：6月23日— 6月29日。

几点提示：1.家长挂在博客里的文章可属真实姓名，也可用笔名或不写姓名。

2.在您时间允许的情况下，本着自愿参加的原则。

3.如果您的文章发错了，需要删除，请直接与我电话联系。

一点顾虑：恐家长们冷我的场哟！

一点期盼：我与我的学生们热切期盼您的参与。

家长作品

绿色，我的最受

朱金红的家长

雨后墙角的那一丛青苔，

显得更加翠绿柔软，

忍不住用手轻轻地触摸它，

柔柔的滑滑的，

眼睛因为它变得明亮起来。

碧绿的小草，

苍翠的大树，

给大自然带来了无限的生机，

喧闹的城市变得那么的安详，

浮躁的心灵变得那么的宁静，

这一切都是因为你呀，

———绿色。

你是生命的象征，

是希望的源泉，

你唤醒了沉睡的大地，

渲染了平淡的生活，

世界因你而变得更加精彩。

你是风雨你是彩虹，

你是希望你是激情，

我感受着你享受着你，

你是我心中，

永远也唱不完的青春之歌。

家 乡 的 茶

何琬楠的家长

离开家乡已经七年了，眼里、梦里还都是家乡的颜色。

我的家乡在湖北宜昌，那里是三峡的出口、有美丽的清江，到处是郁郁葱葱的绿，而绿茶作为家乡颜色的代表成为最著名的特产，我爱家乡茶的绿。

上高中时，班里有一个同学家住在远郊，常常在晚上熄灯铃后的寝室里听她讲乡下多姿多彩的生活：雨后山上采蘑菇、夏天小溪里抓螃蟹、初春茶园里采茶……

这些都令我无比向往。高二的那年春天，同学邀我们去她家茶园采茶。置身茶园，满眼的绿，空气中飘荡着茶的芬芳，刚发的新芽晶莹璀璨，半天的辛勤采得一小袋新芽，出茶园的途中，我把脸埋在新芽里，陶醉在绿色味道中，真想每天枕着茶香入梦。家乡上好的茶是清明前的毛尖，要求在刚发三片芽之前人工采摘，因为周期奇短、人工采摘不易的特点，每年的清明前新茶是一种奢侈品，每晚枕着清新的新茶入梦对于高中时代的我该是多么大的一个梦想。

而今，步入中年的我，回想当初关于茶的梦想仍然会怦然心动，每年家乡新茶上市的季节，都会有家乡的茶出现在我的案头，泡上一杯新茶，看翠绿的新芽在水中缓缓地舒展，渐渐地将水沁润成青翠的颜色，茶香随着热气寥寥的升腾、弥漫在北京初春仍然寒冷的空气中，更显家乡茶的清香，带来家乡春天的绿色气息与温暖。

去年春天，带着孩子回了趟家乡，在北京生活久了的孩子对家乡处处葱郁的绿充满了惊喜，缠着我带她到郊外看绿，又来到昔日高中同学的茶园，孩子在春天绿色的茶园里像一只快乐的小鸟。与同学漫步在郁郁葱葱的茶园里，她告诉我，昔日茶园是家庭个体化的生产模式，每年春茶时节，农户既要费心寻找采茶人力、又要操心茶叶加工和销售，现在省里大力发展绿色环保产业，把绿茶生产作为全省绿色龙头产业，不仅派来专家、技术人员帮助农户解决种植中遇到的问题，还逐步推广产、销一条龙服务，免除农户的后顾之忧，整合资源，不断提升茶叶品质、提高品牌知名度。家乡的绿茶产业正焕发出蓬勃生机。

我爱家乡茶的绿，更爱家乡到处焕发蓬勃生机的绿……

生命的底色——白色

张宇昕家长

我喜欢白色，因为那是生命的底色。它圣洁、纯净、清雅，最喜欢的是它那份锋芒内敛的淡泊。

天使的翅膀坠落人间，化作生命的底色，生命初临世间的那一刻，每个人都是纯洁无瑕的，都有着水晶般纯净的心灵。

随着时光的流逝，人们坚持不懈地去追寻生命的精彩的时候，纯白的底色上早已色彩纷呈，五光十色，然而没有这纯白的底色，再绚丽的色彩不也无从显现吗？白色所映衬的生命的绚烂，保持生命的本色，不要让世俗的污浊玷污了它，这样，人生才能更加绚丽多彩。

出淤泥而不染的清莲，银装素裹的喜马拉雅山巅，清雅如斯，圣洁如斯，都要以白色来装点。出水芙蓉，雪山之巅，之所以有摄人心魄的美，是因为与生命的底色一息相通，都是这一抹白色勾连的至理。

白色，那么平凡，随处可见，单调乏味，比不上红色的鲜艳欲滴，比不上绿色的生气勃勃，更比不上紫色的激情浪漫，然而没有白色的映衬，世上的一切颜色岂不都会黯然失色？白色并不像人梦中所看到的那么简单，当一束白光透过三棱镜的时候，就会出现七色光芒，白色深沉内敛，甘做别人的陪衬，宁静淡泊，远离世俗的纷扰，所以圣洁清雅。

"淡泊以明志，宁静以致远"，人生的至理尽在于此。

绿

金梦旭家长

家住单元楼的六层，每天晨起第一件事就是站在窗口俯瞰楼侧花园中那繁密的、深深浅浅的绿叶。注视着层层叠叠的绿，心即刻感到温润、祥和。对着冉冉升起的朝阳，脸上不由自主地露出微笑。

那是多么有层次的绿呀！高大树木的叶子呈现深绿的颜色，密密匝匝，仿佛是巨大的伞盖；柳树的叶子绿得浅一些，低垂的枝条在风中像爱美的女子摇曳着婀娜多姿的腰肢；夹在深绿和浅绿之间的是榕树的叶子，小小的叶片挡不住阳光，也形不成伞盖，但它最让人青睐，在绿绿的叶片中擎着娇艳的花朵，那花是由一根根由紫红渐变到粉红的细丝组成，绒绒的、柔柔的，绽放在树端，妩媚极了。

这么迷人的景致从春看到夏，再从夏看到秋，惬意、充实。当凛冽的寒风把绿叶抽打黄了一片片凄楚落地时，心仿佛也被冷却。看着突兀的、张牙舞爪的伸展在空中的黑褐色的树枝，总是不停地追问，草什么时候才绿，叶子什么时候长出来，看不到生机勃勃的绿，生命的泉流仿佛被阻塞。

在一天天的企盼和急切地寻找中，枝条柔软起来，小芽苞越来越饱满，墙角的小草伸出了怯生生的小脑袋。啊！每天清晨的祈祷终于产生了神奇的力量，春姑娘又把绿洒满人间了。

迎着明媚的朝阳，吹着和煦的风，徜徉在缀满鹅黄嫩叶的柳树林中，吸一口散发泥土气息的空气，不禁感慨：春天多美好，春天多大度，它能让你时时刻刻感受到万物的勃勃生机，看到生命的光彩。当代表着蓬勃生机的绿的海洋在你心中涌动着波澜时，你还有什么理由不热爱生活，不珍惜生命呢？

每一年的冬天，无论多么鲜润的绿叶都会被自然的大手碾碎，化作尘埃，但来年春天，他们会依然绽放在枝头，这不折不挠、倔强执著的精神多么令人钦佩呀！生活中的挫折会像冬天的风雪一样暴虐，它会扼杀美好的憧憬，会消解前行的动力，但做人绝不能连树都不如，风雪后，依然要昂起头，绽放生命的新绿。

我心中的中国红

梦琢的爸爸

我喜欢红色，尤其偏爱那中国的红。这种红色象征着我们这个民族生生不息，奋发向上。

一看到这种红，不禁让我心潮澎湃，浮想联翩。使我仿佛看到在漠北的风沙中，数万身披红色战袍的猛士在一代名将霍去病的率领下，像一阵红色风暴，横扫匈奴，名扬天下。

梦回唐朝，这种红色通过丝绸之路广播天下，让全世界都知道，在遥远的东方，有一个像巨龙般强大富庶的帝国。在那里孕育出了诗仙李白，诗圣杜甫，以及他们享誉中外的诗作，为世界奉献了无数永不磨灭的文化瑰宝。

一首《满江红》，壮怀激烈，气吞山河。仿佛让我看到了一代抗金英雄——岳飞，立马横枪、怒视北方，令侵略者闻风丧胆，不敢越中原一步。这种红象征着一种民族尊严凛然不可侵犯的精神。

不朽名著《红楼梦》，凄婉柔肠，将中国传统文化推崇演绎到了极致。在人们为主人公的是是非非慨叹不已的同时，也尽情地饱览了中国几千年文化的博大精深。

今天的中国，正在携奥运圣火用中国红将世界点燃，我们以崭新的姿态告诉世界：中国红从我们荣耀的祖先那里传来，它将光照后人，永不衬褪色！

生命的颜色

田珺的家长

绿色，生命的节奏；橙色，生命的信念；白色，生命的纯洁；蓝色，生命的明亮；红色，生命的热烈；黄色，生命的牵挂……2008年5月12日是一个黑色的日子，大地的震颤摧毁了我们的家园，夺去了数以万计的生命。在随后的日子里，我们看见了在这片废墟上流淌着无数的颜色，但承受生命之重的几个颜色始终让我无法将目光移开，让我们记住那些色彩，不要忘记，永远也不能忘记。

绿色。废墟上到处涌动着绿色，那是我们子弟兵的身影。面对灾难，你们没有迟疑没有犹豫，甚至你们中间很多人也是来自四川，来自灾区，你们无法关心自己的亲人，你们将悲伤掩饰，祖国的需要就是你们的使命，你还稚嫩的脸庞写着坚定，不善言词的你却淡定地说着，我是人民的子弟兵，灾区的人民都是我的亲人，谢谢你，是你在和平年代奉献着自己的青春乃至生命。

橙色。灾难发生后，救人是重中之重，在倒塌的瓦砾上，出现了许多穿着橙色制服的武警消防官兵，专业救援队伍，道路不通，大型工具无法进入，是他们用锹挖，用手刨，你们不停地搜寻生命的迹象，救出埋在废墟下的幸存者，创造一个又一个生命的奇迹。

白色。医院的楼塌了，太多的伤者源源不断送到医疗站，没有手术室，空地上的帐篷，汽车的后坐，都是白衣天使们救人的战场，任何困难都无法阻止你们救死扶伤的行动，有了你们，生命在死神面前大声说：不！

红色。当灾区的血库告急的时候，在祖国各地的献血点，人们排起了长龙，当鲜红的颜色从臂膀中抽出时，都欣慰地笑了，因为我们是一家人，我们要和你在一起。然而这些对红色的衬托还不够，我记得这样电视中有这样一个画面，在教学楼已经全部倒塌的北川中学的一块空地上，一面鲜艳的五星红旗依然在旗杆上迎风飘扬，这一刻我被深深地感动。

黄色。灾难过后，大家系起了黄丝巾，戴起黄丝带，代表了哀悼、思念、祈福、希望、盼望亲人平安。大家能做的除了捐款捐物，就是表达对灾区亲人们的牵挂，我们都是黄皮肤，我们永远在一起！

多难兴邦。我们悲伤，我们难过，但中国人从所未有的团结着，因为我们相信灾难一定会离我们远去，我们有信心重建我们的家园，生命的五彩斑斓让我们大声吼出："中国加油！四川加油！"

颜色的话

沈昕雨家长

我喜欢冬天，

冬天是什么颜色？

雪花飞舞，

多么纯的白色一片。

没有冬天的孕育，

哪里来的春暖花开，

没有白的基色，

哪里来的五彩缤纷，

白是单纯的，

但她可以衬托出五颜六色的美。

祖国的花朵，

正是在这纯白色的页章中绽放。

颜　色

王云鹏的家长

世上的颜色有几百种，姹紫嫣红，煞是好看，我问爸爸，你喜欢什么颜色？爸爸说我喜欢蓝色，因为它深沉，凝重，还有一点忧郁。蓝色，是天空的颜色，是大海的颜色，是真理和谐的颜色，它独立、平静，令人思考。

我问妈妈，你喜欢什么颜色？妈妈说，我喜欢粉红色，因为它温馨，浪漫，可爱。粉红色，是小姑娘最喜欢的颜色，是娇嫩的象征。

我问叔叔，你喜欢什么颜色？叔叔说，我喜欢绿色，因为绿色是生命的象征，是军人的颜色。绿，代表安全、平静、舒适之感，在四季分明之地方，如见到春天之树木、有绿色的嫩叶，看了使人有新生之感。

颜色，也寓意着其他的含义。奥林匹克旗帜五个不同颜色的圆环就代表着五个大洲：天蓝色代表欧洲，黄色代表亚洲，黑色代表非洲，草绿色代表澳洲，红色代表美洲。它们连接在一起象征五大洲的团结，象征全世界的运动员以公正、坦率的比赛和友好的精神在奥林匹克运动会上友好相见，欢聚一堂，共同促进奥林匹克运动的发展。

颜色妆扮了我们的生活，就让我们热爱这五彩的世界，享受这五彩的生活吧！

问我最喜欢什么颜色

王诗雨家长

听到孩子问我最喜欢什么颜色，不禁发出了会心的微笑。

年少时，最喜蓝色，尤其是宝石蓝，有一点神秘，有一点憧憬，深深地震憾着少年的心。和蓝色相比，其他颜色皆俗气，对蓝色的爱偏执而狂热。

后来，当兵了，置身绿色军营十几年。曾以为对绿色是厌烦的，毕竟自己最美的十年青春奉献给了他，无法享受同龄人应有的多姿多彩的美好生活。然而离开后才发现，对绿色是如此的眷恋，他仿佛已经融入到自己的血液中，单调乏味的背后带给自己无比珍贵的人生阅历和精神砺炼，是另一种恣意挥洒的青春。

如今，步入不惑之年。年龄渐长，阅历日丰，忽然发现以往觉得艳俗的黄、闹腾的红、混沌的紫，都变得那样生动美妙。渐渐领悟到，其实生活本就是五颜六色，五光十色的，只是心境不同了，少了一点冲动，多了一份从容；少了一点执拗，多了一份坦然。于是，所有颜色在我眼中都变得美好起来，充满了诱惑。于是，懂得了要细细品味生活，坦然享受人生。

三色彩霞

付婧的家长

绿——希望之种

绿色，

生命的开始，

她孕育着花、草、树，

就连春天都是她带大的。

她爱抚着大地，

只要她轻轻拂袖，

无垠的大地，

就会被渲染成一片绿洲，

绿草如茵， 一碧千里。

蓝———广阔之主

蓝色，

浅浅的，幽深的，

大海就是他最得意的孩子。

瞧呀，

一望无际，汹涌澎湃的大海，

深不可测，奔腾不息，

卷起一层层浪花，

大海能包容一切，

让我们拥有海一般宽阔的心胸。

白———天使之色

一道白光划过云层，

白光中出现一位天使，

手里举着魔棒，

"唰"的一声，

瞬间消失了，

但她却给人间，

留下了她最信任的使者——医生，

救死扶伤，把健康，

带给善良淳朴的人们。

这三色彩霞镶嵌在天空，

为我们照亮这可爱的世界。

我最喜欢的颜色也是这三色，

他们个性的美，

永远给我留下，

最美好的回忆。

时光的颜色

欣然妈妈

工作了一整天，拖着疲惫的身体走回家，女儿一脸兴奋地跑到我身边问：最喜欢的颜色是什么？望着女儿那纯真可爱的笑脸，我一脸茫然——颜色？蓦然回首，那逝去的岁月，仿佛就如昨天。

少女时，我偏爱白色，披肩长发白色衣裙，是我最简单的装扮，我爱那阳春白雪的美好；有了女儿后，我改穿黑色，那时我还难以适应角色的改变，黑色是我无奈的选择；现在的我，反而喜欢艳丽的色彩，我行我素，义无反顾！生活本来就是这样，多姿多彩，世界才会美丽！

不经意间看到女儿身上的校服，我才知道我更喜欢绿色。绿色是生命的颜色，有了绿色人类才会有希望，孩儿，不知你可否会在某一天喜欢白色？

那一抹蓝

程凯琳的妈妈

你看，
那一抹蓝，
像妈妈温暖的怀抱。
溢出香香的气息，
凝结成广袤的苍穹。
你这只小鸟，
蹒跚的起步，
在这一抹蓝中幸福的翱翔。

你看，
那一抹蓝，
像园丁透彻的眼眸。
淌出涓涓细流，
汇成知识的海洋。
你这只小帆，

自由地起航，

在这一抹蓝中快乐地行驶。

你看，

那一抹蓝，

像知己贴心的问候。

化成块块坚石，

筑起友谊的桥梁，

你这只觅食的羔羊，

看到了方向，

在这一抹蓝中稳健地前行。

你看，

那一抹蓝，

像心底久违的冲动。

喷薄出汨汨热流，

诱出梦的渴望，

你这颗稚嫩的树苗，

闻到了希望，

在这一抹蓝中自信地成长。

纯美的蓝

赵丰家长

每每离开都市的喧嚣，逃过工作的无奈与烦冗，站在浩瀚的海边，遥望一望无际的蓝：那么纯净，那么清澈的美呵。微风拂动，跳跃的水花伴着层层波浪若心中的童谣般渐渐涌起，朝着眼前、心田奔来……

忘却了繁重的工作压力，丢掉了升职加薪的世俗烦恼，静静的，思绪随着这无垠的蓝的纯净飞起来，飞回到无忌的童年，飞回到若眼前美景般纯美的世界。

生命呵，我们承受了太多的不堪之负，忘记了心底的那份童真。幸好，还有这无边的海，无际的大草原，还有……还有满眼的生机与青翠。

感谢世界没有忘记我们，让我们重拾童趣的温馨，感受生命的快乐。我们同样会珍视这个世界赐予我们的生活，用心底的纯净感动生命，心心相连，融汇成无际的蓝色心灵的海洋。

感动蓝色的美，感动美的世界。

我喜欢的颜色

李净琳家长

晚上，女儿问我喜欢的颜色，我想了想大概是蓝色吧，琢磨了半天，这么多年我似乎一直是喜欢蓝色的。

小时候，喜欢天的颜色，最喜欢秋天秋高气爽的那种天蓝色，搭配远方点点白云，我觉得这样的蓝让人心旷神怡。记得那年去大连，站在海边，放眼望去，蓝莹莹的大海，苍苍茫茫，遥望无垠……海面从岸边一直向远方延伸扩展，和天空连接在一起，美妙而壮观。

很多人喜欢把自己和喜欢的颜色联系在一起，会穿着那样颜色的衣服；用那样颜色的手机；家里的装饰也用那样的颜色……我却发现，我喜欢的颜色却极少出现在我的身边，很少的一点也并非特意的安排。手机的颜色是蓝色的，背景是蓝色的。因为我不愿意花太多的时间更新主题，经常穿的牛仔裤是蓝色的，可能是潜意识中习惯所致。

有人会问起蓝色的含义，上网搜索一番，蹦出的索引会装满一箩筐。例如，有人会告诉你"蓝色的象征意义取决于它的明度，明度高的蓝色象征清新与宁静，明度低的蓝色象征庄重与崇高，明度极低的蓝色象征孤独与悲伤。"也会有人说："蓝色代表着宁静、明亮、干净、透明、寒冷、温柔、智慧……"还有许多不同国家，不同文化对蓝色更多的理解。

我喜欢蓝色，因为它清新、淡雅，它能引发你无限的想象，让世界上所有的东西在我心中变得更加完美。广阔的天空那种浅浅的蓝能让我变得更加明朗，辽阔的海洋那种深深的蓝让我在心中搭起了理想之桥，博大的胸怀让我学会了宽容。

我喜欢的颜色

王艺竹的父亲

我喜欢蓝色是从孩提时代开始的，但是我又觉得愧对蓝色。

一次偶然的机会，无意间打开了母亲放在柜底的盒子，摸到一个圆圆的硬硬的东西，出于好奇我打开一层层包裹着的蚕丝，露出一个蓝蓝的类似一个花瓶的东西。

它大概只有七八厘米高，我的小手刚好能握住，凉凉的，滑腻腻的，感觉特别舒适。

我把他拿到光亮处，它那蓝蓝幽幽的色彩，蓝的那样纯净，蓝的晶莹透明，蓝的光鲜，蓝得让人爱怜，不忍释手。

我想吹掉残留在瓶口的一点点蚕丝，它居然发出"咕——"的声音，我不禁惊喜，连吹几次，那响声似乎是蓝色发出的声音，遥远、悠长、缠绵。

它太光滑了，光滑的只有双手捧着才放心观看！

它太袖珍了，袖珍的让人无法跟花瓶联系在一起！

太阳光下那蓝色更加鲜艳饱满，蓝中闪青，蓝得要滴下来。

我终于看清楚，花瓶的留白处原来是一条张牙舞爪的飞龙，这条龙太威严了，威严的让人心生畏惧，一紧张，花瓶掉在地上——碎了！

趁母亲不在家，赶紧把碎片打扫了一下倒在没人注意的墙脚边了，因喜欢那蓝色又返回墙角捡了一片藏在了墙缝里，没人的时候常偷偷地看两眼。

时间久了，遗忘了。

而立之年回乡探亲，母亲说起姥爷酷爱收藏瓷器，出嫁时还送了一件万历时期蓝花小瓶，还是官窑的。我跳起来奔向当年倒碎片的墙脚，搜寻着能记起的每一个墙缝！

回北京后买了一大批关于蓝花瓷器的书看！

后来，哥哥告诉我，翻建房时墙角那的土垫南院低洼处了。

每次回家探亲都要到南院地低洼处搜寻，搜寻失去的，让我爱怜而又愧对的蓝色。

永远的红色

一天下班回家，女儿突然问我最喜欢什么颜色，而且只能选一种颜色。我毫不犹豫地回答："红色！"女儿紧接着又问："为什么呢？"这一问倒让我一时不知如何回答了。是啊，在红橙黄绿蓝青紫的七彩世界里，我为什么最喜欢红色呢？

我喜欢红色，因为它是生命的象征。每个人从自己的生命诞生的那一刻起，红色就开始伴随着他的一生。我们血管里流淌的是红色的热血，那是父母赋予我们的生命源泉。正因为我们血管里流淌着红色的热血，我们的心才永远是红色的。没有了这红色的热血，我们的生命就会走到终点。太阳是红色的火球，红色的太阳每天从东方升起，给世间万物带来阳光、温暖和雨露。倘若没有红色的太阳每天照耀着大地，我们赖以生存的地球就会变成一个冰冷、黑暗、寂静的世界，万物生灵将不复存在。火是红色的，火是人类走向文明的起点，人类是从懂得对火的利用开始，才真正实现了从动物到人类的转变，人类的生命繁衍才得到了可靠的保障。没有红色，就没有生命；没有红色，也不会有人类文明。

我喜欢红色，因为它是胜利的象征。从南昌到井岗山，从瑞金到遵义，从延安到北京，用无数革命先烈的鲜血染红的一面面旗帜，指引着我们走向一个又一个胜利。一位西方记者预言，红星将照耀中国。1949年10月1日，伴随着鲜艳的五星红旗从天安门广场冉冉升起，一位伟人向全世界庄严宣告了新中国的诞生。从此，我们就在这红色的旗帜之下前赴后继地创造着新的奇迹。在工厂，在农村，在学校，在军营；在抗美援朝的战场上，在"两弹一星"试验场，在人迹罕至的北大荒，在世界屋脊珠穆朗玛峰山顶，在南极大陆冰盖腹地；在大海深处的潜艇中，在遨游太空的神舟飞船上，在抗震救灾的第一线，在奥运火炬传递的线路上，勤劳英勇的中华儿女齐集在一面面红色的五星红旗、八一军旗、党旗、团旗和少先队旗下，创造着一个又一个人间奇迹。神州大地处处飘扬的红旗，无一不在向世界昭示着中华民族的崛起！

173

Bo ke shang de jiao yu li cheng

我喜欢的颜色

杨正东的朋友

世界是色彩斑斓的。太阳光都蕴涵着七种元素，连奥运会标志也是由五个不同颜色的圆环组成，微观世界更是异彩纷呈，物质世界从来就不只有单一的色彩，若一定要问我喜欢什么颜色，想了又想，我用四十年风风雨雨的生命阅历告诉你：我喜欢的颜色是迷彩。

迷彩是多种色彩的综合。它包含着绿色的凝重、红色奔放、蓝色的宁静，还有褐色的低调，甚至还有白色的纯净……组合迷彩的颜色和斑纹也因地域差异而各不相同，有丛林迷彩、沙漠迷彩、草原迷彩、海洋迷彩……，迷彩的功能也从当初的保暖、隐蔽，发展到现在的止痒、防灼伤和防红外线侦察等等，可见，迷彩带给人的是从里到外既贴身又贴心防护。

迷彩最初的设计理念其实暗合了国人天人合一的哲学思想，如果说天人合一是古人悟出的修身养性的大智慧，它指导人们从言行乃至心灵、精神与自然、社会及时代的和谐，不冲突，从而达到"与天地齐寿，与日月同辉"的大境界，那么，迷彩更多的只是从外观、形式上让使用者尽快融入环境，与环境和谐相处，像一棵小草融入绿色的大地，像一粒水珠滴入辽阔的大海，从而获得生的依托和死的归避。只有这样主动地适应环境，才可能生存，惟有生存，才能发展，可见，进化论、仿生学、科学发展观，都在其中了。

当了20年特种兵，曾经穿过各种各样的迷彩服，对迷彩的情谊，也从当初的新奇，到中间的淡漠，到后来的铭肌镂骨的记忆与迷恋，迷彩伴着我走过的一段心路历程，恰如我的人生，不乏少年的憧憬与渴望，也不乏青年的困惑与躁动，还有中年的沉静与坚韧……，曾经的职业告诉我，在生死搏杀的战场上，迷彩是欺敌蔽己的有效手段，目的就是要最大限度地消灭敌人保存自己。过去的岁月告诉我，理想要与时代合拍，行为要跟环境相符，少一分自我张狂就少一分迷惘彷徨，要有"丢进人海全不见"的低调，才会有"大隐隐于市"的超然。而最近，电视、报刊给我最强烈的感觉是：迷彩，是生命的护佑色。君不见，在四川地震灾区的废墟上，那一朵朵从天而降的伞花，那一个个跑步挺进的身影，那一团团救死扶伤的迷彩，带给人们的是温暖、是安全、是生命和希望。那迷彩裹着的年轻的身躯、幼稚的脸庞、跳动的心，和着汗水和眼泪甚至还有鲜血，书写的是抗震救灾的英雄事迹，奏出的是以人为本的时代乐章。那长眠于深山峡谷的"邱光华机组"、那奋战在堰塞湖畔的抢险部队,那"我还能救一个"的挣扎哭喊……,无不昭示着,此时的迷彩已不仅仅是单纯的迷彩,它提供的绝不仅仅是对自身的保护,更多的是对他人的生死救援,在舍生忘死的中国军人身上,迷彩的色彩更加厚重,功能日益升华……,每一个中国人,无不为迷彩而感动。

时光似水,生命如歌,岁月的长河在不舍昼夜地匆匆流过,几十年斗转星移,数十载的起落浮沉,所有的爱恨情仇,都无声地消逝在生命的长河里,沉淀出的却是一份份历久弥香的、浓浓的爱,这份爱不时发散出一阵阵婉转悠扬的、却又是深沉遥远的绝响:迷彩,生命的最爱。

我喜欢的颜色

紫色——梦幻颜色

张潇的家长

我喜欢的颜色,在所有的颜色当中我最喜欢紫色了,因为在我看来紫色是梦幻的颜色,在我看来紫色就是神秘主义者。

美丽的紫色是我心中的颜色,紫色淡淡的,不像大红色那样鲜艳,也不像黄色那么嫩,而是一个结合了所有颜色的颜色,它的颜色能看透人的心灵深处,假如你是个充满幻想的孩子,你就能在紫色的怀抱了里,轻轻张开幻想的翅膀……我爱紫色,不是因为它的颜色,而是因为它的感觉,它给人一种特殊的感觉。像3月的和风,在我的心中荡漾,它的美丽是不可言传,只可意会的。

现在闭上你的眼睛想着天空,再想着紫色,你的心里就会从天空飘到熏衣草田,当你看到那被风吹起来的花波,你就知道爱上紫色的感觉有多么的好了,我爱上了它,就像爱上了自己的生命一般,爱上这个世界一样,爱上写作,爱上幻想……

紫色,我的梦幻颜色,我爱你!

最爱秋色

王思明家长

一夜风过，清晨，睁开惺忪的睡眼，起身推开玻璃窗，猛然间看到窗前那棵大树上，原本绿油油的树叶不知何时已披上了秋的颜色，满地的落叶随风起舞，煞是好看！

走在崎岖蜿蜒的小路上，踏着片片落叶，细细地品味着秋色。

感受红色的秋，红彤彤的枫叶挂满枝头，随风飘动，如团团燃烧的火焰，装点着起伏的山峦，处处层林尽染，不禁使人想起："停车坐爱枫林晚，霜叶红于二月花。"的诗句。置身其中，使人焕发火样的热情，催人奋进。

感受蓝色的秋，秋风送爽，吹散了朵朵白云，为天空涂抹了一片湛蓝，恰似浩瀚的海洋，使人顿感胸襟开阔，生出无限遐想。

感受白色的秋，香气袭人的簇簇白菊竞相绽放，散发出缕缕幽香，使人流连忘返，陶醉其中，真可谓：心醉不知归去路，欲把花丛做寝床。

感受金色的秋，阵阵秋风吹来，金色的稻谷好像在和着风的韵律翩翩起舞，黄色的梨子在树上露出成熟的笑脸……田间地头的农民们正在忙碌着，盘点着秋的收获。

秋虽然是短暂的，但它带给人们的却是五彩斑斓的世界和殷实的收获，令人向往，使人难忘。

岁月轮回，四季交替，最爱的还是多彩的秋色。

我 爱 蓝 色

五（2）班 鼠儿爸爸

我爱蓝色的天空，白云追随着蓝天，人们为获得更多的蓝天而辛勤操劳。因为蓝色的天空必然会阳光普照，因为蓝色的天空使女儿心情开朗。

我爱蓝色的海洋，鱼儿在海中欢呼雀跃，女儿在岸边嬉戏玩耍。因为蓝色的海洋意味着清纯本色，因为蓝色的海洋给女儿勇敢力量。

我爱蓝色的湖水，赛里木湖的蓝色映衬着雪山倒影，纳木错湖的蓝色浩浩荡荡。因为蓝色的湖水像地球美丽的眼睛，因为蓝色的湖水给女儿无限遐想。

我爱蓝色的汽车，她带女儿闯西藏下海南，走东北到四方。因为蓝车与自然和谐交融，因为蓝车是女儿的所爱和选择。

我爱蓝色的居室，她流露着温馨与典雅，宁静与清亮。因为在浮躁功利的现实中，蓝色的爱屋呵护着女儿心安神爽。

我爱蓝色，她清她静，她爽她明。她没有西方人认为的忧郁伤感，却只给女儿带来了轻松向往。

我爱蓝色！

黄色的向日葵

侯璐瑶妈妈

"更无柳絮因风起，惟有葵花向日倾"。我对黄色的喜爱，是从向日葵开始的。

一个已经记不清的秋天，大概是我十几岁的时候。当我坐车到郊区的时候，忽然发现路边开满了黄灿灿的向日葵。那硕大无比的花朵，像一轮满月，明艳夺目，金光灿灿。我从来还没有见过这么多的向日葵。仿佛是一片黄色的海洋。它们一株株仰天傲立，每一片花瓣在阳光的照耀下怒放着生命的活力。我被那绽放的向日葵感动了——不，应该是被那耀眼的黄色所感动。就是那一刻，我突然发现黄色是那么美好。它总让人有眼前一亮的振奋和惊喜，呼唤感召着人们热情地去创造幸福灿烂的生活。

多年之后，我一直能清晰地想起那一片向日葵。

而现在已很少能看见大片的向日葵了。但给人以热情和真诚的黄色却成了我的最爱。

不可或缺的颜色———灰色

刘奕琨的家长

我们身居首都，您可知道北京城的基准色是什么吗？您要是一时想不起，不要紧，我告诉您：灰色。灰色——庄重、祥和、不抢眼。没有它就烘托不出金碧辉煌的故宫，美丽的公园，有序的街景，气象万千的人群。

现在拼杀在职场上的一代人，压力大，竞争激烈，有时对自己的宝贝真是无暇顾及，故将其一部分任务转移到我们祖辈的肩上。这也是极有中国特色的事情。说到培养孩子，少不了两心：第一是爱心，人皆有之，不奇；第二是耐心，这差别可大了。拿什么尺度去衡量，目前这把尺子还真没有。但每位家长的愿望都一致地要把自己的孩子培养成百花园中最绚丽的那一朵，由于做法千差万别，结果自然也不尽相同。

过去的六十多个春秋使我们这一代人从激流中慢慢归于平静，逐步积累了一点人生的智慧，去掉了几分浮躁，平添了几分淡定、包容和耐心。在社会的舞台上，首先定位了自己的颜色——灰色。它的作用就是陪衬，陪衬主色调，陪衬环境，陪衬一切。当孩子在前台，我们就是后台的人；当孩子活跃在台上，我们就是在台下欣赏、叫好，并报以掌声的人；当孩子在跑道上竞赛，我们则是为他们加油，并给予鼓励的人。

对于每个家庭，"一切为了孩子"大概是一句不过分的话。我们的笔画一直在为孩子增色，让他们出色，更出色。只有这样，我们这组灰色调才不会显得单一，才越发生动和有意义。

五彩斑斓　　金黄收获

唐天婧的父亲

大致人们对各种颜色的认识起源于出生时，特别是刚刚睁开眼睛看到的第一种颜色，所以对大部分出生于医院的孩子来讲，白色意味着安全与宁静。随着对事务的观察与认识在某个时刻，你所喜爱的颜色会步入你的眼帘并伴随你一生而无法改变。

黄色——或者进一步讲金黄，为什么被用来作为历代中国皇家的象征，这里面有着它特殊的含义，至高无上的权力，全天下的子民与财产都莫非王土；国家——那是皇上所收获的果实。金黄色的收获是每一个人都向往的，我并不能脱俗，同样也置身于这种无限向往的景色之中。

孩提时代是一片白色，也或称作一张白纸，有一粒萌发的种子正在准备描绘出憧憬，少年时代我们是嫩绿的小苗，青年时期我们是健壮成长的白杨，到了成年那张纸上已经描绘出了美妙的蓝图，那是我们走出的路，是我们收获的果实。

金秋十月大家如果有时间可以到丰宁坝上草原，欣赏那无边的秋色，置身在那令人心醉神迷的旷野之中感受金黄色收获之美；每个人怎样去体会、怎样去感受也许颇有不同，但是这种经历了风沙雪打，狂风暴雨之后形成的近乎卓绝的美景你能不喜爱吗？人生之路更当如此，金黄是我追求的基色。

我最喜欢的颜色……

解璐铭爸爸

晚上将近十点钟，我拖着疲惫的身躯回家，快要开进车库的一刹那，我又习惯地抬眼看了一下自家的窗户，女儿房间依然像每天一样亮着灯，十九层的楼房，从这里望去，这时候，只有星星点点几户人家亮着灯，女儿也真是辛苦。

走进家门，女儿从作业本中抬起头，一脸兴奋地跑到我的面前："爸爸，老师让家长写一篇关于颜色的文章……"不等我反应过来是怎么一回事，女儿又兴奋地打开电脑，介绍着老师的要求，看着博客，耳边女儿继续滔滔不绝地说着，我明白了，一下陷入了沉思。

写文章？曾几何时，繁忙的工作使我早已久违了曾经热爱的文学，书柜里的文学书还都新新地排在那里附庸着风雅，那该是要等到退休后慢慢欣赏的吧。

工作不可怠慢，女儿布置的任务同样圣旨一般。是啊，问问自己，到底最喜欢什么颜色？这似乎是早已远离了我的意识形态范畴的问题了。热血沸腾的红色，至尊至贵的黄色，生机盎然的绿色，浪漫多情的蓝色……这些颜色我都喜欢，但是心底总觉得她们与"最"还不十分扣题，说不清为什么……其实，任何一种颜色，冠以"最喜爱"都可以写出几百字，可是我不想敷衍女儿，也不想敷衍自己。

现在的生活，让我隐约有这样的感觉，色彩缤纷，绚丽多彩，让人眼花缭乱，内心却总有所茫然，就如同现在的孩子们，他们的生活较比我们当年，可以说是物质极大地丰富，但他们的内心世界、精神生活又有谁说得清呢？

扯远了，快想颜色！按照颜色的线索，想起当初曾有一次在工作中因颜色问题而引起的争论。那是一家新开张的高档诊所，朋友请我去提提看法，在工服的设计问题上，有人提议不再使用白色，而改用其他颜色，以求创新，我是白色的拥护者，却最终没被采纳。一年后，听同行讲，有日本朋友参观那家诊所，提出建议，认为工服的颜色像清洁公司的颜色，之后诊所接受建议，又改回了白色的工服。

当初，我为什么坚持使用白色呢？那就是我最喜欢的颜色？想想每天，穿过拥挤的街道、车流，来到诊室，换上洁白的工作服，心里瞬间就沉静下来，那些偶尔也使我浮躁的东西，在我穿上白大衣的那一刻，就会立刻荡然无存。二十几年的习惯啊，是的，白色，应该是我最喜爱的颜色！穿上白大衣，使我觉得圣洁，置身其中，让我认真仔细地诊治我的每一位患者，为他们解除病痛，为他们带来安康；穿上白大衣，我会觉得高贵，无论什么职位，无论多么富有，此时的他们都会虔诚地听我讲述患病的机理、诊断的结果以及治疗方案、预防的方法，并安静地配合着我的治疗；穿上白大衣，让我觉得仁慈，充满爱心，不管年龄多大，多小，经济多么贫困，亦或是智障等残疾人士，我都会毫无保留地把自己最精湛的医术带给他们，让他们同样享受最好的医疗服务；穿上白大衣，使我变得忘我，我会不知疲倦，直到每天夜幕降临，华灯初上。当我脱下白大衣时，才会觉得这一天是多么的忙碌和疲倦。

确实，我对白色情有独衷，也许是与我的职业特点息息相通，她不争奇斗艳，从不大红大紫，也没有轰轰烈烈，但却永远恬静、自然。正如人到中年的我，平淡中独享着我工作的快乐，激烈的市场竞争似乎从未波及到我的内心。

在这纷杂的世界里，多希望女儿的生活也如这白色的意境，独守一片洁白，独修纯洁的心灵，平淡、简单、自然，这就是快乐，这就是幸福。

我喜欢的颜色

周茂　的妈妈

童年的时候喜爱一切大自然的颜色。

红色的鸡冠花、绿色的野草、黄色的油菜花、蓝色的天空、漫天的白云都能吸引我的目光，让我欢快悦动。

在烈日炎炎的夏日，即便是云朵投影在地面上的灰色阴影，也是我和弟弟追逐的目标，因为她遮住了太阳，给我俩片刻的阴凉。我听说过夸父追日，然而有谁能说出我们在马路上追赶云朵的投影，又是怎样的心情。

南方红色的黏土，虽然不及北方黑色土地肥沃，然而，一到雨季她便成了天然的泥塑原料，锅碗瓢盆进行曲成了孩子们的游戏的内容，混身上下的褐色泥点子是大人们烦恼，却是我们快乐的记忆。

青少年时很是偏爱深、暗的颜色，因为那时忧郁占具了主流。最爱的是保罗莫里埃乐队的Love is blue：爱情是忧郁的，蓝色也有了忧郁的意思。板绿、板蓝加军挎就是那个年代的校服，有着鲜明的时代烙印。和现在花一样年纪的女孩不同，什么颜色都敢往身上穿，混打成了时尚。那时的我们，虽然也年少轻狂，也许正是为了掩饰这一点而刻意深沉，黑色、棕色、灰色成了青年时期的主打色调，那是以暗色为美的日子。即便如此，蓝天和绿树一直都是我深爱的颜色，当我坐在茂盛的树下，准备高考时，仰望绿树苍穹，阴霾的心情一下子就荡然无存，未来是那么美好和充满希望。

步入中年，光阴留在了脸上。曾经引人注目的棕色亮眼睛也日渐褪色，而此时，亮丽的色彩也再次回归到生活中来。时尚的亮丽不再是年轻的专利。激情的红色体现着工作的努力与奋斗；淡淡的蓝色能让你与同事们和谐相处；紫色传递着诚实与果断；绿色犹如春风扑面而来，让人倍感温暖；成熟与优雅之美随之而来，生命里多是欣慰。

生命是奇妙的，只有充满了感激之情，才能丰富多彩。

蓝色——人类的伟大精神

王锐的家长

我喜欢蓝色，因为对我来讲，蓝色体现为宽广博大，体现为高远和高洁。每次见到蓝色的大海，每当仰望蓝色的天空时，我都为它的宽广博大而震惊，心中便泛起无限的遐想。

蓝色给我以宏观的思维，给我开启美好生活的天空。蓝色较少体现为生活的细节，如你很少在自然中看到蓝色的物体，蓝色的花也很少见，自然界的花以红色、白色和黄色以及其他混合色居多。蓝色有些孤傲，但它有博大的胸襟。蓝蓝的大海，蓝色的天空，都给人以宏观的视野，给人以开阔的情怀。

蓝色还代表自由和人类的创造力。俄国著名诗人普希金写过这样的诗句："大海，自由的元素"。原来大海是自由的象征，因此我理解了文明起源于海洋，文明发展、发达于海洋，自由的思想、自由的选择、自由的秩序，是人类创新的源泉。蓝色的海洋中充满着风险和挑战，但也深藏着无限的财富和创造力。

蓝色最可贵之处还在于它的无限包容性。无数的小河汇成大河，汇成大江，再汇入大海，即海纳百川，这就是蓝色海洋的包容性。水是万事之灵，水流带着对它的崇敬和向往，执着地由西向东，跨过高山，淌过深渊，忍受着无数的艰难和困苦，汇入大海，也正因为因此，蓝色的海洋获得了整体的力量。

我喜欢蓝色，因为蓝色代表一种巨大的人类精神：博大，自由，创造力和包容性。

期待幸福的黄手帕

黄一耕妈妈

（一点说明：这是我采访未成年人管教所之后写的一篇采访手记，也许这篇文章与颜色没有直接的关系，但我相信，象征美好和希望的黄手帕是每个爱生命、爱生活的人心中珍藏的最美的颜色。）

那天结束采访走出未管所的大礼堂时，迎面看见几十个穿着管教所制服的少年在楼旁目送我们离去，他们或坐或站，眼神里有种关切，有种期盼。我们知道，他们就是我们在这一天中从陌生到熟悉的新朋友，只是他们已经换下了刚刚活动时穿的红色文化衫。

"你们还会再来吗？"

"您能给我写信吗？"

他们离开会场的时候，依依不舍地与志愿者和家长话别。他们的恳求让人感到，其实他们非常渴望与人交流。

写信？我们都有多久没有用笔书写，再通过邮递员传递对朋友的问候与祝福了啊？我记得那个脸孔微黑的男孩名叫小飞，他在请求我给他写信时附带说了一句："我们都喜欢交笔友，可是好多人一看是监狱来的信就不愿意回了。""我一定会给你写信的。"说这话时，我的眼眶有些湿。

活动中，有一个"画出心中愿望"的环节，我记得一个父亲画了一间简单得不能再简单的房子，画了一个小孩向房子大步奔去。他说，那房子是他们的家，那个孩子就是他的儿子，他在家里等待自己时刻思念的儿子回家。

是啊，等他们回家。相信这是所有善良人的共同愿望。

他们曾经伤害过别人，他们也曾经被锋利如刀的生活伤害，如果他们有改过自新的勇气，有全心向善的行动，那么我们为何不帮助他们去迎接风雨之后的彩虹呢？

一个犯故意伤害罪被判十年有期徒刑的女孩满怀忧虑地说："我担心自己永远不会被原谅。"志愿者齐月华给她讲了日本电影《幸福的黄手帕》的故事："一个即将刑满释放的男子在监狱里给妻子写信说，如果你们还能接纳我，就在家门口系一条黄手帕，那样我就有勇气回家。如果没有黄手帕，我就知道你们不想让我再次走进你们的生活，我会安静地离开。当他离开监狱怀着矛盾的心情走向故乡时，看到一路上到处挂着黄色的手帕，他流着欣喜的眼泪奔向妻子与孩子。"

对这些孩子，我想说，我们期望在他们回家的路上，挂满幸福的黄手帕。

永远的红色

冯丽雯爸爸

我喜欢红色，因为它是丰收的象征。春天的大自然，数以千万计的鲜花竞相盛开，你仔细欣赏，便会发现，百花丛中，数红花最艳，红花最多。不用等到秋天，你就能品尝到鲜美的果实。在郊区公路两旁，随处可见成片的樱桃园，走进去采摘一颗，放在嘴里咬上一口，那种酸甜呀让你不由自主地眯上双眼来慢慢品味。酷热的夏天，也可以买来又大又圆的西瓜，冷藏之后再切开，红红的沙瓤就能让你感觉到一片清凉。秋天来临的时候，放眼望去，那漫山遍野，全都是红的花，红的叶，红的果。山被它们染红了，水被它们照红了，就连天上的云也被它们映红了。高粱红了，苹果红了，桔子红了，红红的柿子和大枣把树枝都压弯了腰，泥土里的红薯和胡萝卜生怕赶不上这丰收的盛会，故意露出红色的身躯提醒忙碌的人们别把它们忘记了。即便到了冰雪覆盖的冬天，屋檐下一串串红红的辣椒依然在向人们展示着丰收的喜悦。

我喜欢红色，因为它是健康的象征。健康的身体离不开红色，男人黑里透红的脸庞代表着强壮，女人粉红粉红的脸颊代表着美丽，小孩子红嘟嘟的脸蛋代表着可爱。健康的心态离不开红色，生活中我们面对无数选择，要始终做到一颗红心两种准备。健康的人格离不开红色，对祖国要赤胆忠心，对朋友要赤诚相待。红十字，红星月，红丝带……，这些红色的符号都代表着人们对健康的无限关爱。

我喜欢红色，因为它是吉祥的象征。从我们呱呱坠地、长辈在我们额头按上一颗圆圆的小红印开始，红色就成了我们一生中最吉祥的颜色。红喜字、红蜡烛、红春联、红鞭炮、红标语、红地毯，逢年过节办喜事，全靠这红色来当家。

我喜欢红色，因为它是永恒的象征。太阳是恒星，从自然的角度来讲恒星并不代表永恒，但在人们的心目中，红色的太阳是永恒的。共和国的五星红旗每天伴随着日出在中华大地上升起，我们祝愿它和红色的太阳一样，千秋万代永不落！

我们一生中有很多美好的记忆，入队、入团、入党，一次次面向红旗宣誓的庄严时刻，手捧红色结婚证和心爱的人一同走进婚姻殿堂的幸福时刻，胸前佩戴大红花走上颁奖台领奖的光荣时刻，都是我们一生中永远难忘的红色记忆。

我爱这永远的红色！

我喜欢的颜色———深蓝

郭永泽爸爸

我喜欢的颜色是深蓝色，那是辽阔的海洋；那是京城深秋夜晚的苍穹。

深蓝是深邃、沉稳、庄重、明智的象征。也是一个人性格的表白，我喜欢浩瀚的海洋，因为她能容纳百川，因为她能荡涤世间的污浊，因为她能大浪淘沙。每当你心情惆怅的时候，坐在海边的沙滩上，万籁俱寂，看着眼前一望无垠的大海，那深蓝色的海水，让你不由自主地感到自己就是那沧海一粟，那深蓝色的大海顿时让你忘却了世间的一切是是非非，功名利禄。仿佛自己已融化在了那深蓝色的汪洋之中，是如此的安逸和自然。同时那平静而又深不可测的大海，能使你纷乱的思绪变得清醒，激动的心情变得冷静，满目全是深蓝，那也是我南海边的留恋。

十几年前，告别我南海边的第二故乡，回到久违的京城，我喜欢北京秋高气爽的深秋，更喜欢看深秋的夜色苍穹，天高云淡，闪烁的繁星点缀在深蓝色的夜空，使人遐想无限，使人体会到春华秋实，又使人清醒地预感到寒冬的临近，这不是人生的写照吗？

在现实社会中，深蓝色多被用在庄重、警示和醒目的地方，尤其与白色相伴更让人油然而生一种洁净和端庄。它使人清醒地看待世间万象，清醒地正视自身，做出明智的选择，似乎也正是显示社会中缺少的那一点冷静与清醒。

人海沉浮，苍穹下的世间，那深蓝色永远是我的追求……浩瀚的海；深秋的夜空……

难忘那满眼碧玉

蒋超逸家长

那天一进家门，孩子就向我布置了一项任务 ——写一篇文章，说说我最喜欢的颜色。

几天来，孩子一直在督促我要尽快完成，可我却找不到感觉。说实话，我觉得各种颜色我都喜欢。因为每种颜色都有它自己的特性，也象征着不同的涵义。喜庆的红色，纯净的蓝色，充满生机的绿色，贵气的金色……不过，真的没有一种是我的挚爱吗？

多日来的阴雨天气，让人心情难免有时低落。可对我来说，它又是那么熟悉、那么亲切，因为这让我想起了杭州、忆起了西湖。多年前，我有机会在杭州生活了一段时间。记得初到杭州的第二天，我们三五好友就迫不及待地跑到西湖边，一睹西湖的美景。十月的杭州，已经过了梅雨季节，阳光明媚，湖边游人如织。也许是因为人多，也许是因为被晒得难受（多年后才明白是因为当时太年轻），一圈逛下来，觉得西湖景色不过如此。特别是在曲苑风荷，看到水边那一片手工制作的荷花浮在水面上，觉得是那么的艳俗。怎么也感受不到"欲把西湖比西子，淡妆浓抹总相宜"的意境。西湖就在市中心，以后又多次去过，还是觉得就跟我以前在北京逛公园差不多。

直到有一天，天空飘着细细的雨丝，站在孤山上一眼望去，碧玉的湖面水波潋滟，游船点点，远处山色空蒙，青黛含翠，一幅纯美的水墨画呈现在眼前。我呆呆地看着眼前的一切，只觉心中一片空灵。

这片碧色刻在了心里，是再也抹不去了。

我最喜欢的颜色

张颖家长

大千世界，色彩斑斓，五彩缤纷，而世界的颜色是多彩多姿、美不胜收的。它带给人们赏心悦目的感觉，而在这些缤纷的色彩中，我唯独钟爱绿、橙、白三种颜色。

今年突如其来的"5·12"汶川大地震，逝去了多少鲜活的生命，坍塌了曾经多么温馨的家，也刺痛了多少人的心，汶川大地那撕心裂肺的一颤，山河变色，国人含悲，在这危急时刻，是他们挺身而出，奋斗在救灾的第一线。

绿色——人民子弟兵的颜色，大地震刚发生两个小时，他们就积极赶赴灾区，冒着余震不断的危险，深入受灾最严重的地区，及时准确地把受灾情况上报，才使中央做出准确判断和指挥，从而救出了更多的老百姓，而在后重建也离不开他们这些在灾区忙忙碌碌的绿色身影。

橙色——国际救援队的颜色，灾情发生以后，是他们带着国际最先进的设备和仪器，凭借自己丰富的救援经验和技术，成功救出了更多的生还者，他们，无疑是活跃在救灾前线上的一大亮点。

白色——白衣天使的颜色，灾情发生以后，是他们进行紧急处理和包扎。不顾疲劳地为伤者作必要的手术，为生还者在与死神赛跑的路上赢取了更多的宝贵时间。

这3种颜色是中国人的希望，他代表着中华民族面对灾难时不屈的精神和骄傲。它让我们团结一心，众志成城。望着电视屏幕中这些活跃的绿、橙、白，我的眼睛湿润了，有谁能想得到他们中也有好多人在这次灾难中也同时失去了亲人，可他们却强忍内心苦痛，依然以大局为重，是他们，为我们苦难的中国历史篇章增添几分亮色。

绿、橙、白，我为这3种颜色而骄傲！

您说，我能有不喜欢他们的理由吗？

绿色——生命的颜色

董斯元家长

当草木发芽，万物复苏时，绿色给了人们春的信息。

在路边的墙角下，不知什么时候冒出一些毛茸茸的嫩叶来，在春风中摇摆着，仿佛是无数只热情的小手，向人们招手致意。柳枝的绿头发把自己的身体遮住了，她轻轻地摆动着纤细的腰枝，又跳起了那迷人的春之舞。

我就单爱此时的绿，爱她的娇，爱她的嫩，爱她的纯。就是她给了我欣喜，给了我遐想，给了我希望。

就在前不久，我又一次看到了我心爱的绿，那是从汶川发回的电视报导中，我看见一个小战士身背一位比他高大的伤员，一路小跑地从山坡上下来，他那稚嫩的脸庞让我为之一震。

在大灾大难面前，子弟兵总是冲在最前面，那一个个绿色的身影，给了人们生的希望，战士们用生命和鲜血谱写着一首首生命之歌。

我爱的就是那样的绿色。

写给一、二班学生：

快十一点了，我一直在电脑前默默地等待。心潮起伏，感慨万千，当今著名文人的手笔也不过如此吧。忽想起一句名言："世上本不缺少美，缺少的是发现美的眼睛。"引此句名言而广言之："现如今我们不乏散文家、诗人，少的是给他们展现的平台。"

家长的文采、底蕴，怎是一个"厚"字了得！

与父辈们 PK

寄语：孩子们，当你准备在这个空间发表自己的作文——《我喜欢的颜色》时，你可能心里会非常的兴奋。因为在写作方面，你可能是第一次与你的长辈同场较量！不论是在发表自己文章前你已经浏览过他们的文章，还是发表作文后精心拜读他们的大作，我想，你的心中多少会有些异动——我行吗？

是，通过品读家长们的美文，我由衷地发出了慨叹。慨叹一：他们对生活的热爱！人，生活在五彩斑斓的大千世界，奔波于事业、家庭之中。匆匆的行走没有消殒他们对生活敏感的触觉，碌碌的身影抹不掉他们对生活独特的感悟。爱自然，爱世间，爱子女，爱家庭……在嫩芽初探的早春，他们发现了生命的伟大，在浓荫碧草的盛夏，他们品味到勃勃生机，他们悟到了天之广阔，海之胸怀，人性之至纯，情与爱之无际。感叹二：文笔隽挚。众多作品中，无论是散文，还是诗歌，均不乏华美的辞采，精妙的语句。有叙事，有抒情，有议论，有博引。使我们不难想象，他们在行文时那颤动的笔尖，那波澜的激情。

每当我刷新电脑，惊喜地发现又有一篇作品出现在我的眼前时，我的脑海中都会出现"感谢"一词。首先感谢的是我们的家长。虽然是邀请他们参加，我深知，很多家长是在孩子们的"逼迫"下才参与到我们这个活动中。因为他们真的有很多的事情要处理，我的这个"邀请"让他们为难了。其次感谢的是我自己——正是我的一个偶然的奇想，才让家长们挤出时间来细细品尝一下生活的味道，也让我收获到此多"珠玉"般的佳作。

同学们，我武断地猜想一下，当你读完家长们的作品时，你会不会产生某个想法——无法超越！其实大可不必，既然是PK，大家就可以尽情地写，常言道：

"尺有所短，寸有所长"。同时，家长们在这里发表作品，没有炫耀之意，他们只是给我们提供了一个个很好的范例，他们的文章是供我们学习与借鉴的。尽快超越你的父辈，你的老师，是我们共同的企盼和心愿！你们说呢？

[赵丰]

我喜欢蓝色，因为——

蓝色，是那般清澈，那般敞亮。好像裹了一层纱，朦胧间，还带着点忧伤。

淡淡的，如泉水般清凉，如天空般纯洁。

蓝色，虽然没有红色那样火热，没有绿色那样自然，没有黄色那样明亮，没有粉色那样艳丽，没有白色那样朴实，没有紫色那样神秘。但是，它是清纯的颜色，是忧伤的颜色，是朦胧的颜色，是蓝天和大海的颜色，是能让人心中敞亮的颜色，是我永远最喜欢的颜色。

蓝色，是朦胧而又柔美的，是纯洁而又忧伤的。

[付娆]

春——绿的世界

天气渐渐的暖和了，春姑娘为大地披上了绿纱，小草伸展腰肢，好不容易冲破那褐色的土地，树木发出了嫩芽，花儿在春风的吹拂下张开花瓣，燕子在天空中唱歌、跳舞，祝贺春天的到来。正是这绿色，给了春天生命！

夏——蓝的天地

转瞬即逝，火热的夏天来了。夏天里雷雨很多。雨后的空气是那么的清新、自然，还诱发着泥土的气息，沁人心脾，浮想联翩。在海蓝色的游泳池里，人们嬉戏、玩耍，充满了欢声笑语。正是这蓝色，给了夏日快乐！

秋——黄的海洋

当树叶由青变黄时，风儿轻轻一吹，树叶就会随风落下，地上铺满了黄叶，像铺了一层金色的地毯，伸向远方……苹果、梨、橘子、核桃……也成熟了，都满面红光、精神饱满的坠在树上，期盼着人们的到来。正是这黄色，给了秋天收获！

冬——白的家园

秋去冬来，六角形的雪花无声无息的飘着。落在了地上、树上、屋顶上、庄稼上，像是盖了一床厚厚的大棉被。我想，最高兴的应该是农民伯伯了。俗话说："瑞雪兆丰年。"明年肯定是一个丰收年。正是这白色，给了冬天希望！

绿色给了春天生命；蓝色给了夏天快乐；黄色给了秋天收获；白色给了冬天希望！

这四种颜色，单纯而不单调，缺一不可，我喜爱它们，它们是我心中一缕灿烂的阳光！哺育着我，茁壮成长，奋发向上！

是啊！姹紫嫣红才是真正的世界！

[李子宜]

我喜欢的颜色——纯洁的白

白，那令我爱慕的白，那柔和的米白。

饭桌上，那柔和的米白色总会第一个出现在我眼前，它们形色交加，为我充饥；喝水时，那柔和的米白色也会跳进我的视线，它装点水杯，活泼可爱；小床上，那柔和的米白色又会映入我的眼帘，它们身卧褥上，增添光彩……

我怎么也无法忘记，在乏味的生活中，是米白默默地赠送给我快乐！

白，那令我爱慕的白，那美丽的雪白。

冬天，那鹅毛般的大雪使得整座城市变成了雪白的世界。看，往日里那铁打不动的建筑物，也都被这大雪征服，换上了一套雪白的礼服。雪停了，那些顽皮的孩子们，也都出来打雪仗、堆雪人，他们的欢笑声打破了宁静，他们的欢笑声使得城市富有生气，他们是那么开心，原因就是那雪般的白。

我怎么也无法忘记，在寒冷的冬天，是雪白造就了世间的美！

白，那令我爱慕的白，那哺育生命的乳白。

一个出生不久的小生命毫不介意地、坦然地钻进了母亲的怀抱，含着乳头大口地嗫着。随之，甘甜的乳白色的奶水从母体中流进婴儿的嘴里。小婴儿天真地吸着，陶醉地享受在乳白之中。

小婴儿在那乳白色的奶水的陪伴下渐渐长大。

我怎么也无法忘记，在艰辛的成长过程中，是乳白哺育着我，也是乳白哺育着世上的每一个人！

189

白，那令我爱慕的白，那世上最纯洁的白！

[丁兆千]

我喜欢红色，最直接的红色。

红色有两种意思。在喜庆的节日里，红色代表的是热闹，是欢乐，是带给人们喜悦的颜色。在战火分飞的日子里，红色代表的是鲜血，是胜利的标志。

红色是所有颜色中最火红的颜色，是最快乐的颜色更是喜庆的颜色。

在春天，红色代表欢乐；在夏天，红色代表火热；在秋天，红色代表丰收；在冬天，红色代表温暖。

所以我最喜欢红色。

[吴铭佩]

蓝

蓝色，我爱蓝色的海洋。我望着那深蓝色的大海，心旷神怡，如痴如醉。仿佛我幼小的心灵像一叶纯洁无瑕的白帆正在浩瀚无垠的大海上冲浪。

蓝色，我爱蓝色的天空。我抬头望去，湛蓝的天空上飘着几朵洁白的云彩，使人浮想联翩。那无边无际的天空仿佛是人生的旅途，渐渐成熟的我就是一只矫健的小雏鹰，张开刚刚坚硬了的翅膀，在广阔的天空上飞翔，准备开始了我的旅途。

蓝，我爱蓝色。她是清爽的，是宁静的，更是纯洁的。所以，我爱这美丽的蓝色！

[戴鸣剑]

蓝——海的魅力

它像一匹看不到尽头的蔚蓝色的绸缎，那样光滑，那样细腻。

在海风的吹拂下，海面上迸射出无数晶莹的浪花，就像绸缎上的花纹一样。

蓝——天的潇洒

远处蔚蓝的天，洁白的云，若隐若现的山和近处的淡蓝的海水，构成了一幅潇洒天然的风景画。

蓝——海的咆哮

一个浪头打来，把我筑的碉堡冲垮，一个浪头，把沙滩上的脚印冲得干干净净，海，咆哮了……

[杨子薇]

我喜欢白色，象征着纯洁.象征真诚。白色是天使的颜色，白色是孕育了我们的颜色。白具有一种让人心里平静的特异功效。白像征着一种宁静，让人感到一种凄凉的、美的忧伤。

我爱白，爱它的凄凉更爱它的纯洁。

白!我爱那最纯洁的颜色-白。

[唐天婧]

蓝——冰清玉洁之美。

仰望，那不远处的天，蓝蓝的，好似泉水般的清凉；俯视，那不远处的海，仍是蓝蓝的，只不过多了几分清澈……

我深爱的蓝，是那样的清凉，是那样的清澈，又是那样的冰清玉洁。

雨后的天，蓝蓝的天，透露出无限的美，蓝宝石般的灿烂；雪后的天，淡蓝的天，散发着冰清玉洁之美……

蓝，你没有红色的鲜艳，你没有橙色的绚丽，你没有黄色的灿烂，你没有绿色的生机勃勃，你也没有紫色的高贵。

但是，你所拥有的是那冰清玉洁之美!

[王清雨]

我喜欢红色，因为五个奥运福娃中的老大欢欢是红色的，所以我喜欢红色；

我喜欢红色，因为我们中国的国旗是红色的，那是由烈士们的鲜血染成的，所以我喜欢红色；

我喜欢红色，因为中国结是红色的，它象征着出行平安、吉祥与和平，所以我喜欢红色；

啊! 红色，我认为它是在众多颜色中最靓丽、最引人注目的颜色。

[刘奕琨]

我爱那蓝里滴出的白，清纯之中的圣洁，深邃之时的淡雅。

在青藏高原，天蓝得清澈，如水洗过一般。远处的冰山被蓝天与阳光映照成了蓝得发银的颜色。群山犹如匹匹银马，立在蓝天与阳光之下。冰山之上的蓝天更加清纯了，蓝天之下的冰山也流露出圣洁之美。冰山印在天幕中，构成了一幅无与伦比的画。

大海拥有蓝的深邃。在夜幕降临之时，大海变成了一种深幽的蓝，银白色的月光一触到海面就碎了。最后月光浮上水面，和谐与淡雅交融……

清纯的蓝啊……

[王艺竹]

蓝

我爱蓝色，那淡淡的蓝，像水里滴出的蓝，那般纯洁，那般可爱。

我爱蓝色，那宝石般的蓝，那样妖艳，那般可爱。

我爱蓝色，那墨墨的蓝，那忧郁的蓝，也那般可爱。

我爱蓝色，因为……

[解璐铭]

绿

我喜欢生机盎然的绿色。绿色，代表着生命、生机、和平、希望……

春天来了，小苗发出了嫩绿的芽，从土地、砖缝、岩石边钻了出来，让人感受到生命的顽强。

初夏，绿就更美了，柳树的枝条，随风起舞，扭动着她的腰肢，把夏天装扮得那样妩媚。湖面碧波荡漾，那翠绿的荷叶，托着一朵朵粉红色的荷花，娇艳欲滴……

绿色，多完美！绿色，我的最爱！

[郝晶晶]

乳白——从自然中诞生出的美

朦朦胧胧的，那是什么？

无形无体的，那是什么？

是乳白色的光，是乳白色的晨雾，是乳白色的……

一切有了生机，乳白、乳白！

东方的朝阳洒到了绿绒绒的油麦菜地毯上，那第一缕的霞光其实是乳白色的。如果你肯早点起，去亲自目睹一下的话，你就会发现了。也许你还别有情趣，就请尝一尝这琼浆玉"气"吧！闻一下，淡淡的。吃一抹，甜甜的。抿一丝，轻轻的。品一絮，幽幽的。

[柴云沄]

蓝——之美

蓝，我爱那宝石般的蓝

蓝，我爱那娇艳般的蓝

蓝，我爱那柔美般的蓝

蓝，我爱那清爽般的蓝

蓝，我爱那忧郁般的蓝

蓝，我爱那……般的蓝

总之蓝是美的，永远是的美的！

[金梦旭]

黑色——让人沉着的，让人（酷）的颜色。

在漆黑的夜晚，我仰望天空，天空中所有的lucky star都在闪烁着光芒，因为有黑色大幕的映衬显得更加耀眼。

潇洒的黑色让人过目不忘，在冰天雪地的冬天里穿上黑色的夹克或风衣，去享受冬天的温暖。

[杨涵]

春之颜色——绿

我喜欢夏之蓝，秋之黄，冬之白.但要问我的最爱还是春之绿.

春天来了，万物复苏。绿伴着春姑娘来到了人间，赶走了冰雪，把一丝丝使人心旷神移的绿播洒向大地。绿一碰草，草挺出了冰雪的压挤；绿一撞树，叶芽挤出了树枝的拥挤;绿一吻湖,湖挤碎了冰雪的妒嫉,展现出了自己绿的美丽;绿一吹人,告诉了人们春已来到的信息。

　所以,我爱绿的美丽。

[戴维蒙]

我喜欢红、橙、黄、绿、青、蓝、紫的颜色。

那是彩虹的颜色,它多彩、绚丽。

那是人生的颜色,它显示出人的喜、怒、哀、乐。

那是生活的颜色,有顺利,有坎坷。

那更是我心中的颜色,用它们描绘出祖国的大好山河!

[张宇君]

我爱紫色,爱淡淡的紫色。

因为它很神秘,它很柔和。

夜晚来临,一轮皎洁的月光映进我的小屋,照到了系在柱子上的紫纱巾,我默默地躺在小床上,注视着那好似一缕紫光的紫纱巾,如痴如醉,紫纱巾陶醉着我,时时刻刻我都和它在一起,让我不再寂寞。

因为紫色是一种柔和的颜色,所以我爱紫色。

[张宇昕]

我喜欢任何颜色,所有的颜色都会使我心旷神怡。

我喜欢红色,它是火的颜色,给人激情。我国国旗的红色是鲜血染成的,红色是壮烈的。

我喜欢橙色,它使人联想到金色的秋天,丰硕的果实,是一种富足、快乐而幸福的颜色。

我喜欢黄色,它是中华民族文化的象征。

我喜欢绿色,绿色代表和平,代表环保, 代表生机。

我喜欢蓝色,海洋和天空是蔚蓝的,使人心潮澎湃。

我喜欢紫色,紫色在色彩能量中属最崇高的色彩,代表自信与尊贵。

我喜欢任何颜色,喜欢彩虹的颜色,喜欢彩虹五彩缤纷的颜色……

[张梦琢]

黑

听到要写我最喜欢的颜色时，我稍稍犹豫了一下，我最喜欢什么颜色呢？反问自己过后，我想起了那好似被人遗忘的黑色！

黑色？听到这个词，不少人问我："一个女孩子怎么会喜欢黑色呢？"是呀，我怎么会喜欢黑色呢？

对，我就是喜欢黑色，我行我素！我不爱那妖艳而抢眼的红，不爱那金灿灿的黄，不爱那冰清玉洁的蓝，不爱那生机勃勃的绿，我爱得正是那单调而简洁的黑！

你是否喜欢那广阔的天空呢？是那蔚蓝的天空吗？不，我爱的是那夜晚的天空，那墨黑墨黑的夜空！朦胧，神秘，又有一丝高贵，那真是太美了！正因为有了那黑黑的夜空，才显出了那闪烁的明星。

其实，在我们这个大千世界里，有人像那妖艳的红，有人像那灿灿的黄，有人像那嫩嫩的粉，有人像那淡淡的蓝，有人像那高贵的紫，而大家却遗忘了那墨墨的黑，正因有了那墨墨的黑，才衬托出了那五彩斑斓的颜色，那黑也同样高贵，美丽，优雅！

黑——我爱你的朦胧，爱你的神秘，爱你的默默无闻！

[于欣然]

我喜欢的颜色

在幼儿时，

我喜欢粉色。

还向姥姥许下诺言：

长大后，给姥姥买一幢粉色别墅，和一辆粉色汽车。

每当我想起这些时，

都觉得那时候的我是多么的天真可笑！

而现在，

我喜欢蓝色。

在我的衣柜中，文具里，

大部分都是蓝色。

天空是蓝色，大海是蓝色，

蓝色会让人感到心胸宽阔。

每个人都有自己喜欢的颜色，

人生正如美丽的彩虹，

不同的颜色代表了不同的成长经历，

愿我的生活充满了七彩的阳光！

[李边]

如果有人问我最喜欢什么颜色的话，我一定会脱口而出红色和白色。

那是因为，红色代表着希望，新的开始……红色在我们的生活中到处都可以见到，比如说国旗，花……就连太阳都是红色的。所以我喜欢红色。

白色，没有其他颜色的美丽，但它那洁白无瑕的身影到处可以见到。它就像无人欣赏的瓦片一样，在默默地无私奉献。白色代表着安静、快乐、活泼……所以我喜欢那洁白无瑕的白色。

[赵曼汐]

不常被人说起的颜色——紫

颜色，每个人都有自己的理由。有人喜爱红色，因为它代表欢乐，代表火热，代表丰收，代表温暖。有人喜欢蓝色，喜爱它的朦胧而和美，是纯洁而又忧伤的，如泉水般清凉，如天空般纯洁。也有人喜欢黑色，爱它的朦胧，爱它的神秘，爱它的默默无闻！而我，喜欢那高贵的紫。

紫色虽没蓝色清凉，舒畅。没绿色那样自然，清新。没红色那样欢乐，温暖。没有黄色那样明亮，耀眼。没有白色那样纯洁。可是，紫色是神秘、高贵、典雅的颜色。

这就是我，喜欢黯淡的颜色，充满神秘的颜色——紫！虽然你常常使我忧伤，但是我仍然喜爱你的神秘。你的神秘让我百思不得其解，这也是我最独特的性格。

紫——你给了我高贵、典雅、神秘！是你充实了我的生活！对我而言，你也是衬托出那五彩斑斓的颜色。只有你是永远愿意在后台做默默的工作者！紫，我爱你的神秘、高贵、与典雅!

[赵思蒙]

如果有人问我最喜欢什么颜色的话,我一定会脱口而出蓝色。

那是因为,蓝色是大海的颜色,蓝色是天空的颜色,蓝色天空倒映在小溪里的颜色……

天空上那朵朵白云,衬托天空着那无垠的蓝……

海洋边上那橙色的沙滩,衬托了无垠的大海……

小溪边上那绿绿的小草,镶嵌在了大地上……

[李伟森]

我喜欢蓝色和白色!

蓝色代表大海、代表天空,白色洁白无瑕代表纯洁。

当我看到军舰上海军叔叔的白色军衣和蔚蓝的大海互相衬托的时候,那是世上最美的的颜色。

当我看到"洁白的羊群"在蓝天上游走的时候,我心情格外舒畅。

[李镇奇]

亲近生活的颜色——棕色

我喜欢的颜色,可以说是随处可见,那就是棕色。

棕色,具有浓厚的古典味道。精致的藤椅,质朴的陶壶,以及沁人心脾的茶水,都被棕色衬托着。

其实棕色就在我们的身边,棕色的土壤,棕色的树皮,甚至我们吃的巧克力……棕色真是无处不在啊!

我爱棕色,爱它的古香古味,爱它的亲近生活。

[杨正东]

我喜欢那最崇高的颜色:绿、红、白。

一个半月前,震魔来到了四川,它猖狂、怒吼、咆哮,想把一切都毁掉,顿时天塌地陷。

就在这时，远处出现了几种颜色：绿、红。原来是解放军、消防队员和武警官兵。他们用双手擎住天，用身体当墙壁，解救人们，指挥抗震救灾，与震魔斗争。

那些白衣天使们，不顾一切，深入重灾区，救治伤员。

这些"最崇高的颜色"仍在灾区奋斗，他们将成为更多人喜欢的"颜色"。

[王诗雨]

蓝

说起颜色，有人喜欢神秘的紫；有人喜欢无暇的白；有人喜欢单调的黑。我却唯独爱那纯洁又朴实的蓝……

天是蓝的，海是蓝的，如果这个美丽的世界没有了天与海的衬托，就会变得黯然失色。在小时候，曾无知地认为所有人喜欢的都是蓝色，现在回想起来，那时的天真真是可笑。如今，我还是会趴在窗前欣赏那上帝塑造出来的颜色，那样的有魅力，像磁石般吸引别人的眼球，似乎有一股力量牵引着你去看个究竟……

蓝，是纯洁的，是美好的，是令人遐想的。正因为蓝的朦胧，才激发了我追求它的欲望。在我眼中，无论多么美丽的图画，如果没有了蓝色，都让我觉得黯淡无光。从那以后，我就给蓝色下了一个定义，它是美好的，因为它能给人们带来希望；它是纯洁的，因为它的身上从没有一丝污点；它是朴实的，因为它从不炫耀它的美丽……

总之，我爱蓝胜过爱其它所有的颜色，我爱它的美好，爱它的纯洁，爱它的朴实，爱它的魅力……

[朱金红]

生活中，那五彩斑斓的颜色都让我喜爱，尤其那粉色更让我情有独钟！

置身于桃花林中，漫步在粉色的世界里，仿佛自己是那花中的一朵，心不由的跳跃起来。瞧！那粉红的花瓣娇嫩得都快滴出水来了，那金黄的花蕊在粉色花瓣的衬托下，显得是那么的稚气，在微风中轻轻摆动，像一个害羞的女子，是那么的俏丽娇艳。花儿散发着阵阵诱人的香气，让我不禁贪婪的呼吸起来。

啊！陶醉在这般粉色中，感觉一切是那样的温馨，那样的美妙！粉，我爱你！

爱你的浪漫，爱你的朦胧！

[侯璐瑶]

白色

我一直认为白色是天使的颜色。在纯白静谧的天空中，轻轻飞舞着长着白色翅膀的天使。她们慢慢地扇动宽大的翅膀，擦去每一个到这里的人心中的悲伤，留下如雪般纯白的心境。

天使降落到人间，穿了一身圣洁的白衣。恰似那婷婷玉立的白玉兰，又如那清雅高洁的白茉莉。她们在诊室里，安抚着病榻上的呻吟。她们在灾难的废墟上同死神争夺着一朵朵生命之花……

就是这晶莹如雪花一样的白色悄悄进入我的心里。等到有一天，我也会穿上圣洁的白衣。用天使的微笑，天使的技艺，去拯救生命的奇迹。

[田珺]

淡淡的黄色，我的最爱。

在我眼中，淡淡的黄色虽没有红色的鲜艳，没有绿色的生机，没有蓝的辽阔，但它那淡淡的、柔柔的美，足以让我为之沉醉。

当我用淡淡的黄色勾勒出一副栩栩如生的画时，我不禁用手指尖轻轻抚过那淡淡的黄，用心去感受她的柔美。

淡淡的黄色，我的最爱。

199

[何琬楠]

快乐的颜色

年幼时，
我十分喜欢粉色。
我的床单是粉色的，
衣柜、窗帘都是粉色的。
那时，粉色使我快乐。

随着年龄的增长，
我迷恋上了白色。

她纯洁无瑕，

但单纯中又少不了几分童趣。

那时，白色使我快乐。

现在啊，

我又痴狂于紫色。

她神秘而又淡雅，

虽单纯但又不单调。

那时，紫色使我快乐。

其实，

我并不是单单喜欢某种颜色。

我喜欢的，

是快乐的颜色。

[田宇平]

要问我喜欢什么颜色，我会不假思索地告诉你："我最喜欢那可以代表我个人特点的蓝色！"

蓝色，代表蔚蓝的大海，代表湛蓝的天空。

广阔的大海，是生命活力最旺盛的地方。地球上，最早出现生命体的，就是海洋。过了多少亿年，陆地才出现了爬行动物。深不可测的大海，是最神秘的地方。人们不知道海底人的来龙去脉，也不知道水下通道伸向何方，还不知道水下金字塔是谁建的，里面有什么东西，更不知道百慕大底下是什么东西，还有什么怪物……

无边的天空，小鸟在自由地飞翔，想去东就去东，想去西就去西，没有任何人去拘束它，去阻拦它……

我热爱生活，充满活力，我喜欢代表着生命和自由的蓝色！

[王锐]

我爱蓝色，那纯洁而朦胧的蓝色。

蓝色，显得那样幽静，又那样冷清。就像海水，总是不停地冲涮着海滩，但却显得那样静无声息，那样凄凉，带着一丝忧伤。

蓝色，是冷静的象征，不像红色那样富有激情，也不像黑色那样悲哀。那蓝蓝的宝石，总是含着冷静与镇定，显得非常有理智。

　　蓝色，代表着宽广，尤其是那广阔的天空，永远找不到边际，令人产生无限的遐想。

　　蓝色，又是温柔的，就如那蔚蓝的地球，总是细心地照料着我们每一个人，默默地为我们奉献，让我们感到温暖。

　　蓝色，象征着生命，如果世间缺少了蓝，尽管有那热情的红，那希望的绿与那光芒的黄，在我眼中，也会显得毫无生机，一片荒凉。

　　虽然，蓝色显得有些孤独，有些淡漠，有些寒冷，但它们在我眼中，却还是可爱的，美丽的，独一无二的，令人着迷的，令人陶醉的……

　　蓝，我爱你的幽静，你的镇定，你的宽广，你的清爽，你的温柔……爱你的一切。总之，蓝——我永远最爱的颜色。

[黄一耕]

　　三原色是我最喜欢的颜色。

　　红色是热情的，你看，每当到春节，各家各户纷纷挂上大红的条幅、对联，好一幅热闹的图画！

　　红色代表希望，只有拥有希望，才能坚持到最后。

　　黄色是活泼的，你瞧，那黄色的小麦在风中跳舞，多像一个孩子啊！

　　黄色代表光明，只有自己做的事是正确的，别人才会服从你。

　　蓝色是胸怀广大的，你瞧，蔚蓝的大海不正是因为接纳了河流和小溪才变得如此大吗？

　　蓝色代表沉着，遇到问题镇定自若，才能获得成功。

[程凯琳]

　　我喜欢红色，喜欢遨游在红的天地中。那就像在过节——让人兴高采烈。它会让人有种希望感，使人们对未来充满了渴望与期盼。那是一种使人精神抖擞、精神充沛的火辣辣的颜色。

　　我热爱橘色，那是一种令人向往的颜色。如果你遨游在橘的仙境里，你会感到内心是多么平静，犹如平静的海面。你会闻到远处传来的柠檬香，沁人心脾。橘色——一种使人心情舒畅的颜色。

我喜爱绿色，它有一种独特的美。当你漫步在绿的国度时，你会看到迎风飘扬的小草长得郁郁葱葱，翠绿的杨树傲慢地立在草坪上，柳树在向你招手，森林透入灿烂的阳光，使人心旷神怡。你会感到一股幸福的感觉涌上心头。绿色是一种使人活力四射的颜色。

我喜爱蓝色。蓝色的世界——蔚蓝色的天空，无际的海洋，凉爽的海风迎面吹来，一种清凉的感觉遍布全身。蓝色——使人清爽的颜色。

我喜欢紫色。当一朵朵紫色的小花在你身旁慢慢绽开，当你身临其境，你会感到一种高贵感，那就是紫色——使人感到高贵的颜色。

我喜欢的颜色千姿百态，有不被人重视的、有高贵的、有神秘的……而这些，就是我喜欢的颜色。

[刘泽生]

生命之源——蓝色

蓝色，我最喜爱的颜色。它代表着友谊、和谐、亲情……

我喜欢蓝蓝的天空，它仿佛一张水彩画。令我向往，令我陶醉。

我喜欢湛蓝的大海，它仿佛一面无暇的镜子，映照着蓝天，映照着山川，映照着郁郁葱葱的树木……

蓝色啊，多么奇妙，它是生命的起源！

[钱娇阳]

最亲近我们的颜色——绿色

大家听，春天的脚步声是不是越来越大了呢？春天正一步步地走近我们了，与此同时，绿——这个生命的颜色也在复苏，再看墙角边石头上的那一抹绿色——青苔，让心里感到特别的舒畅、清新。

它不像那单调又纯洁的白，也不像那激情的红，更不像高贵典雅的紫。绿色是如此的平凡，它一直在为人们付出它的一切，它给人们带来希望，就如在废墟上重生的希望之绿！

我爱绿色，爱它那种美，更爱它不灭的希望！

[郭永泽]

红 非凡的红

我最喜欢的颜色：红！非凡的红！不是那淡妆娇气的粉红，不是那浓抹深重的大红，也不是那炫彩夺目的紫红———而是那最平常，而又最非凡的红。

红！非凡的红！现在的高楼大厦，红墙绿瓦，莺飞燕舞……那是什么？那是革命英烈鲜血的红！非凡的红！

红！非凡的红！"5·12"大地震中，眼中含着泪水为自己的家人担忧，而又用双手救出一个又一个幸存的生命……那是什么？那是救援人员爱心的红！非凡的红！

红！非凡的红！那好似一根蜡烛，为别人点燃了自己，绝没有一丝后悔，直到安静的熄灭，脸上的一丝笑容也随着青烟飘走……那是什么？那是老师呕心沥血辛勤工作。

红！非凡的红！

[赵晏]

紫色，梦幻般的颜色，是那样的高贵，是那样的典雅，凄凉中带着几分忧伤。

是何时爱上了这紫色？我陷入了沉思……

两年前，当春风柔柔地漫步在大地上时，丁香花随之开放，它那淡紫色的小花，一簇簇在枝头争相开放。我在树下漫步，望着眼前的花海，如此的美丽，如同走在梦中的仙境。此时的我被这紫色中的梦幻弄得心醉了……

打开的思路已收不回来，我不觉想起另一番景象。

在夏夜的荷塘中，柔和的月光静静的洒在水面上，粼光闪闪，微风习习，水波荡漾。那紫色的荷花挺立在银色的月光之中，他们在微风的陪伴下，翩翩起舞，如同一位婷婷玉立的少女，端庄、典雅而又清秀。

紫色，不如红色鲜艳，不如黄色那般灿烂，也不如绿色的生机勃勃，但她却是神秘的，却是高贵的，像三月的和风，在我心中荡漾……

[周茂菁]

体会蓝之美

春，那一抹蓝是在绵绵细雨中悄然散开的，不张扬，美伦美幻的，却让刚露出淡红的彩虹畏缩了一下，不辞而别，只留下一片让人心驰神往的蔚蓝。

夏，那一片蓝是在一个迷人的晚上开始的，它浇灌着小溪，随着蝉鸣蛙噪跳起了舞蹈，这时，初升的太阳照在它的面颊上，水面立刻泛起一片波纹，闪烁着耀眼的光芒。

冬，是蓝的世界，它肆意放纵，只为在那一刻绽放自己生命中最后的美丽。渐渐的，房檐下的冰棱在阳光的照耀下开始滴水了，积雪的指挥也停止了，直到那朵水晶花谢了。

蓝，无时无刻地映衬着其他颜色，但不失自己的高贵、雅致。

蓝，刚强，坚毅，属于大自然的颜色！

[王思明]

我最爱绿色

记得小时候和爸爸妈妈一起过马路时，看到十字路口的绿灯亮时人们就能过马路，绿灯一灭他们就立即止步，我很是奇怪，爸爸妈妈耐心地告诉我说交通规则就是这样规定的。从那时起，我就对绿色有着一种特殊的好感，因为一见到它我就能过马路。

岁月轮回，每当春回大地时，整个世界都披上了一层绿绿的春装，呈现出一派欣欣向荣的景象，到处是绿的海洋，柳树披着它的长发随风摆动，嫩绿的小草悄悄地从泥土里拱了出来，慢慢地舒展着腰肢。置身在这绿的世界里，我的心情无比愉悦。

记得那次家里装修，我和爸爸一起去建材城买涂料，看到许多涂料桶上都有一个绿色禾苗的标志，我疑惑不解地问爸爸才知道这是绿色环保产品，对人体是无害的。后来在许多产品中我都发现了同样的标志，这使我对绿色有了更深的理解。

经常和奶奶去买菜，看到菜站里蔬菜种类繁多，五颜六色的，见奶奶总是买好多绿色的蔬菜，一问才知道绿色蔬菜含有丰富的维生素，营养价值最高。所以在吃饭时我对绿菜更加情有独钟，总要多吃一些。就连我的视力下降，医生都建议我多看看绿色植物，说可以舒缓眼睛的疲劳呢！

今年八月，北京奥运会就要召开了，经常听新闻和老师讲起"绿色奥运"这个名词，号召大家要保护生态环境，不乱砍乱伐，多种花草树木，不要践踏草坪……看到北京的马路和公园，大街和小巷，处处散发着碧树绿草的清新，我不禁感叹：是绿色改变了城市环境，倡导着人们的文明行为。

绿色象征着自然，绿色象征着健康，绿色象征着环保，绿色还象征着和平，绿色更象征着生命，是绿色播种了我们的希望。

我爱绿色，我要做绿色使者。

我喜欢的颜色——绿

[张鑫豪]

荷叶，是多么的醉人，是多么的着实可爱啊，像少妇拖着裙幅。荷叶上厚积着绿，迎风摇动，像春姑娘扭着她那婀娜多姿的身体。荷叶上布满了奇异的绿，它与天空融合到一起，是这般的鲜润。

柳枝，在微风中柳枝摇摇摆摆，低垂着的细叶划过水面，如蜻蜓点水一般。于是不由想起贺知章的《咏柳》：

> 碧玉妆成一树高，万条垂下绿丝绦。
> 不知细叶谁裁出，二月春风似剪刀。

东风来了，春天的脚步近了。世上万物都睁开了惺忪的睡眼。小草偷偷地从肥沃的土地里钻了出来，嫩嫩的，绿绿的。在园子里，在田野里，一大片一大片满是的。坐着，躺着，打几个滚，踢几脚球，赛几趟跑。风轻轻掠过，绿草就不免有几分微微的，轻轻的晃动。

青竹，细而高的立在坚硬的土地上，挺直了身子，与恶劣的环境对峙着，不论是猛烈的暴风雨，还是飞沙走石的沙尘暴，青竹依旧挺直着身板，毫不动摇，于是我想起了郑燮的《竹石》：

> 咬定青山不放松，立根原在破岩中。
> 千磨万击还坚劲，任尔东西南北风。

[王慧然]

生机勃勃的颜色——绿色

我喜欢绿色，因为： 绿色代表着福娃妮妮；

绿色代表着好运；

绿色象征着保护环境；

绿是春天即将来临的标志；

绿是小草新生命开始的颜色；

绿更是新生命的标志。

所以，也让我们的地球成为一个"绿色"的家园！

[沈昕雨]

蓝色的畅想

大海是什么颜色？是蓝色的。天空是什么颜色？是蓝色的。雄鹰在蓝色的天空中展翅飞翔，鱼儿在蓝色的水中自由嬉戏。

蓝色的书使你畅想，在蓝色的书本王国中遨游，以前、现在、将来都需要知识。知识在哪里？在蓝色的书本里。

蓝色可以让你漫步太空，蓝色也可以让你潜身海底，蓝色更可以让你预知未来。20年后的今天，你也许是一名医生，每一天都在救死扶伤；也许是一名战士，每一天都在保卫边疆；也许是一名科学家，每一天都在探究科研；

蓝色，总会让你畅想，使你快乐，令人回味无穷。

[杜孟炎]

有人喜欢白色，因为白色代表纯洁；有人喜欢黑色，因为黑色代表神秘； 有人喜欢红色，因为红色代表喜庆； 有人喜欢绿色，因为绿色代表和平；我最喜欢蓝色，因为蓝色象征着生命与希望。

我一看到蓝色，就想到远山，远山是蓝色的。

我一看到蓝色，就想起大海，地球表面71%都被海洋覆盖，所以地球也是蓝色的。

我一看到蓝色，就想起天空，天空是蓝色的。

第六部分
采 珍

世界上从来不缺少美，缺少的是发现美的眼睛。孩子拾起身边美丽的贝壳，老师穿起串串迷人的珍珠。

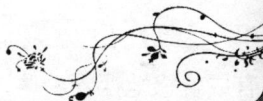

一、同题作文

五（1）班 作文选登《那次我懂得了……》

那一天，我懂得了父爱

五（1）班 钱娇阳

父爱，像大海，博大、深沉；父爱，像冬日里的阳光，温暖、亲切。记忆中有些瞬间是永远难忘的，那是爸爸的爱，滋润着我幼小的心田，让我幸福地成长。

时光机器把那个永远难忘的瞬间定格在一个普通的夜晚。那一天放学后，我和往常一样蹦蹦跳跳地回到家，回家后放下书包便开始写作业，我拿出刚用五元钱买的签字笔，它粉色的外壳上印着很多白色的小星星，我买它时已经是最后一根了，说明它还是抢手货呢！我正写着作业，爸爸妈妈回来了，我高兴地把这笔给妈妈看。"妈妈，这笔好看吗？"我兴奋地对妈妈说。"好看，真好看！"妈妈笑着回答。我特有成就感地摆弄着笔，这时，妈妈突然问我："今天剑桥英语的学费交了吗？应该找回50元吧？""是呀"我说，"是该找回50元，但是我用这50元买了这支笔，这是剩下的45元。"说着，我把剩下的钱塞到妈妈手中。

这时妈妈的脸色由晴转阴，"你怎么能乱花钱呢？"爸爸也走过来，问清事情的来龙去脉，我低着头，爸爸把我狠狠地批评了一顿，我的眼泪一滴一滴流下来。我从来没有见过爸爸这么凶，平常爸爸对我很好，而现在爸爸两眼瞪着我，我很害怕，他气哼哼地转身到他的房间。"我错了，以后我再也不乱花钱了。"我一边哭一边哽咽着说，妈妈见我很伤心，安慰我："知道错就好，我们挣钱很不容易，每天爸爸很晚才回家，很辛苦，对不对？""爸爸以后会不会不理我了？""不会的，好了，继续写作业吧。"妈妈说。

第二天晚上，我打开电脑看老师的博客，看见电脑桌面上多了一个word文件，我点开一看，竟然是爸爸给写的信，爸爸写到："女儿，爸爸昨天的样子可能吓着你了，爸爸是爱你的，希望你从小养成节俭的好习惯，成为懂事的孩子！"

就在那一天，我懂得爸爸那深沉的爱，有人说母爱最伟大，但我说父爱和母爱一样伟大，爸爸的爱啊将一直伴随着我，永远、永远……

我懂得了当家长的辛苦

五（1）班 田宇平

"不，佳佳，别碰它，小心摔碎了！"我对我的小表妹霍雨佳发出了警告。

在去年的"十一"长假中，霍雨佳来我家玩。一天晚上，爸爸妈妈出门购物，把佳佳和我留在家里，让我当一次"代理家长"。

这不，她刚把那台小收音机拿起来，我就向她"开火了"。可她却一吐舌头说："看看都不行，真是的！"我气得火冒三丈，恨不得抽她一顿，但还是控制住了。

"哥哥，这是什么呀？"佳佳举着一个夹子冲我提出"十万个为什么"。我定睛一看，啊！那不是老爸用来夹核桃用的大铁夹吗？不得了，如果夹子掉到地上的话，地上岂不是要砸个坑？我想不下去了，一个箭步冲上去，一把夺过夹子，小心翼翼地放到了茶几上，火都懒得发了。唉，当家长可真是不容易呀！

她又跑进我的小屋，过了好一阵子愣没出来。我的心中不由得打起鼓：小屋里放的全是我珍爱的东西，可别被她弄坏呀。我边想边悄悄走进了小屋。

怎么？她竟然正在用油画棒在我的美术作业本上乱涂乱画。我冲上去抢过笔和本，再也抑制不住自己的愤怒，张牙舞爪地大喊："不要动，那是我的作业本，你让我还怎么上美术课呀？"

佳佳被我吓了一跳，"哇"地哭了起来。我赶忙去哄她，"来，佳佳，哥哥给你讲故事。"我找出一本《水浒传》，抑扬顿挫地读了起来。佳佳终于不哭了，听得是津津有味，而我已经是口干舌燥。

我不由得想起了我的父母，他们真是太辛苦了。不但要干好工作，做好家务，还得照看好淘气又任性的我。以前我总觉得当小孩不容易，除了功课还是功课，今天我过了一把当家长的瘾，才深深地体会了到家长的辛苦。

这一次我懂得了不同的爱

五（1）班 王慧然

一个人懂得爱，拥有爱，便能向这美丽的世界，付出自己的一份爱。在温馨的家里，也能感受到不同的爱。

记得小学三年级时，我写出了第一篇作文，妈妈看后高兴的说："哇，写得真是太好了！第一次就写这么好，我看我闺女有写作的天赋。"我听后心里美滋滋的。我迫不及待地问妈妈："爸爸什么时候回来？""八点左右吧！"妈妈笑着说。我怀着激动的心情盼望爸爸快点儿回来。

八点多钟，爸爸终于回来了。我连忙跑到爸爸跟前，把作文递给他。爸爸认认真真地读起作文。妈妈高兴地走到爸爸跟前说："这是孩子写的第一篇作文，你看看，写得多好！""这也叫作文？如果这也叫作文的话，天下的人都成作家了。"爸爸一本正经地说："第一，写得不生动，不具体；第二，没层次，没顺序，想到哪说到哪；第三，好多句子不通。"听了爸爸的话，我就像从头到脚被泼了一盆凉水，沉重得连头都抬不起来。

妈妈听不下去了，说："你这人真怪，孩子第一次写作文你不但不鼓励她，反而拿你的水平来衡量她，批评她，那她以后还有什么信心去写作？你要知道，孩子需要的是鼓励！"

爸爸大声地说："我只是实话实说，给她指出毛病。""那也不能这样说呀！"妈妈不依不饶地嚷嚷着。听着爸爸妈妈的争吵，我知道他们都是出于对我的爱而争吵起来的……

到了五年级，我再拿起三年级时写的作文，我不得不承认，那的确是一篇很不像样的东西。这几年来，爸爸总是对我提出更加严格的要求，妈妈总是不断地鼓励我。他们都是出于对我的爱，但爱的方式不同。正是在这种爱的鼓励和鞭策下，我的文章才越写越好。

一个人曾经说过："爱心是种子，爱是果实，当你把爱心的种子撒向整个大地时，你便会闻到爱的芬芳了。"

我懂得了——"无限风光在险峰"

五（1）班　王诗雨

在一个晚上，我无聊地翻着一本杂志，爸爸说了一句话打破了屋里的安静："明天咱们去爬山吧！""好！"我和妈妈附和道。我心里暗想：我这个爬山健将终于到了大显身手的时候了。

第二天一早我们便出发了，到了山脚下，爸爸问我："怎么样，敢不敢爬？""那还用说。"我一挺身子说："行。"爸爸说："到时候可不要半途而废哟。""哎呀！别问了，都说没问题了。"我把头一扭，径直向山上走去。

我一下子窜到最前面，可没过一会儿，我就遇到难题了——前面有好大一块石头，我反复试了好几次，都没有爬上去，我多希望背上能长一对翅膀飞过去。我整个身体都趴了上去，不过，还是没能爬过去。最后，还是爸爸拉了我一把才爬上去的，这时，我心想：这可真成"爬"山了。

爬了还不到二分之一，我就坚持不住了，因为前面很多需要手脚并用的地方耗费了我大量体力，看着瓶里那一点珍贵的"活命水"，我发愁了！离山顶还很远，可就剩一点水了，该怎么办呢？

我勉勉强强地又爬了一会儿，就坐在一块石头上，赖着不肯走。这时一位老爷爷走过来，看见我坐在这，说："哟！小姑娘，不错呀，爬了这么多，离山顶不远了，加油吧！"说完，这位老爷爷就向山顶走去，看着老爷爷的背影，我心想：老爷爷这么大岁数都能坚持，我小小年纪就能半途而废吗？于是，我又鼓了鼓劲，向山顶走去。

爬了四分之三，我瘫倒在地上，怎么也爬不动了，我的心"咚咚咚"地跳得很快，妈妈鼓励我说："再坚持一会儿，马上到山顶了，那的风景可好了，错过你可别怪我哟！"听完这话，我一屁股坐起来："谁说我爬不到山顶？"于是，我在妈妈的鼓励下终于爬到了山顶。

到了山顶，风拂过我的发梢，片片树林映入我的眼帘，使我感觉疲劳顿消……

妈妈对我说过一句话："无限风光在险峰。"这句话蕴涵的更深一层的意义是要做一个坚持的人。我相信这句会使我终生受益，我会永远将它铭记在心头，永远，永远……

那一次我懂得了守规则

五（1）班　王思明

那是一个春光明媚的星期六，我起了个大早，赶紧把作业写完，因为爸爸妈妈要带我去公园玩我心爱的滑板车。

"出发啰！"我大声地欢呼着，扛起滑板车就飞奔下楼，爸爸妈妈紧随其后。

滑行的路上，只见一串串黄色的迎春花随风起舞，好像迎接着春天的到来；淡紫色的丁香花散发着缕缕幽香，仿佛传递着春天的气息……我陶醉在这春的美景中，兴奋极了，不知不觉加快了滑行的速度。一会儿一个燕子单飞式，一会儿一个童子拜观音……前面就是马路了，后面传来妈妈焦急的喊声："孩子，慢点，注意安全"，我不以为然，只是朝她摆了摆手。

这时，不远处公园中人们的欢声笑语已经飞入了我的耳际，我恨不得一步跨入公园，加入喧闹的人海中。

我顾不得许多，脚下一加劲儿就向马路对面冲去。突然，耳边响起了刺耳而急促的刹车声，我全身一哆嗦，两腿一软，一下子就摔坐在马路边上，抬头一看，只见一辆白色的面包车停在离我一米多远的地方，好悬呀！差点撞着我，我的心"扑通扑通"直跳，吓得不知所措。这时，只见司机叔叔立即跳下车，"小家伙，没事吧？怎么乱穿马路，不走前面的人行横道呢？多危险呀！"我张了张嘴，不知该如何回答。此刻，爸爸妈妈气喘吁吁地从后面跑了过来，赶紧把我扶起来，见我没受伤，向司机问明情况后马上赔礼道歉，才算帮我解了围。

公园就要到了，但我先前的兴奋劲儿早已消失得无影无踪，取而代之的是屁股的阵阵酸痛，我不由得咧了咧嘴。妈妈心疼地拍着我的肩膀，语重心长地说："你可要记住这次教训，以后一定要遵守交通规则，过马路要走人行横道。"我深深地点了点头，揉着还在疼痛的屁股。

是啊！这个教训太深刻了，它使我懂得了要遵守交通规则。我想：我们生活在社会这个大家庭中，做任何事情都要守规则，俗话说得好："没有规矩，不成方圆。"只要我们每个人都能自觉遵守规则和秩序，社会才会有序、和谐发展，人们才能安居乐业。

这次我懂得了母爱的伟大

五（1）班 徐静

"哗啦啦"外面下起了倾盆大雨，我望着窗外，叹了一口气。我今天没带雨伞，妈妈下班又很晚，没时间接我。怎么办？只见外面的雨越下越大，我心想：这回我又要成落汤鸡了。我越想越害怕，真希望雨快点停。

下课铃儿响了，同学们快速地收拾书包，而我的速度明显比别人要慢许多。我走到走廊门口，一颗硕大的雨点滴落在我的手上，这时同学们都走了，只剩下我一个，我感到很孤独，无助……

就在这时，隐约好像听到有一熟悉的声音在叫我，我转身一看：呀！原来是妈妈。

只见妈妈浑身湿淋淋地站在校门口，但脸上堆满了笑容，并且关爱的望着我。我挠了挠脑袋，自言自语到："妈妈不是今天很晚才下班吗？怎么有时间来接我了呢？"妈妈着急了，大声喊到："宝贝儿，想啥呢？想的那么入迷，还不赶快跑过来！"我这是才回过神儿来，对妈妈傻傻一笑，开心地跑了过去。我来到妈妈身边，只见妈妈一手打着雨伞，一手扶着车，见我跑过来，连忙从车框里拿出一件雨衣给我披上，笑着对我说："真不好意思，我来晚了，等着急了吧！"我惊奇地问妈妈："妈妈，你今天不是很忙吗？你不是说不来接我了么？先在你怎么有空来了呢？"我就像个小鞭炮一样，噼哩啪啦地问个不停……妈妈摸了摸我的脑袋说："今天下雨了，你不是没带雨伞吗，所以我请了假，来接你。我听后，握着妈妈冰凉的手，激动得说不出话来。此时我觉得妈妈的脸是那样慈祥，那样和蔼可亲，我觉得我更爱妈妈了。

以前我总是觉得妈妈为了工作，对我漠不关心，甚至幼稚地认为妈妈不爱我了，但我错了，其实妈妈一直都很关心我，都很爱我。想想过去的我那么不懂事，还猜疑误解妈妈，真惭愧啊！

母亲对我的爱是数不尽的，记得有人曾经说过："母亲是最伟大的，因为她不但给了你生命，还把所有的爱给了你！"对呀，一句古诗说的好："谁言寸草心，报得三春晖。"天下哪位母亲不疼自己的孩子呢！

这一次我懂得了父爱

五（1）班 于欣然

我有一个"坏"爸爸，他好像最大的爱好就是挑我的毛病。总说我这不好那不好的。我觉得他就是鸡蛋里头挑骨头，可能当爸爸的都喜欢男孩吧，可惜我是个女孩，我觉得爸爸不爱我。但是寒假中发生的一件事，却让我懂得了真正的父爱。

寒假妈妈给我报了一个数学班，每天老师都会留几道家庭作业。今天老师讲的是行程问题，这可是我的弱项，肯定有许多题不会做，本来今天想看会儿电视的，也看不成了。

回到家，我放下书包，一头扎进题海中，可做了都快1个小时了，也没做出来几道，唉！我只好请爸爸帮忙。爸爸刚一看题，就皱着眉头生气地大喊道："怎么还是行程问题？我都讲了几遍了？"我很伤心，心想：可是我就是不明白，你说怎么办？爸爸拿起题，在草稿纸上又列式又画图的，琢磨了半天也没想出来，我在心里得意地说："吹什么牛呀，想这么长时间了，你不也没做出来吗？"时间一分一秒的过去了，都快10点了，我打了一个哈欠，上眼皮和下眼皮开始了激烈地战斗，我困得不行了。于是，我装作机器人的语气对爸爸说："电量不足！"爸爸看了看表，着急地对我说："都快10点了，你赶紧睡觉去吧！"我如释重负，不管三七二十一，立刻爬到了床上睡着了。

半夜，我突然被一阵轻微的响声惊醒了，朦朦胧胧中我看到爸爸在桌子上写着什么，我想起了晚上的情景，原来爸爸还在做题。刹那间，我的眼泪"哗哗"地流了下来……

第二天一早，等爸爸上班走后，我看了看爸爸帮我做的题，又是文字又是图的，生怕我看不懂，看到这，我又一次哭了。

妈妈走过来对我亲切地说："傻孩子，哪有不爱自己孩子的爸爸呀！他说你，是为了你好啊！你真有福气，有一个细心的爸爸……"妈妈的话，又一次让我的眼睛湿润了。原来爸爸的爱都融入了小事中。

此刻，我的心，悄悄地笑了。

我懂得了付出就会有回报

五（1）班 臧伊辰

我的生活是一本书，里面记载了我各种各样的故事，也让我明白了许多道理。下面就一起来听听吧！

一个凉爽的早晨，我们一家人一起到一个植树场去植树，那里的树可真多呀！有杨树，有柳树，有槐树……"该选那一种呢？"我自言自语道。"种杨树。"爸爸妈妈齐声回答。"为什么要种杨树呢？"我疑惑不解的问。妈妈笑着说："傻孩子，杨树的生命力是最强的！就算是以后没人照顾它，它也能生长得很好！"于是我们就开始种树了。

我们先要挖一个大约1米深的坑，我们一人拿一把铁锹，一下一下的开始了。挖着挖者，挖到了一块大石头，我们打算用手把它搬上来，可是爸爸的胳膊有点短，够不着那块石头。于是我灵机一动，对！我和妈妈拿着铁锹一人站一边，把大石头翘起来，这样爸爸就能把大石头搬起来了。于是我和妈妈用力把石头翘起来，爸爸一挽袖子，往手上吐了两口唾液，他两腿分开成半蹲状，两手垂直，弯着腰搬起了大石头，他真是憋足了气，把大石头搬上来以后脸还憋得通红通红的。我们气喘如牛，我说："什么时候才能回家呀！""回家？想得美！还早着呢！树苗还没放进去呢！"爸爸一边擦着从脸颊上流下来的汗珠一边说。

休息了一会儿，我们又开工了。我和妈妈扶着小树，爸爸把土一锹一锹的填进去。填完土我又急急忙忙地提了一桶冰凉的清水，我们先把肥料围着小树倒了一圈，然后再把我提的清水浇了下去。我好像看见小树立马有了精神，叶子立起来了，刚才还有点弯的腰挺得直直的，小树好像对我笑开了颜，我高兴极了！

望着其他的参天大树，我心里默默地想，再过10年20年之后，如果我还有机会来到这里，我的小树也已变成了这样的参天大树，也有着绿油油的叶子和粗粗的树干。

人们常说："付出就会有回报！"今天我总算明白了这句话的真正含义。是呀！只要你付出了，就一定会有回报的。

215

这一次我懂得了父爱的伟大

五（1）班 张宇昕

大雨一直下个不停，我从床上爬起，看着外面的雨水，心里很不高兴。因为我要去上课外班，早晨下雨多冷啊。我慢慢腾腾地找了几件厚衣服穿上并嘟囔着说："今天真不走运，家里只有一把伞，爸爸去医院看妈妈时要用，我只能挨雨淋了。"说着，提起袋子准备走。

刚要走，却被爸爸叫住："咱们一块走吧，我打车去医院的时候顺便送你去学校。"我应和了一声，不高兴地想：原来不是因为下雨才送我去学校，还是因为去医院啊。我便怀着不愉快的心情走出家门，故意走在爸爸的前面并用飞快的脚步与爸爸拉大距离。

到了学校门口，我正准备下车，爸爸却付了钱先下车了，替我打开车门，撑好伞。爸爸把我送到校门口，把伞塞到我手里，用平静的语气对我说："好好学，回家把作品展示给我看吧。"爸爸的眼神十分安适。我连忙问："爸爸，你不用伞吗？该淋着了。"爸爸却笑着说："没关系，我们大人不怕淋，再说医院离这也不远了。"我从爸爸的眼睛里看到了几根鲜红的血丝，那是夜里守着我妈妈熬出来的，我心里隐隐地感到不安。爸爸并没有要伞的意思，反而迈着快速的步子走开了。

望着爸爸淋湿的背影，似乎让我明白了什么。此时，在我的脸上，已经分不出哪滴是雨水，哪滴是泪水了。爸爸，不知道我误会了您多少次，可我每次却都说不出心底的那句话："爸爸，对不起。"

"谁言寸草心，报得三春晖。"每一位父母都对自己的孩子无私奉献，可我们又对父母的爱知道多少，报答多少呢？

那次我懂得了坚持

五（1）班 赵丰

"我回来了！"我一进家门就对爸爸喊道。突然，感觉气氛有些不对，就试探着问："今天是不是有什么事？""当然是好事了，而且还和你有关呢！"表姐笑眯眯地说，"你想想，你最近想要什么来着？""滑板车！"我大声地喊道。"真聪明，小家伙！"爸爸一边笑着说，一边把滑板车推过来。"好漂亮呀！"我简直不敢相信自己的眼睛—— 一辆银、蓝相间的，崭新的，闪闪发亮的滑板车就在我面前。"谢谢爸爸妈妈。"我说。"你就好好滑，把身体锻炼得棒棒的，别辜负爸爸妈妈的心意就行了。"妈妈朝我摆摆手。

刚一吃完饭，我就和妈妈下楼，来试试我的滑板车。妈妈特意嘱咐我要小心一点，别摔着了。我说："没事的，妈，这玩意简单着呢！"

说着，我便信心十足地跨上了车。刚一抬脚，重心不稳，便重重地摔在了地上。我不服气，又爬起来，拍了拍身上的土，小心地登了一步，"哐啷！"一声，又摔在了地上，我心理开始打退堂鼓了。

妈妈走了过来，好像看穿了我的心思。一边扶我起来，一边说："孩子，既然你选择了，那么你就要坚持。再说了，你的朋友们也一样是从不会到会的，他们都行，更何况你。"妈妈的一句话好似一只无形的手，给了我力量。

于是，我拿起滑板车，接着练。"哐啷！""哐啷！"第三次摔跤，第四次摔跤。这个晚上，我好像不是在练习骑滑板车，而是在练摔跤……

日子一天天过去了，由于我每天练习骑滑板车，所以水平也就渐渐地提高了。一天下午，我和小伙伴们一起玩，我把滑板车骑得飞快，把他们远远地落在了后面。清风抚过了我的面颊，舒服极了。

后来，他们都问我怎么骑得那么快，我笑着回答："因为我坚持天天练啊！"

常言道："坚持就是胜利。"是啊，这个我有体会。这件事告诉我：只要坚持就能成功。

217

这次使我懂得了节约

五（1）班 戴维蒙

"吃饭喽！"妹妹快活的呼唤着，蹦跳着。

中秋节，一家人坐在饭桌旁，看着丰盛的饭菜高兴极了。爸爸和舅舅一边喝着啤酒，一边称赞姥爷做的饭菜好吃。妈妈和舅妈也满面笑容地称赞姥爷。

我和妹妹一边吃饭，一边嬉戏，晚餐充满了欢乐的气氛。忽然，一个小饭团从我碗边滚落到地上，我毫不介意地抬脚一踩一搓，饭团变成泥饼儿了。一会儿，又一个小饭团掉下来，我刚要抬脚去踩，爸爸忙把我的腿拽住了，并用另一只手，小心翼翼地把饭团捡了起来，然后，又乐呵呵地喝起酒来。

吃完饭了，我正要拔腿跑出去看放鞭炮时，爸爸却把我叫住了："孩子，别急嘛，你还有一道题没做好呢！"听了爸爸的话，我争辩着说："寒假作业我早就做完了，还有什么？"没等我说完，就见爸爸手里拿着饭团对我说："就这个，里边可有大文章呢！"听爸爸这么一说，我心里嘀咕着，现在粮食多着呢，何必小题大做呢！这时，爸爸指着那个饭团接着说："你掉的那两个饭团，足有一两呢，你算算，一日三餐，全国十多亿人口如果都像你这样，那该浪费多少粮食呀？"我掰着手指头算不出来，爸爸认真算了算说；"嗯，是一亿五千万斤那！你这么糟蹋它，多可惜呀！"爸爸的话让我的脸直发热。接着妈妈走过来语重心长地对我说："你学过古诗《锄禾》吧？你背背，解释解释！"妈妈说的话让我的脖子都发热了，我低下头对爸爸妈妈说："我错了，今后，我不再这样浪费了！"

过了一会儿，爸爸乐呵呵地说："好啊，这道题你做好了，可以得满分了，出去玩吧！"

这道简单又常见的题，我终于做好了，它使我懂得了富裕了也不要忘了节俭，要珍惜每一度电，每一滴水，每一粒米……

我懂得了父爱的伟大

五（1）班 程凯琳

一直以来，我总感觉妈妈是最爱我的，而爸爸则截然不同，对我总是一副冷冰冰的面孔，似乎对我没有多少感情。她整天总是跟小孩一样，酷爱玩电脑游戏。反正只要有时间，他准一头扎进书房，把三台笔记本电脑统统打开，开始玩"斗地主"。因为他这样，所以我也很少跟他交流。可自从那次，我却和爸爸成了一对真正的好朋友。

那是寒假里的一件事，我因为报了许多课外班，而作业没有完成。在最后的三天里，我终于艰苦地做完了作业。我收拾书包，正准备打开电视机看动画片，坐在电脑前玩电脑游戏的爸爸严肃地望了我两眼，看到他的眼神，我就像怀里揣了一只小兔似的，心里"怦怦"直跳。突然我想起还有数学毛老师布置的"难题"没做呢。我赶紧把爸爸挤到一边，他严厉地问道："你要干什么呀？""我要做作业"，我慌张地说，"要用电脑下载题目"。他无可奈何地走了。我赶紧打开电脑，下载题目，我一看，吓得我直哆嗦："四百道应用题呀，怎么办？""还有这么多，保证做不完了！"他不自信地说，"只有晚上开夜车啦！"我生气地白了爸爸一眼，开始认真做我的作业。已经是深夜11点多了，又累又困的我实在顶不住了，趴在桌子上睡着了。

第二天早晨，我睁开眼已经是早上8点多钟了，我一骨碌从床上爬起，赶紧跑到电脑桌前打开电脑准备再继续下载。当我挪开电脑桌上的茶杯时，我感觉到茶杯是热的。我摸了摸电脑，电脑也是热乎乎的。打印机前放着一大叠稿纸，还有一叠打印出来的数学题。

那一刻，我明白了原来爸爸为了帮我，忙活了一整夜，在我起床前他已经匆匆上班去了。在电脑上放着一张字写的潦潦草草但却很醒目的小纸条，上面写着：凯琳，稿纸是"难题"的解析，帮你进行了思路分析，有疑问的地方标上记号，晚上回来再和你一起讨论吧！我顿时目瞪口呆，心想：这真是我的爸爸吗？平时严厉的爸爸居然……我的眼睛里不禁流出"哗哗"的眼泪。我呆呆地看着电脑屏幕，坐在爸爸经常坐的那把椅子上，感受着爸爸那无私的爱。我仿佛看到了消瘦高大的他坐在电脑前，把充满诱惑的电脑游戏扔在一边，为了我的数学题目双手飞快地敲击键盘……由于长时间盯着屏幕，他的视线一定非常模糊，他不得不过一会儿就揉揉眼睛。天快亮时，阵阵疲倦袭来，他为自己泡杯茶解困。

现在我做作业一点也不困难了，因为总有那么一个"高大的身影"帮助着我，陪伴着我。

记得一位名人曾经说过："父爱不用心灵去感受，是感受不到的，但如果用心灵去真正感受，去仔细观察生活中父亲对你的言行举止，你将会感动得无话可说。"是啊，用心灵去体会父爱，将会有一股神奇而又无穷的力量涌上心头。父爱真的不仅存在，而且无处不在。那个早晨，我真正懂得了父爱的伟大！

这一次，我懂得了成功来源于刻苦

五（1）班 杜孟炎

星期三上午，学校组织了一次数学测验。试卷发下来后，我看了看丢分的题目都很简单，只是因为自己粗心而做错了。唉，太不仔细了，下次我一定认真，争取考个满分。

没想到，周四下午学校又组织了一次类似的考试。我一看，题目都不难，心想：证明自己能力，扳回面子的机会到了。我"唰"、"唰"、"唰"十多分钟就把试卷做好，高高兴兴地交卷了。

第二天中午，毛老师让我带着第一次考试的试卷到她办公室。我忐忑不安地走进去，毛老师把刚考完的试卷递给我。啊，成绩这么差！才86分！我非常惊讶，脸腾的一下就红了。毛老师严厉地说："你把两次的试卷比较一下，看看问题出在哪里？"我根本就不用看，就知道原因。"我太粗心了，下次我一定认真，仔细检查再交卷。"我低着头，小声向毛老师承认错误。

毛老师说："孩子，我认真分析了你最近的几次测验，也把你这学期的作业看了一遍，我发现你现在已经养成了粗心大意的毛病了，这可不是小毛病啊！希望你引起高度的重视。"

我点点头，但心里还是不太服气：我还是很细心的呀，这不过是偶然的失误！

毛老师看出了我的心思，笑了笑，说："看来你还是没有认识到自己的问题所在，我这里还有几套小题目，你做做看。"说完，她递给我三张口算题纸，每张50道题目。

我飞快地把这三张简单的题目做完交给她。毛老师判完，我一看就傻眼了，一张全对，一张错一道，一张错两道。毛老师耐心地跟我说："孩子，你看，你做题很难达到100%的正确率，这说明你平时练习太少。我让你们坚持做口算，不仅仅是让你们学会算术，更主要的是增加你们对数字的敏感性，从而养成良好学习习惯。"

看到我似懂非懂地点点头，毛老师接着说："你很聪明，但对学数学不够重视。是不是觉得口算题太简单，在家里很少练习啊？"

毛老师还真神了，她能猜出我不爱做简单的口算题。我非常服气地点点头。

毛老师又说："你知道吗？马克思还是一个伟大的数学家呢！他把做数学题当成开发智力的手段，也当成一种休息。从今天开始，你每天拿出10分钟，做50道口算题，要努力做到一遍全对！"

回到班里，我望着教室后面"学习园地"里毛老师常说的一句话："播种行为，收获习惯；播种习惯，收获性格；播种性格，收获命运"。我终于明白了毛老师对我们的一片苦心。

从那天开始，我坚持每天认真做题。功夫不负有心人，我的数学成绩真的突飞猛进了，不久前的一次考试我真的考了满分。

这一次，我懂得了珍惜

五（1）班 冯丽雯

昨夜，一道闪电划破天空，淅淅沥沥的小雨下了起来。雨点好像珍珠落玉盘一样，敲打出有节奏的鼓点。清晨，太阳露出了笑脸，树梢上，小鸟在叽叽喳喳地叫着。

吃完早饭，我正要起身。爸爸叫住了我，"雯雯，爸爸一会儿带你去参观一个地方。""去哪儿啊？"我迫不及待地问。"一会儿你就知道了。"

爸爸带着我走在乡间的小路上，穿过绿油油的田野。我们来到了一个破旧的大铁门前。"这是哪儿啊？"我疑惑地问。"这儿是爸爸上小学时的学校。"我瞪大了眼睛，仔细端详着面前这扇生了锈的大铁门：门的右侧挂着一块小木板，上面写着"凤凰小学"四个大字。

走进大铁门，映入眼帘的是一个杂草丛生的空地，这就是学校的操场。操场不大，大概有我们的操场一半那么大，由于刚下了雨，到处是小水坑。操场的左边是一排小平房，那一定是教室了，好奇心使我不由自主地加快了脚步。走近一看，我几乎惊讶地喊出声来：只有五个教室！我正在纳闷，这时走来一位老师模样的人。爸爸向他说明来意后，他便向我们介绍起学校的情况，他说这五个教室中有两个教室还混合着两个年级的学生，同在一个教室，四年级的学生用前面的黑板，五年级的学生用后面的黑板，交替上课。正说着，我们听到了敲钟的声音——下课了！

一群可爱的孩子们冲出教室，在泥泞的操场上开始嬉戏，每一个孩子的脸上都洋溢着灿烂的微笑。我和爸爸走进了一间教室，里面的条件设施非常差：墙上挂着一个黑板，上面已裂了许多道纹，模模糊糊的写着几道数学题。教室里有几十张桌子，长短不齐，长的两三位同学挤在一起用。教室的地面是土地，坑坑洼洼一点也不平整。这时的我已惊讶地说不出话来，爸爸招呼着几位同学和我合影，我真不知道该跟他们说些什么。

在回来的路上，我无限感慨：想着我们宽阔的塑胶操场，想着我们现代教学设备齐全的教室，想着我们崭新的课本，想着我们优美的校园环境，想着我们衣食无忧的美好生活……再看看他们，小小的年纪却早已尝到了生活的艰辛。由此，我想到了珍惜，珍惜自己优越的生活学习条件，珍惜父母的爱，珍惜老师的教导，珍惜现在所拥有的一切！

我懂得了宽容的力量

五（1）班 葛圣杰

去年"五一"劳动节，我们全家回位于山东烟台的姥姥家。在火车上发生的一件事，让我至今记忆犹新，也让我懂得了什么叫作"宽容的力量"。

那天，天气格外的晴朗，我的心情也非常激动，我和爸爸、妈妈早早地来到了车站。上车后，我们马上就找到了自己的铺位，妈妈让我睡中铺，她和爸爸睡上铺，两个下铺是一家子，还带着一个大约两岁的孩子。我坐在铺上，心想：对面会是一个什么样的人呢？这时，一个抱小孩的阿姨过来了，她看了看中铺上面标的号，就把行李放到了中铺上。

一会儿，列车就徐徐地开动了，车厢里的人稍稍安静了一些。中铺的阿姨抱着孩子坐在窗户下边的座位上，只见她看着下铺的叔叔，一副欲言又止的样子。终于，她对下铺的叔叔说："同志，能不能和你换一下铺位，孩子太小，上下不方便。"那个叔叔看了看阿姨，就支支吾吾地说："我的孩子也很小，需要我的照顾。"听了这话，阿姨抿了抿嘴，没再说什么，车厢里静了下来。

过了一会儿，下铺的小孩子不知是因为什么原因就哭了起来，正在给孩子讲故事的阿姨听到了哭声就从自己的包里拿出了两包小食品，递给了下铺的叔叔，叔叔不肯要，阿姨笑着说："你就拿着吧，这是给孩子的，孩子可能是饿了。"叔叔接过了食物，脸红红地说："谢谢，要不你带着孩子到下铺来，咱们换一下。""谢谢，不用了，再有几站我们就下车了。"阿姨一边逗着叔叔的孩子，一边给叔叔的孩子喂东西吃，叔叔听着哭声显得些不耐烦了，阿姨便说："别着急，小孩都这样，你要对他有点耐心。"小孩子吃着饼干慢慢地静了下来，露出了天真的笑容，看到这个场面，我觉得这个阿姨真是一个贤妻良母。

过了四站后，阿姨就要下车了，此时叔叔主动地帮助阿姨把箱子扛到了车外。看了这个情景，我心想：对呀！人与人之间不就是要互相理解，互相帮助吗？列车继续行驶了，车厢里又静了下来。

这件事虽然过去了很久，但总能浮现在我的眼前。从阿姨的笑容里我懂得了关爱是一种高尚的品德，是一种高尚的心灵，它能使大家相互理解，加深了人与人之间的感情，促进了社会的和谐。当你和别人发生冲突时，你是否理解了并谅解了别人？所以无论做什么事，我们都要用宽容的心态去面对。

这一次我懂得了尊重自然

春天来了，我们一家四口儿和往年一样去玉渊潭公园看樱花。

公园里的人可真多啊！我们好不容易才挤进樱花园。樱花园，顾名思义，园子里开满了红的、粉的、白的樱花像一颗颗小星星，真是漂亮极了。

春天是万物生长的季节，各种花儿相继开放，给人们带来了美的享受。人们为了留住这些美丽的瞬间，纷纷拿出相机拍照。我看到人们摆着不同的姿势与樱花合影：有的穿着和服，有的紧紧抱住树干……有些人则爬上树去，让树下的人给他拍照。"快！下'樱花雨'了！"我看到一个男青年用脚猛踹了一下树干，花瓣纷纷飘落，接着，他大声招呼他的同伴过来拍照，可是等到同伴来时，樱花早已飘落到地上，男青年则狠狠地踹了一下树。这时，站在我旁边的小妹妹对妈妈说："妈妈，你也给我照一张'樱花雨'的照片吧！"

当天晚上，我在网上看到一些网友把人为制造"樱花雨"的照片发到网上，强烈谴责那些不文明的人。有的网友说："这些人的素质太低了。"有的网友说："他们根本就不懂得真正的美。"还有的网友说："樱花树也是有生命的，应该爱护它们。"

本来我也觉得'樱花雨'很美，可是我看了网友们的留言后，我觉得这些人的行为不仅不美，还应该受到谴责。樱花固然美丽，可是樱花都落了，那后面的人看什么呢？再说了，樱花树也有生命，怎么能随便踢它们呢？

那些人为了自己能欣赏到美景而不尊重大自然，大自然中的一切都是有生命的。如果地球上只剩下了人类，那么人类很快就会灭亡，只有人与自然和谐相处，我们的生活才会更加美好。

那件事使我懂得了好的方法是做好一件事的开端

五（1）班 李边

去年秋季的一天，当第一缕黎明的曙光透过树荫，鸟儿开始鸣叫的时候，我们一家人开车前往郊外的采摘园去挖红薯。

一路上，妈妈絮絮叨叨地告诉我："挖红薯得选在地垄上裂缝的地方下锹，不能把红薯弄断……"我不耐烦地摇摇手说："用得着这么认真吗？咱们是去挖红薯，又不是去挖地雷。"

到了红薯地，我抄起小铁锹，找了一处裂缝，大喊一声："开挖！"猛地一锹下去，可谁知，红薯没见影，却挖出了一条肉虫子。"妈呀！"我哆哆嗦嗦地把它铲到一边。唉，首战失利。

"哼，不就是一个小小的红薯嘛，我非得把你挖出来不可！"我又开始拼命地挖。"出来了！出来了！"我望着露出来的一块红薯尖，弯腰使劲一拔，只听"喀嚓"一声，红薯被我弄断了，乳白色的汁溅在了我的白裤子上，天哪！这可是我刚买的新裤子呀！

我失望地坐在地上，两眼盯着面前的红薯好一会儿。努力地回忆着妈妈在车上说的话。认真总结了教训，开始小心翼翼地挖红薯周围的泥土，等到一个红薯露出一大半时，我用手握住上半部分轻轻地摇了摇，见周围的土松动了之后，再小心地挖掉一点泥，轻轻一拔，一个大块的红薯被我挖了出来，唉，真不容易呀！方法对了，效率自然也就提高了。短短一个小时，我已挖出了十多块大红薯。"妈妈快来帮我装袋子呀！"我得意的炫耀着自己的劳动成果，心里那叫一个美。

在回家的路上，我望着自己的"战利品"我开心地笑了。想起去时路上和妈妈说的话，真觉得有些惭愧。的确，做任何事情都要有一个虚心的态度和正确的方法。"正确的方法是干好一件事情的开端。"只要有好的方法，多难的事情都可以解决。

我懂得了节约用水

五（1）班 蔺杉

记得一个名人曾说过："桃花谢了，有再开的时候；燕子飞了，有再飞回来的时候；杨柳枯了，有再青的时候。"那什么东西用了，就没有了呢？那就是水。

星期五晚上，我写完了作业，妈妈招呼我去吃水果，我一看，"喔，是我最爱吃的水果——水蜜桃"。我三两口就吃完了，妈妈看我很快吃完水果，便催促着我："刷牙、洗脸，好好洗洗脚，你的脚太脏了。"

于是，我接了一盆盆热乎乎的水，把脚放进去，舒舒服服地泡了一会儿。当我泡完脚正准备把水倒掉时，妈妈叫住了我，严肃地对我说："难道你不知道咱们国家是严重缺水的国家吗？，你应该从小养成节约的习惯，把废水集中起来，进行二次或者三次利用"。这时，我有点茫然地看着妈妈，小声地嘀咕了两句："不就是两个水钱吗？有什么大不了的，咱家又不是没钱？"。

妈妈听到了我的嘀咕声，脸色突然凝重了起来说："儿子，这不是钱的问题，水是一种不可替代的重要资源，它同时还是世界上一切生命的基础，没了水就等于没有了生命，世界上有多少国家和地区因为缺水而发生动荡，甚至战争。你听到过这样一句话吗？'如果你今天不珍惜水资源，那么明天最后一滴水将是你自己的眼泪。'"听完这话，我才发觉自己错了，于是我主动地把洗脚水倒进妈妈早已准备好的桶里。

这时，我发现妈妈早已准备好了三个大塑料水桶，上面分别写着：洗菜、洗拖把、冲卫生间等字，我忽然明白了，原来，妈妈早已在家中进行水的分级使用了。

朋友，你今天节约用水了吗？

这一次，我懂得了母爱

五（1）班 马晓轩

我的记忆就像一片宇宙，闪烁着无数颗小星星，而有一颗却是最亮的，因为它让我懂得了母爱。

记得那是我小时候的一次独舞比赛，因为我在班里跳得好，所以老师让我参加了这次比赛。

第一次站在舞台上的我，心里非常紧张，再加上想到妈妈赛前陪我走的风风雨雨和妈妈头上越来越多的白发，我的心更紧张了。容不得我多想，琴声响起了，我僵硬的跳起来，不知不觉中，我已经走下了台，我在台下看到别的选手精彩的演出，心里不由得一抖：完了，我输定了。

比赛结果下来了，我的直觉是对的——我输了。

我和妈妈走在回家的路上，天上下起了细细的小雨，妈妈赶紧把衣服脱下来，裹在我的身上，温柔的对我说："小心，别着凉了。"听了妈妈的话，我的眼眶湿了，因为我感受到了深深的母爱。

回到家，我倒在床上，伤心地哭了。妈妈走了进来，问："怎么啦，怎么哭了？"我伤心地回答："我输了……"可是，妈妈却说："没事，下次努把力，你能行的。"

妈妈的话像春风一样给我带来了希望的种子，我又开始努力了。

终于，经过一年的努力，比赛再次开始了。

这次，我跳的是孔雀舞，我轻盈地走上了舞台，优美的琴声在我耳边响起，我像一只玲珑的小孔雀，轻盈地跳着。

终于，当评委老师宣布了成绩："第一名，马晓轩"的时候，我高兴地跳了起来。

我赶快跑回家，告诉了妈妈，妈妈高兴极了。晚上，我无意中看到了妈妈的日记，里面写着：女儿终于得了第一，我的愿望实现了，可以好好睡一觉了。

看了妈妈的日记，我落下了晶莹的泪水，我再次感受到了深深的母爱。

"谁言寸草心，报得三春晖"。这句诗写的真好呀！

那件事让我懂得了关爱与亲情

五（2）班 张鑫豪

那是一个炎热的星期天，我骑着我心爱的自行车与爸爸行进在幽静的公园里。

在路上我一面哼着歌一面漫不经心地骑车。我突然脚下一发力，车速马上快了起来，车像箭一般在路上奔驰着。

突然一只大花猫横在了路中央，"喵"猫大声地叫了一声，我回过神来，一下子捏紧了车闸，"嗖"的一声，我和车打了个旋，飞入了草地，"咣当"一声我和车栽进草吵丛。

爸爸飞快地跑了过来，小心翼翼地将我扶起，关爱地说："儿子别怕，只是擦破了一点皮，没大事！"但爸爸却连忙拿出手机，给妈妈打电话，焦急地说："孩子他妈，快开车来公园，儿子腿磕破了。"

过了一会儿，只见前方一片扬沙，妈妈开车敢来了，"吱"的一声在车我们面前停下，爸爸把我扶上车关上门再和妈妈换了个位置他一踩油门，车就如同一只离了弦的箭一般飞了出去。

爸爸小心翼翼地开着车，一言不发。妈妈用她那因着急而变得冷冰冰的手紧紧攥着我的手，不停地安慰我。

我一直感觉坐在车里很别扭，仔细一看，天哪！我们正在违法行车，是在逆行，而且还闯了红灯！

突然，前面有一位交警挥了挥手中的指挥棒，示意我们停车。爸爸把车开到路边，打开窗户不容分辩地向交警说："我儿子腿磕破了，得马上送医院。"交警看了看我那血迹斑斑的双腿，挥了挥指挥棒放我们走了。

到了医院，医生从分析室走出来说："这孩子没什么事，只是皮外伤，但还是得在家里休息休息，他可能是吓着了。"

从那以后的几天里，爸爸、妈妈悉心地照料着我，我的伤口慢慢地好了起来，逐渐恢复了我原来的运动能力。

从这件事我深深地体会到了父母对儿女无穷无尽的爱。父母是为我们遮风挡雨的参天大树，父母是我们人生的第一个启蒙老师，是父母让我们懂得了什么叫做感

227

恩！我们在父母的精心哺育下茁壮成长，他们让我深深地体会到了父母对儿女的那种无私的关爱和亲情！

那一次，我懂得了快乐的含义

五（2）班 李子宜

清晨，我们全家踏上了前往鲁朗的旅途。八月的西藏，太阳炽热，在这样一个干燥的环境中，我将要去寻找快乐、探索快乐、发现快乐，因为平日里繁重又单调的学习生活，使我感到疲惫和烦恼。

汽车行驶在山村小路上，树木一排一排地被抛在脑后，白云在我们头顶上飘来飘去，可它们都没能勾起我的欢跃之情。就在我有些失望的时候，一个不符合时代特点的小村子映入我的眼帘，引起我的注意。

村中的房子全部是用泥巴堆起来的，透过敞开的大门，我看到屋里除了炕、桌子、椅子等一些最基本的日用品，什么也没有。屋门前一群女孩子坐在地上说说笑笑，一群男孩子则拿着树枝一样的"武器"在"打仗"。

如果说我过着比他们好100倍的日子都感觉不快乐的话，那他们的日子究竟会有多么的难熬啊！我十分可怜这群山村里的孩子，就怀着一颗同情的心，带上我从北京准备好的礼物，走近了他们。

不出我所料，孩子们的生活的确很艰苦。我迫不及待地发给每位孩子两块糖和一支铅笔。分到礼物的孩子，把礼物左看右看，其中有一位个子较矮的男生包开了一颗草莓味的糖果，含了一会。等他把那颗糖吃完后，他高兴地对大家说："嗨！嘀咕嘀咕（几句我听不懂的藏语）……"他的话音刚落，所有的孩子立刻拿起手中的糖，剥开塞到嘴里。他们个个眉开眼笑，好似一朵朵绽放的花！

我很是不解，为什么他们这么艰苦还这么高兴呢？一个可爱的小女孩回答了我的问题：她用手指指嘴里的糖，伸出了大拇指，并冲我甜甜地笑了笑，她是在告诉我，这块糖很甜，他们非常喜欢，所以才那么高兴。

孩子们的表现使我深思：一块小小的、普通的糖果都能让孩子们感到满足、幸福、快乐，比起他们，我们还有什么资格不知足，说没有幸福、快乐呢？就像那天晚上我看词典里说的：快乐就是感到幸福或满意。幸福，只有用心才会感到。用心去发现，用心去体会，快乐会永远属于你！

那一次，我懂得了宽容

五（2）班 侯璐瑶

"当你手捧一束紫罗兰时，它把那沁人心脾的香气留在了你的手上。"一件小小的事，让我懂得了这句话，懂得了什么是宽容。

在城乡商厦的五层有一个小小的DIY屋，在这里我们可以自己动手制作工艺品。那是我最喜欢去的地方，因为我最爱在那画胶画。在一个周末的晚上，我和妈妈又一次来到这里，和往常一样，妈妈逛商场，我在这里画画。因为是周末，在这里玩耍的小朋友真不少，基本上都是自己在这玩，家长逛商场。

我挑了一副大蝴蝶，坐下开始仔细地勾勒起来。一笔笔、一划划，在我精心地描绘下，一只栩栩如生的大蝴蝶在我手下就要诞生了。看着旁边几个小朋友露出羡慕的目光时，我的心里美滋滋的，真有点小小的成就感。

突然，一股力量猛得撞了我的胳膊一下，我拿颜料瓶的手不自觉的划过蝴蝶，在画上留下了一道不协调的颜色。顿时，蝴蝶变丑了，我愤怒地抬起头，看向制造问题的人。只见一个六岁左右的小男孩，手里拿着个沙漏，胆怯地望着我。肯定是他要拿沙漏时，身体撞的我，我气哼哼地对他说："你干什么你，你看，把我的画弄成这样了。"看着自己惹出的麻烦，再看着比他高出好多的我那气愤的目光，小男孩不知所措地站在那，眼圈慢慢地变红了。周围的几个小朋友都安静下来，一个个睁大眼睛望着小男孩和我。

看着自己即将成功的作品，我是既生气又难受，真想把这个小男孩狠狠地说一顿，再让他赔我一幅画。可是看着小男孩那泛着泪光的眼睛，我深深地叹口气，暗暗地对自己说：忍住，不能发火，他不是故意的，我比他大。"算了，你不是故意的，不怪你了。"我说。小男孩听到我的话，眼睛立刻亮起来，小脸也仿佛焕发出神采。而当我说出这句话时，我也好像轻松起来，我的心灵仿佛也得到了一份纯净。"姐姐，对不起，我帮你擦吧。"小男孩张开笑脸，亲热地对我说。我笑着摇了摇头，温柔地对小男孩说："你玩去吧，我自己擦。"小男孩高兴地坐回自己的位置上玩了起来，周围的小朋友都用敬佩的目光看着我，看得我都有一些不好意思了。

当我原谅了小男孩的那一刻，我忽然领悟到一个深刻的道理：宽容别人，就是解放自己，多一份宽容，就是多一份理解，多一份爱。

"如果说在世界上最广阔的是一望无际的海洋，比海洋更广阔的是蔚蓝色的天空，但比天空还要广阔的就是人的心灵了。"记住这句话，让我们每个人都学会宽容。

那一次，我懂得了"闻道有先后"

五（2）班 杨正东

"叮铃铃……"电话铃响了，我立马跑过去接听，原来是楼下的邻居阿杜，她爸妈不在家，打算中午来我家与我共进午餐。

不一会儿，她就来了，由于饭还没做好，我们决定先看一会儿书。她看大百科，我看漫画，看着看着，她从里屋走到我身边，皱着眉头问："东哥，这个泸什么桥是什么东西？""是泸定桥，"我答道，"你不知道泸定桥吗？你一定知道的"。"可我真的不知道啊。"我愣住了，看着她那一脸茫然的样子，我用讽刺的语气说："天啊，你一个堂堂四年级的学生，竟然连泸定桥也不知道，你也太弱智了吧！"，听到此话，阿杜又害羞又有些气恼，脸色很难看地跑开了。

我得意洋洋地跑进厨房，把刚才的事情告诉了正在做饭的爸爸，我以为爸爸会像我一样笑话阿杜的无知，但事实并非这样。

爸爸并没有笑，脸色还有些凝重，过了好一会儿才问我："你知道'闻道有先后'吗？"

"我知道，下一句是'术业有专攻'！"我自豪地说，"平时背诵的功夫不是白下的，这可难不倒我！"

"那你知道这句话是什么意思吗？"爸爸微笑着问我。

"这个……，我还真不知道！"我说。在爸爸这个"高手"面前，我还是放谦虚一点好。

爸爸语重心长地说："一个人，懂得某种道理可能有先有后，知识积累可能有多有少，知识面可能有宽有窄，就像每一朵花都有其独特的芬芳一样，每一个人都有长处，我们不可以拿自己的长处去比别人的短处，朋友在一起应该取长补短，才能共同提高……。"

听到这里，我的脑子"嗡"地一下，"对啊，同是小学生，每个人阅读兴趣也不一样，我刚才的做法是多么的浅薄和无知呀……"

爸爸看见我若有所思的样子，欣慰地笑笑，说："明白了？你自己看着办吧！"

我拿了一个苹果，跑进阿杜所在的屋子，递给她说："你先吃点水果，一边吃一边听我给你讲泸定桥吧！"

"太好了！"阿杜开心地笑了。我梳理了一下思路，就开始给她讲泸定桥以及跟泸定桥相关的故事，阿杜还提了好几个问题，我都耐心地一一解答，有些问题我也不太清楚，于是，我们俩一起去查资料，把问题搞得清清楚楚明明白白，我们俩都很开心。

"闻道有先后"，这是一个多么普通而又多么深奥的道理呀，同时，我们也要记住"术业有专攻"，不要用自己的长处比别人的短处哦！

同学们，你明白了吗？

那一次，我懂得了赚钱的滋味

五（2）班 谢昊冉

看着那少的可怜的五元钱，再想想我洗碗的那一瞬间，挣钱真不容易。

那天晚上，。吃完饭后，在爷爷收拾碗筷的时候， 我心里憋了个主意！如果我来洗碗的话，妈妈一定会表扬我并且还可能给个几十块零花钱！我就高兴的地对爷爷说："爷爷，今天的碗筷就由我来刷吧！也让我干一次！""你可以吗？"爷爷不放心地问。"我当然可以了，"爷爷说："那好吧。来，咱们俩一起把这一大堆的东西抬到厨房吧！"说着爷爷和我把碗筷抬到了厨房。

我们把碗筷往水池一放，只见水池里满是锅碗勺盆……一大堆！"这么一大堆的东西你真能可以吗？"爷爷又一次问道。我再一次自信地向爷爷说："男子汉大丈夫有什么可以不可以的，大不了慢一点！"我心想：嗨！为了这点零花钱，我拼了！爷爷说："记住按照你看我洗碗的方法洗。"我点点头说是并把爷爷"打发"回屋后，我就开干。我一手拿着百洁布一手拿着碗，我用百洁布把碗一擦，上面全是泡沫并且碗也在手上"滑冰"，一没拿住，"刺溜"一下把碗滑到脏水中，白上一次洗涤灵！我又拿起碗刷起来，我边刷边保护着碗，免得出现动作失误。我笨手笨脚的，本来挺干净的厨房让我弄得满地的泡沫。我为了减少"污染"马上把碗冲干净了。我洗完一个碗马上又清洗一个，就这样一个又一个，一个又一个地完成并且差点报废的几个碗。

我完成任务后，走出了厨房洗洗手，再搓搓脸上的汗，走进妈妈屋里要点工钱。妈妈只给了我5元钱，比我想象的要少多了。哎呀！挣钱不容易啊！要多挣钱，更不容易呀！

那一次，我懂得了一个道理

五（2）班 刘奕琨

"走，坐上老爸的新车到公园里转转去！"爸爸又开始炫耀他的爱车了。自从爸爸有了新车，变得神气极了，不是带我去这儿逛逛，就是领我去那儿看看。我也当然愿意，于是再次搭上爸爸的车去公园玩了。

车开得真快呀，一转眼的功夫，车已经停在了公园的大门口。我蹦跳着冲进公园，心里甭提多开心了。我和爸爸沿着公园中的石子路绕来绕去，最后绕到了一个健身广场。

我窜进健身广场，突然眼前一亮：那里居然还有我心爱的爬双绳！

想当初，我可是小区里有名的爬双绳高手，每次比赛，我总能身手敏捷地爬到绳子的顶端，那时，我的对手还远远落在后头呢！每当这时，观赛的小伙伴们总会为我鼓掌，并用羡慕的眼光看着我，我得意极了。所以，作为爬双绳的高手我是十分自豪的。但是，小区在几个月前更换了一批新器材，双绳被替换成了木马。从此，爬双绳成为了我一件十分渴望的事。

你说，在公园里与双绳重逢，我能不高兴吗？

我飞快地挽好绳子，准备在别人面前大显身手一番。哪知道，不知怎的，我的身体像个秤砣似的，拼死拼活也才爬了半米，手也被勒疼了，张开也不是，捏紧也不是。我像一只斗败的小公鸡一样，耷拉着头，沮丧极了。

"爸爸，我这是怎么了？"我哭丧着脸问。爸爸问："多长时间没爬双绳了？"我掐指算了算："哎呀，都半年了！""是啊，都半年了，自然就会退步嘛。"爸爸语重心长地说，"三天不练手艺生啊……"

"三天不练手艺生"这句话在我的脑海里一遍又一遍地重复着，我不禁点了点头。

不错，"逆水行舟，不进则退。"这句话真是千真万确呀！

那一次，我懂得了生命的重要性

五（2）班 金梦旭

金色的太阳照在火红的枫叶上面，我独自一人走在那条幽静的小路上。不时一只小鸟从我头顶上轻盈地掠过，阳光从枫叶的缝隙中射出来，斑斑点点地打在地上，也打在我的面颊上。一阵清风吹过，枫叶上飘落下几片深红的枫叶，我拾起一片，一股酸涩之感顿时涌上心头，这让我想起了惊心动魄的那一幕。

炎热的夏天，十分闷热，连一丝小风也没有。我穿着T恤衫无聊地踢着一颗石子，走在回家的必经之路上。这时，我的铁哥们于燕琨在后面喊我："金梦旭，等等我！"我停下脚步等待于燕琨。他一路小跑向我奔来，他赶上我后，我俩说说笑笑地向家慢慢走去。

我们走到一条大马路边，马路对面就是我们居住的小区了。于燕琨准备横穿马路，这时，一只灰白色的小狗忽然蹿到了马路上。"它要过马路！"于燕琨对我说，"咱俩也过去吧！"我平静地对他说："那边有红绿灯，去那边过吧。"我俩产生了分歧，"要去你去，我才不绕那远呢！"他说。正在这时，一辆大卡车呼啸着飞驰而来，我和于燕琨都惊呆了，他刚迈出的那一只脚立刻收了回来。随着一声惨叫，小狗已被车轮碾轧得血肉模糊。我们俩一起注视着大卡车司机，只见他好像什么事也没发生一样，加足油门飞快地开走了，走的是那么坦然、无丝毫的愧意。

变灯了，我和于燕琨急促地跑到小狗身旁，小狗灰白色的毛已染成了鲜红，黏液从它的嘴角淌出来，它已经停止了呼吸。我的眼泪夺眶而出，它可能刚才还在公园中玩耍，还在花丛中奔跑……可在这短暂的一瞬间，一条鲜活的生命就这样逝去了，生命是多么脆弱呀！

我们把小狗的尸身掩埋在一棵枫树下，含着眼泪回家了。

过了很长一段，我却还能清清楚楚地想起那令人心痛的一幕。生命只有一次，对于谁，生命都是最最宝贵的东西，我们应该爱护自己的生命，爱护他人的生命，爱惜一切的生灵。

夏去秋来，凋零的枫叶从空中飘落下来，飘落到掩埋小狗的土地上。叶子枯萎还有再绿的时候，而小狗再也看不到人世间的美丽景象了，我祝愿它在天堂快快乐乐。

33

那一次我懂得了"功夫不负有心人"

五（2）班 付娆

只要功夫深，铁杵磨成针。

我从小酷爱钢琴，可到了考六级时，出了一个新的规定：考钢琴六级以上的考生，必须有音乐基础知识——音基的二级证书。只有音基一级证书的我，也只好去学音基二级的知识。

第一次上课，老师就说："音基二级很难，每一个考试项目都有所增加……""还增加呀！那我肯定过不了！"我听后一下子变成了一个泄了气的皮球。

我的嘴好像是乌鸦嘴，耳朵也不如兔子的耳朵灵，拥有一级底子的我，因长时间没有复习，老师弹5个音，我只能听对2个。我心急如焚地下了课。"怎么办呀？妈妈。"我都快急哭了。"没事儿，咱们只吹冲锋号，不打退堂鼓。只要你好好练，肯定能行！"听了妈妈的话，我的嘴咧到了后脑勺。

每天放学后，我放下书包，马上写作业，甚至有些作业，我在学校就完成了。

"付娆，快下来玩儿呀！我昨天刚买了两只小兔子，特别可爱！"我刚写完作业，就听到刘斯佳喊我下楼玩。我的心里像小猫抓心一样，我多想下去看看刘斯佳的兔子呀，可一想到考试临近了，我一狠心，对刘斯佳喊道："你自己玩儿吧，我这几周都有事儿。"我坐在钢琴前练了起来。

六点半了，我心爱的动画片开始了，我像热锅上的蚂蚁在屋子里打转转。"唉，干脆不看了。"我边想边坐在椅子上，听起了和弦。

想着动画片里的精彩内容，我无奈地叹了口气。"不行！"我冒出一个念头，"反正再坚持一个月，就轻松了。"这个念头驱使我练下去。

我就这样不厌其烦的一天天练习，从不间断。就在离考试还有一周的时候，老师说："今天咱们做一张模拟试卷。"这时，我转过头去冲妈妈竖起了食指和中指。

第二天上课，老师笑着说："昨天的模拟考试，整体考得不错，但只有付娆得了100分，真棒！"听了老师的话，我心想：只要我勤奋，什么困难不能克服？

就在正式考试后的一个月，老师通知我：在我那个30人的考场中，只有我一个是满分通过的！太棒了，我拥有了考六级的"通行证"，我脸上挂着笑，心里淌着蜜。

真是"功夫不负有心人"，不努力，哪儿来的硕果呢？这"优秀"的成绩，就是我香甜的果实。

我懂得了轻松是吃力换来的

五（2）班　赵晏

东方，一轮红日慢慢升起，不一会儿，就像是一盏光芒四射的红灯，把大地照得一片金黄。看，调皮的太阳跃上树冠，千万条金丝线刹那间从叶片的缝隙中流下来，编织出一个美妙的世界。

在这个阳光明媚的星期六，我和妈妈一起骑车去公园玩。临近中午，阳光越发强烈，照得人睁不开眼，知了在树上扯开嗓子，拼命地叫着。

听着这此起彼伏的虫鸣声，不知不觉就已来到了公园深处。在穿过那几座较陡的小山的时候，我发现上山时非常吃力，眯着被阳光刺痛了的眼睛，双脚不停的用力踩着脚踏板，额头上的汗也仿佛得到了命令，集体出动了。

而下山的时候却截然不同，只需用手控制住车把手，脚放在踏板上，自行车就会自动向下俯冲，两边的景物迅速向后移动。只有清风在耳边呼啸，在一缕零散的头发丝中滑过，带给我这夏日中唯一的清凉。

自行车又行驶在了平缓的小道上，妈妈向前蹬了几下，借着自行车滑行的空当，侧过头来问我："孩子，你是不是觉得上山很吃力，但下山却很轻松？""对呀。"我不假思索地说。妈妈又循循善诱："那你想想这从中蕴含着什么道理？"我沉默了一会儿，恍然大悟："吃力过后就是轻松"。"的确如此，"妈妈严肃地说，"记住，'轻松'是'吃力'换来的。"

这时，我想起了在学习和日常生活中也有一些类似的事情。例如：在学校完成了作业，回到家里就轻松了；在头一天晚上收拾好第二天要用的东西，早上就不必手忙脚乱的了；在平时勤奋好学，考试就能轻松地考出好成绩……

总而言之，统而言之，万事皆为先苦而后甜。

要回家了，当我再次穿过公园的小山时，当清风再次吹拂着我的面颊时，我深深地懂得了："轻松"是"吃力"换来的。

那一次我懂得了不要丢三落四

五（2）班 朱金红

在生活中我总爱丢三落四，可都让我渐渐地忘掉了，可那次却给了我一个深刻的教训。

那次我报英语二级考试，在考试的前一天晚上，我急于想去看电视，三下两下就准备好了明天的用具，便去看电视去了。

第二天，爸爸妈妈一起送我去考场，在车上，我和妈妈兴致勃勃地谈论关于考试的事情，比如复习得怎样，有没有不会的题，有没有信心去考满分……

说着说着，爸爸突然插了一句，"该考试了，你再看看考试用具都准备齐了没。"我自信地按照爸爸的话去做了，可检查来检查去，总觉得少了些什么。突然，我想起了没带水彩笔。心紧张地像揣了个小兔子似的怦怦直跳，却不敢告诉爸爸妈妈，妈妈看了看我，奇怪地问："你怎么啦，是不舒服吗？"我吞吞吐吐地说："我没带水彩笔。"

这句话像雷劈一样，爸爸的脸晴转多云，严肃地说："没带水彩笔？昨天我再三嘱咐你，你就顾看电视，今天完了吧！"我慢慢地低下了头，什么也不敢说。"没带用具考什么呀，别考了吧！"我一听更急了，顿时，眼泪像断线的珠子直往下掉。妈妈看了，忙说"行了，前面有个文具店，我去买盒不就成了吗。""不行，她老是丢三落四的，今天不给她点教训，下次还这样。"爸爸生气地说。"也是，这也不能怪你爸爸，你要总是丢三落四的话，以后还能做好什么事呀？"妈妈心平气和地说。我沉默了一会儿，抽咽着说："爸爸，我下次再也不这样了，我保证这是最后一次，您就让我去吧。"爸爸看我真的认识到错了，这才让我买了水彩笔，进了考场。

考完试后，我心想："唉！今天因为丢三落四差点没能考试，都是因为我做事不认真造成的，回想起以前的点点滴滴，我又有多少次的丢三落四，真的是让我感到脸红，以后再也不能这样了，这次的深刻教训，让我记忆犹新，难以忘怀，也让我在往后的生活中，再也没落过东西了，爸爸那些严肃的话语也一直回响在我的耳边。

二、美文欣赏

俗话说的好："美文欣赏一百遍还是美文。"发现了几篇很不错的作文，虽然大家已经听我读过，但如果亲身再读几遍，仍然觉得它们均美在其中。

礼物是爱

刘奕琨

透过书架的玻璃门，一张淡粉色的卡片静静地立在那儿。它显得那么安静，那么坦然，似乎在让我们品味爱的内涵……

微风不时拂过发梢，太阳被初夏所迷恋，却忘记了普照大地，从而让这迷人的初夏又多了份朦胧之美。然而对我来说，初夏之景是令人陶醉的，但今天这个特殊的日子——父亲节，就更使我的心无法平静了。

回想这十一年的光阴，在我心目中，爸爸如同一座山，时刻守护着我；自上学起，他便胜任了我的辅导老师，耐心地指导让我留下了深刻的印象……今天是父亲节，我就做张卡片作为爸爸的节日礼物吧！我想着。

我精心挑选了自己心爱的淡粉色彩纸，剪下来一个代表爱的心形，再写上祝福的话语，并把它点缀一番。我又剪下一个长方形，精心地折成一个袋子的形状，并用许愿星给这个原本普通的袋子一下子增添了几分别致。我把自己的作品端详一番，心满意足地把它藏在抽屉里，准备给爸爸一个惊喜。

爸爸终于负着疲倦回来了。一进家门，爸爸一眼就看出我今天的反常，便问我："闺女，又搞什么名堂？""今天这个日子很特殊，所以嘛……"我故作神秘地说。爸爸开始被我"引诱"得好奇了，但他却摆了副严厉的样子："什么事支支吾吾的？坦白交代！"我只好从背后亮出那个礼物："今天是父亲节，我想给您个惊喜。瞧，这是我亲手做的，祝您节日快乐！"听到这儿，爸爸脸上的疲倦一下子云消雾散，剩下的只有高兴和惊喜。当爸爸看到卡片上的祝福语时，嘴角翘到了耳朵根。他双手交叉着把卡片贴在胸口，就像搂着自己的女儿一样，那么亲，幸福与爱从目光中流淌出来。

爸爸把它小心翼翼地立在书架上，说这样每天都能见到它，每天都会高兴。

现在，它仍然静静地立在那儿。它如同一叶装满了爱的小舟，将爸爸与我的心贴得更近，让我们的情汇在一起……

夏 雨

张梦琢

夏天，是什么最让你记忆犹新？是闷热的天气？丛中的花朵？还是那夏天的丝丝轻风？要说我最爱的，还是那夏天的暴雨了！

春天，有那丝丝绵绵的细雨，像银丝一样，柔得让人心都酥了。而夏天就截然不同了，那暴雨是急促的，是猛烈的，更是疯狂的！

天渐渐地沉了下来，变得墨黑墨黑的。那带着土腥味的风，肆意地吹着，这一切都预示着暴雨即将来临。天越压越沉，如同到了深夜。

突然，一道闪电划破了那黑布似的天空，把天都晃亮了。随之，一声炸雷鸣响了这场即将开始的交响乐的前奏。雨点，大滴大滴地砸了下来，砸到了那炽热的马路上，砸到了那柔弱的花草上，砸到了那行人的雨伞上，这不同的碰撞声交织在了一起，奏出了一首激扬亢奋的交响曲，一首属于大自然的交响曲！那雨急促而猛烈地下着，疯狂地抽打着大地。

那春雨轻轻地飘落在脸颊上，是一种柔柔的，好似轻轻地吻你的面颊的感觉，而那夏天的暴雨就截然不同了，那是豆大的雨滴在拍打你的脸颊，有一丝疼痛，那雨却是亢奋的，激昂的，猛烈的，疯狂的！

就在这电闪雷鸣时，那雨下得更加猛烈了，激起了地上的尘土，雾蒙蒙的，白花花的，这便是尘土在给这场交响乐伴舞哪。

不一会儿，天晴了，但雨还在不知疲倦地下着。这便是只有夏天才可以见到的晴天下雨了，美丽壮观。就这样，渐渐地雨停了，急促地停了。看，那天像是被水洗过了一般，蓝得清澈，蓝得美丽，蓝得干净，蓝得清凉，蓝得要滴水了一样。

夏天的雨就是这样，急促，猛烈，疯狂！更像是一个顽皮的孩子，突然就生气了，突然就阴天了，又突然没事了，又露出了笑脸，又突然天晴了，那西边还挂起了绚烂的彩虹！

那夏天的暴雨啊！猛烈，疯狂，亢奋，你让我欣喜不已！

我努力我快乐

何琬楠

今晚的夜，出奇的静，漫天的星星又给星空增添了几分神秘。可我却无暇欣赏美景，其实是因为上午……

体育课，王老师和往常一样给我们进行课前训话，只见他双手背后，踱着方步一脸严肃地对我们说："下个星期四，我们进行后滚翻测试，这次成绩要记入记分册。"我当时一下子就愣住了，我能达标吗？

回家后，我闷闷不乐的，爸爸好像看出了我的反常："怎么了？又考差了？"我不耐烦地说："哎呀！下周四考后滚翻，我可怎么办呀？爸爸笑了笑："我可以教你嘛！"我将信将疑地点点头。

爸爸先给我做了一个十分标准的后滚翻。只见他两手用力一推，两腿向后压的同时，双手使劲一撑地，便轻松地滚了过去。爸爸说："你从我刚才做的那个后滚翻中发现了什么技巧？"我略加思索："双手用力推地，然后身子顺势往后一倒，两腿往后一压，手用力一撑，便过去了。"爸爸一弹我的脑门儿："不错！这东西没白长。来试一下，一步一步地来，先保证翻前用力往后倒。"我猛地往后一倒，可是就差一点便过去了。于是，这次我使尽了全身的力气往后一倒，果真就过去了。就这样，我由不会到会，由会到熟练。

考试那天，我发挥得很好，竟然得了优秀，这几天的工夫没白费。

哎！真是功夫不负有心人。不经历风雨怎能见彩虹？此时，我深深地懂得了：我努力我快乐。

今晚的夜，出奇的静，漫天的星星又给夜空增添了几分神秘……而此时，窗前的那个小女孩甜甜地笑了。

239

书海泛舟

侯璐瑶

这几天，我都遨游在书的王国里。读一本书，其实是用心去感受月的朦胧、星的灿烂、花的嫣然、泪的晶莹……感受生命的沧桑与美丽。

坐在学校的花廊中，我捧着《红楼梦》读了起来，看到这么一个完好的家庭破碎了，我难过极了。但我在家中读路遥的《平凡的世界》时，却截然不同——如西湖泛舟，你随手可以采摘到启迪生命的莲子，整个人心都沐浴在西湖的莲花香气中。人物的内心独白是西湖翡翠般的水，有一澄到底的清澈，有激起成章的波动。你会觉得生命是一幅淡妆浓抹的水墨画，沉重中蓄含着精彩，黯淡中酝酿着灿烂……

在读书时，我与主人公同悲同喜，骂——可笑可鄙之悲，哭——可悲可怜之人，体验与主人公同样的生命旅程，品尝咀嚼先哲们睿智和超凡的感悟，让理性之光粲然于脑海，静静地揣摩人生的快乐，命运的多舛，人生的沧桑。时而在心底引发阵阵莫名的感动，一股抑制不住的激奋和灵感与奔涌。于是，我的笔尖不由地颤动了起来。

读书还是跨越时空的邂逅。在书中，你可以和李白一起攀登天姥山，采摘白云红霞；可以和李清照共赏绿肥红瘦，有时暗香盈袖，和她在荷花丛中争渡……

这几天的读书，使我增长了很多知识。因而，我也悟出了一个道理：读书，是在人生道路上采撷生命的音符，酝酿出一首岁月之歌，唱出春花秋月，落英缤纷。

总之，读书是好的，也是快乐的。

雨中的故事

付娆

望着大哥哥那远去的背影，我的心好像被什么东西碰撞了一下，因为他……

还要准备去上钢琴课的我，望着天空上的乌云发愣了：这憋了好几天的雨，今天会不会下呀？正想着，"轰隆"一声，电闪雷鸣，倾盆大雨就在那一瞬间降临了。

我马上蹬上雨鞋，抄起雨伞，跟着妈妈，奔向了车站。

车来了，我迅速收起雨伞，三步并作两步地上了车，找了个座位，坐了下来。

我一摸，衣服湿了一大半。就在这时，我发现靠近窗户的地方全是水，还没人站。怎么回事呢？正在我犯嘀咕的时候，到站了，上车的人流中冲出了一个中学生。

他的身高在一米八左右，戴着一副白框眼镜，长着一双炯炯有神的大眼睛，头发是那样的潇洒，显得那么朝气蓬勃。

这个大哥哥没带雨衣，雨伞，浑身的衣服都湿漉漉的。并为我揭晓谜底。他挽起袖子，"唰，唰"两下，将没人站的地方的窗户关上了。然后从兜里抽出几张餐巾纸，在到站停车时，帮司机擦了擦反光镜上的雨水，司机对他笑了笑，并频频地点头，全车的人们都对大哥哥送去了赞许的目光。而哥哥只是耸肩一笑，嘴角边露出了两个淡淡的酒窝。

这位青春帅气的少年在我的心里写下了重重的一笔，他所做的每一个动作、将"帮助"二字印在了我的心底。

我的心真的被触动了，要是每一个人都献出举手之劳，那我们这个社会将其乐融融。

车到站了，大哥哥的身影消失在了茫茫的雨中……

第七部分
集 萃

(老师作品)

　　夜幕降临，老师在宁静中追寻智慧的脚步。在博客这个特殊的课堂，写下感悟，写下思考，写下对未来的承诺。

备注：既然是小说，绝大部分是虚构。例如：已经误了看学生小饭桌的时间，全是虚构的。这么写，主要是为了故事情节的需要。请大家不要对号入座。听了一天的课，回来时，突然产生了写作冲动，做此文，不成体统。供各位消遣。见笑了！！

做熟的大肘子飞了

"老樊，咱食堂卖肘子呢，二十多块钱一个，贼便宜。"随着办公室的门被"砰"的一声撞开，铁哥们阿强早已扯开了他那破锣嗓子嚷嚷开了。

"是吗？现在在商场里可没这么便宜。那你还不快去买？别忘给哥们带个大的来啊。"听到这消息，正在吃午饭的我，一边用手擦着嘴边的米饭粒，一边使劲往外推阿强。阿强不仅没往外挪，居然还一屁股坐在我的椅子上，白了我一眼，"你这不是费话嘛，我要有功夫儿还用找你。"他抬手把手表凑到我鼻子尖前，"看看，还十分钟学生就下课了，我这连饭还没吃呢。快快快，这回该你去了。"说着他竟然站起身，使劲往外推我。"得，别推了，我去还不行嘛！这回哥们不光要给你买个大的，还准备白送你，谁让咱们是哥们呢……"

在奔向食堂的路上，迎面差点与同事小黄撞个满怀。这小黄，二十七八岁，大高个，人长得苗条。如果在办公室谁要说吃点什么，她准第一个站起来反对，瞪着她两个大眼睛高声地喊："那东西怎么吃呀！多肥呀……"见我风风火火的样子，她那俩大眼又瞪起来了："急什么急，干什么去呀？"我便随口说："食堂卖肘子呢，我得快去买，买晚了就没了。怎么样妹妹，要不要，大哥今天白送你一个，算我请你。""那东西怎么吃呀！多肥呀！这些日子我正减肥呢……"虽没时间看她表情，我敢肯定，她准是一百八十个不高兴。我边跑边想：哼，我也就是逗逗你得了，知道你不吃，谁白送你呀。

嗨！食堂里买肘子的人可真多！窗口排出去的队有二十多米长。每个从窗口前出来的人，手里都三个两个地提着鼓囊囊的塑料兜。"怎么一个人都买这么多哟，食堂早就应规定，一人只允许买一个，多了不卖，并且不能给别人代买。"我小声地嘀咕着，无奈地站在了队尾。

"师傅，给我来两肘子，要大的！"总算轮到我了，我掏出一百块钱递了进去。"老樊，你还真会买，多亏你说要两个，你要买三个，今天的肘子，你非包圆了不可，就三个了。"食堂老王一面把肘子递给我，一面说，"二十八一个，五十六俩，这是找你的钱。后面的老师别排了，还一个了……"

提着两个红得透亮的热肘子，我心里那叫一个美。猛想起已经过了看学生小饭桌的时间了，我便急急地向班里跑去。

总算工作生活两不误。坐在班里的椅子上，想着晚上我和铁哥们阿强吃肘子的情景，我得意地笑了。随手拿出了电话，拨了女儿的号码，"喂，闺女，今天老爹给你买个大肘子吃。""啊？那东西怎么吃呀！多肥呀！我还减肥呢……"电话那头传来女儿无奈的声音。哼！还不领情。怎么跟那个小黄老师一个调呀。我心里老大的不高兴：爱吃不吃，我和阿强吃。我左手举着手机听着电话那头女儿的唠叨，右手提起其中一个塑料兜，叫过来一个学生说："去，把这个东西给黄老师送去，就说，这东西不要钱，是我送给他的。"看着学生飞奔出教室的影子，我心想：女孩子就是麻烦，现在这么好的生活，没事减什么肥！

转眼间，送肘子的孩子回来了，我忙叫过他问："送了吗？你怎么说的？他说什么了？"那孩子边喘粗气边点头，"送了，我就说，这是我们老师送给您的，我们老师说不要钱。黄老师说谢谢您。""谁？"我立刻瞪大了眼睛，"你送给谁了？""黄老师呀？您不是说送给黄老师吗？"孩子一脸无辜地说。"我的主呀！"我双手抱头差点没晕过去。我这破嘴，怎么能把阿强老师说成是黄老师。

"老师，阿强老师的肘子还送吗？"那学生试探着问。"送吧，你就告诉他，这肘子算樊老师请了，不要钱！"望着那学生再一次提着肘子飞奔出教室，我晕了。

拖着疲惫的身子按响了自家的门铃，女儿开门迎了出来。她披头就问："爸，你给我买的肘子呢？我想吃了。""啊？你不是说不吃了嘛？"我彻底晕了。

后记：本文中的"老樊"，非现实中的真正的樊老师，现实中的樊老师没有做虚假地给小黄老师的买肘子的事。虚构，虚构。

梦 圆

"梦终于圆了！"站在振华一中校门口，怀里揣着烫金的大红退休证，王老师长长地出了一口气。望着天边火红的夕阳，他笑得那么灿烂。

在振华一中，王老师可算是学校独一无二的顶梁柱：高三的把关数学教师，又是教研组长，每年高考的复习计划、时间安排得他说了算。几十年里，振华一中从一个普通的初级中学，发展到县级重点，现在又在申报市重点，这其中王老师不知付出过多少辛苦和汗水。

说起王老师的业务，在汤河县教育口儿没有不竖大拇指的——数学业务骨干教师，又精通物理、化学……谁的孩子要是落到他的手里，将来准有出息。可教了一辈子数学的他，每年考入省、市重点大学的学生的确不少，然而，就是没有一个学生能考上清华、北大的。能教出个上北大、清华的学生，成了他想圆的一个大梦。

转眼间，王老师59岁了，还差一年就退休了。开学初，校长找他谈话："我说老王呀，干了一辈子，要退休了，我想今年你就甭教课了，歇一年吧。""不成！"王老师一听就急了，从开始当老师起，他好像从来没跟校长这样大声说过话。"为什么？"校长感到很奇怪。因为不上一线教书，那是很多老师做梦都想的事。

"我……我还得教书呢！"王老师有些不自然了，停顿片刻，王老师接着说："您非要照顾我，我今年挑一个班教……成吗？" 校长沉吟了一会说："成！你说哪个班？""就教高三（1）班，就……李晶那班。"说完这句话，王老师好像费了好大的力气。"李晶？谁是李晶？噢！李富春，李老师女儿那班，行，行！"校长满口答应。

李晶，高三语文教师李富春的女儿，那可是全校公认的将来有大出息的孩子，李老师为她的学习可不知花了多少力气。据说还没生这孩子时，李老师就已经搞胎教了，十几年里，李老师可是把心血全投到这孩子身上了，让李晶上清华或北大是李老师一生为之追求的目标。

从校长室出来，王老师径直找到李老师，他压抑不住内心的兴奋对李老师说："今年我教李晶数学，"王老师接着说："咱俩加把劲，把孩子还不弄个北大什么的？""好呀，这可是我求之不得的事。你说怎么弄，就怎么弄。"李老师早已乐得合不拢嘴。王老师一屁股坐在椅子上，接着说："我是这么想的，"王老师端过李老师的茶杯"咕咚，咕咚"喝了两大口，接着说，"我是这么想的，先把李晶的班长职务撤了，让她一门心思学习。每天晚上我来你家，给她补一个半小时的课，数、理、化各半小时。对了，我可不管辅导作业呀！你是教语文的，负责补习她的语文，剩下的时间让她写作业，怎么样？""那……"李老师的话刚要出口，王老师早把他的话拦了回去："怎么了，你是不是怕孩子受不了？孩子就得学习，你听哪个孩子是学傻了的？再说了，不得苦中苦，难得人上人嘛。""就这么干！"李老师似乎也下了狠心。

自从教上高三（1）班后，王老师简直是拼了命，平时教材的重、难点讲得更细了；教材的选学内容，学生必须学。在讲课时，王老师的眼光也更多地停留在李晶的脸上，他总是力图察觉李晶有没有听不懂的地方。可是从9月1日开学那天起，李晶好像一直躲着他，从来不和他对眼光。偶然对上一次，眼神也总是一种莫明其妙的游离，就连每晚去李晶家补课，她也不像原来左一声"王大大"，右一声"王大大"。而只是把茶杯轻轻地放在王老师桌上小声说："老师您喝水。"然后就坐在小椅子上，等着王老师上课了。

看着李晶学习成绩直线上升，看着她那瘦了两圈的小脸，王老师那叫乐呀，他心里总是不停地叨咕着：学吧，你就是我的梦呀！

终于，8月22日录取通知书来了。李晶以高出录取分数线3分的成绩被清华大学录取。恰恰就在这一天，王老师的退休手续办下来了。其实，当美梦成真时，后面的结果对于他来说已不很重要了，但他却又一次来到了李晶的家，坐在那把再熟悉不过的椅子上，李富春两口子的感激话王老师怎么也听不进去。他把李晶拉到跟前，深情地说："孩子，有出息！咱爷俩的工夫没有白费，如果说咱们也像'实话实说'那样，让你对我也说一句话，你想说什么？"

"说实话吗？"李晶的声音好像比以前大了许多。

"说实话！"

"其实……其实……我，我一直不想让您当我的老师……一直不想您为我补课……"

西边天空那最后一抹红霞渐渐消失了……

那次使我懂得了……

清晨，T180这趟从深圳开往北京的特快列车高速奔驰在京九铁路上。车轮与铁轨连接处的磨擦发出有节奏的"咔嚓、咔嚓"的声音。也可能是思家心切，和往常不一样，今天我醒得格外地早。车厢里依然是静悄悄的，人们大都沉浸在甜甜梦中。透过已经拉开的窗帘，晨光曦微，一座座翠绿且圆润的小山快速地向后移去，转眼间就被抛得不见了踪影。

睡了整整一晚上，感觉全身格外的清爽。我爬起身，拿好洗漱用品，向车箱尾部走去，想利用这难得的空暇及早把自己清理干净，沏上一杯茶坐于窗前，独享大自然赐予的美景。

一进洗漱室，才发现我并不是最早。早有一个比我年龄略大一些的秃头男子在那里忙了。空间太小了，见我进来，他把身子向里挪了挪，给我留出了一个足够大的位置。

我没有想更多的，把水龙头打开，接水，挤牙膏，快速地把牙刷杵进了嘴里。挺直身子，无意间瞥了我的"邻居"一眼，只见他并不是在洗脸，而是正把毛巾在水龙下浸湿，关掉龙头后，用湿毛巾在脸上努力地擦着。外地人，一看就是个外地人，连个脸都不会洗，没事儿，你擦什么呀！没有一个北京人愿意这样洗脸的。我的心里默默地嘀咕着。

当他发现我在看他时，也顺势看了我一眼，我马上收回了目光。可奇怪的是透过眼角的余光，我发现他不光在看我，还不时地瞄一眼我前放着的东西。他感觉我是北京人了？他发现从北京带来的东西好了？我猜疑起来。

"嗯……"随着他喉中发出的那一点声响，猛然，他居然把手向我这边伸来。难道要抢？我有些慌了，下意识地要伸手护住我的东西。就在这一瞬间，我突然发现，手面前的水龙头还在流着水，他只是指给我看罢了。

"哦，我忘关了……"我边关水边向他露出歉意微笑，而他也回报我一个微笑。

"您是北京的吧？"他边收拾用品边说。

"哦，是，这次去深圳出差。您呢？"

"老家深圳的，这次去北京出差。"

他闪身从我擦过，彼些只是相视一笑。

车厢里依然没有什么人在走动。我独自坐在车窗前。窗外，座座青山被乳白的晨雾包裹着，那所有的一切仿佛要滴出水来。而我的眼前仍浮现着那中年男子不洗脸而擦脸的样子，浮现着他示意我关水的情景。

一个来自不缺少城市的男子与一个来自缺水城市中的我形成了多大的反差？难道我们仍仍是行动中的反差吗？这时，我分明成了一个实足的外地人。

此时，更多的旅客起床了，他们纷纷拿着毛巾、牙刷向车厢尾部走去。当我又一次路过洗漱室时，我清楚地看到了，一个漂亮的女孩子蘸湿了毛巾，在那里擦脸……

每当想起角落里默默喝可乐的男孩

春节过后的一个早晨，我家的电话铃突然响了起来。拿起听筒，里面传来了几个语调粗重而又熟悉的声音："老师，过年好！"这是我近六年前的几个"高徒"在给我拜年，他们今年就要参加高考了。在电话里交谈了一阵之后，他们邀请我今天中午到XX饭店小聚，我欣然答应了。

对于我这个已有十六年工作经历的老师，每当说起这届学生总是津津乐道的。因为在我教他们六年级时，这个班不仅取得过全区考试第一名的好成绩，而且全班五十二个人当中，不乏几个出类拔萃的好苗子。在我的感觉中，有一两个将来甚至能成为指点江山式的人物。我想利用聚会的这次机会再给他们打打气，使他们能在人生道路的关键时刻努力地拼上一把。

中午十二点，我准时出现在XX饭店的门口，几个学生早以在门前等候多时了（我猜想他们早就应在门口迎请恩师的）。他们当中我还看到了另一个熟悉的身影——徐扬，他虽然在上小学时也是个极聪明的孩子，但上初中时因某种原因停学了，导致初中都没有拿到毕业证。众星捧月一般，学生们把我请到二楼雅间里。我分别寻问每个学生的学习情况，考试的成绩、排名，以及将来准备报考哪所大学。

"你现在在做什么？"轮到问徐扬了。"老师，我正在读电脑方面的书，"他给我倒了一杯茶接着说，"争取将来到中关村去试试，我觉得我能成的。再有，我正在上补习班，准备参加今年的成人高考。"

菜上来了，几个学生争着给我倒酒，并且有几个学生自己也倒了一杯。对于他们喝酒，我心里虽有些异样的感觉，但还是没有制止他们，因为我觉得孩子大了，这种行为也属于正常吧。毕竟他们年龄大都已超过十八周岁了。举杯换盏，气氛异常融洽。看到这些将要有大作为的孩子，我心里的感觉自然不堪言表。

这时已带有几分酒意的徐扬坐到了我的跟前，他一边劝我喝酒一边深情地说："老师，在我眼里您一直是极优秀的，不论是您讲的语文课，还是您对我们这个班的管理，我都是佩服的五体投地的。如果我上初中时，您也能随我走，哪怕是您不用给我讲课，只当我的班主任，我也不会落到今天这个地步。我也想上学呀，看到他们……嗨！已经晚了！"说到这，他的眼圈有些湿润了。我的心里也不是滋味，只能不停地劝他说："要是我能跟你上初中可能你现在不会是这样……"

这时他又话锋一转说："老师，平时我是不喝酒的，但今天我喝了，我是想借酒把我心中的一件事和您说说，否则平时我是不敢的。"我请他说下去。他问我："您还记得六年级咱们班庆元旦的事吗？"我当然记得，在我任教的十几年里，我是非常重视利用活动对学生进行集体教育的，特别是庆元旦这样的大型活动。因为每年元旦，学校搞完庆祝以后，每个班级还要搞活动。对于上六年级的学生，我总会对他们说："这可是你们小学生涯中过的最后一个元旦了，希望大家好好珍惜。小学毕业后，你们就要被分到各个中学了，能再聚到一起可就难了。"学生们也都能懂得这个道理，都会精心地准备这个活动的。

记得当时，我让他们以小组为单位，每人根据家庭情况买一些小食品拿到组内与同学们分享，并且每人准备一个小节目。那时这个班的学生"活跃分子"比较多，为了不影响庆祝效果，我在开会前提了这样的要求：谁要是在开会时违反纪律，就要受到特殊的待遇——将被独自安排在教室的一个角落，不能和本组同学在一起，只能吃自己带来的食品，不用在班里演节目。

他接着说："我当时准备的是一瓶可乐和一个猜谜语的小游戏。我清楚你定的纪律，由于例来我就比较闹，开会之前我总在嘱咐自己，不要出事，一定要好好表现。但是在节目开始之前，和我同组的赵英杰（女）总是要喝我的可乐。我本想把自己的可乐亲自分给大家，可她总是抢我的瓶子，我就抱着瓶子来回地躲，就在她和我争抢的时候被您发现了。您没有允许我解释，让我一个人搬着椅子，拿着可乐到了教室的角落，可您并没有让她也这样……老师！您体会过一个十二岁的孩子，在全班五十几个同学鄙视的眼光下，独自一个人躲在角落里，一边流着泪一边默默喝可乐的心情吗？"

我真的无语了，眼泪不禁流了下来，这是什么泪呢？见我这样他又说："老师，您不用这样，事情已经过去了，我还是您的学生啊！我也想了，那时您也该那么做，一个是我确实违反了您的规定，否则其他学生也会随着闹起来的；第二，虽然是我们两个人违反了纪律，您肯定不会让一个女孩子独个去角落的。只能是我了，谁让我平时就爱折腾呢？但我心里真……"他停顿了一会，"但是您在我心中仍是最优秀的老师。如果您能跟到我初中，我不会在初二就辍学的，今年也该参加普通高考了，也不会是现在这个样子的……。"

酒在我的口中已经没有了任何的味道。是徐扬破坏了我今天的好心情吗？不是。每当我们为自己的某某学生能够顺利升入名牌高校而举起庆功的酒杯时，每当我们被评为先进、名师时，我们是否会想到那些曾经被丢落的学生，那些为了大多学生而被当作反面典型示众的学生，他们的心情教师是否体察过？

苏霍姆林斯基说过："让每个学生都抬起头来走路。"虽然我没有问徐扬最终辍学的原因，但直觉告诉我，正是有像我这样的老师，在自己的教育教学工作中出现了过失，没有能够使他在学生时代抬头走路，虽然只是某一次的不经意。苏霍姆林斯基还说过："我们所创造的一切都是为人着想的。如果不能给人以幸福，那么任何物质财富和精神财富也不会给人带来幸福。"这里的人应包括学生中的每一个，也包括徐扬。教育要面向全体学生，一切为了孩子，为了孩子的一切，为了一切的孩子……这些教育的口号应使广大的教育工作者铭记于心，付之于行。

愿躲在角落里默默喝可乐的男孩在今年十一月份的全国成人高考中一切顺利，在今后的人生道路上能够昂首走路。

大于生命的1便士

语文课上，教师和学生在共同学习《小珊迪》这篇课文。通过对文章的品味，大家被小珊迪的形象深深地打动。

"在一个寒冷的日子里，身穿单衣，青脸赤脚的小珊迪纠缠着乞求'我'买他的火柴，以换他想要的食物。当'我'以没有零钱为由想拒绝时，他又迅速地帮我去换零钱，结果在回来的路上小珊迪被马车撞断双腿。然而他却让弟弟来到我的住处，把除被撞飞的七个便士之外的四个便士还给了'我'。并在临死前，把自己唯一的亲人——小弟弟托付给'我'。"通过多种形式的读，学生体会到了小珊迪的诚实、守信、善良的品质，被他的形象深深地打动了。

正在这时，一个同学突然站了起来，提出了自己的观点："老师，我不认为小珊迪是个诚实的孩子。我认为他是很自私的。"我请他说下去。"您曾经给我们讲过，1英镑＝12便士，小珊迪在让弟弟还钱时，除了七个便士下落不明以外，退还给'我'的是四个便士，那剩下的1个便士到哪儿去了？显然是他自己留下了。而他却并没有给'我'火柴呀？怎能说他诚实呢？"

教室里立刻安静下来，同学们仿佛都在对小珊迪进行着重新的审视。过了一会，有几个同学脸上竟出现了茫然的神情。

又一个同学站起来说："我认为，他在换零钱之前可能已经给了'我'火柴；或者是在给'我'送钱时，他让小弟弟一并把火柴带过去了。但这只是我的一个猜想，书里没有写的。"我看看同学们的表情，显然支持他观点的同学不够多。

另一个同学站了起来"老师，虽然书里没有写，但我想小珊迪既然是这么一个诚实善良的孩子，他不会不让弟弟送火柴的。也可能是编书的人把那句话给删去了。"我再看看全班，大多数同学好像还不能认可这个同学的这个观点。

"老师，我想说。"教室后排传来了一个声音，"即使小珊迪没有给'我'火柴，但我们也应该原谅他……"教室里出现了一阵骚动。这也是我在历次上课时所没有想到的。

他接着说："小珊迪为了卖火柴换取食物，宁可去换零钱，他不仅仅是为了自己，因为他知道，他还有一个与他同样饥饿的弟弟。其实当他被马车轧断双腿，将要面对死亡时，那一个便士对他自己已经不重要了，但他却把那一个便士留下了，留给了因饥饿同样濒临死亡的小弟弟……即使他没给'我'火柴，即使他私自留下了一个便士，难道我们不该原谅他吗？……"

同学们都没有说话，好像都在默默地想，我也陷入了深深的思考：是呀，是什么力量驱使他为了那一个便士违背了诚信，违背了自己的原则呢？"亲情和责任感"。在那个黑暗的社会里，没有更多的人会关注珊迪兄弟的冷暖、生死，没有一双温暖的援助之手去帮他们。在小珊迪卖火柴时，临死时，是亲情和责任感使他更多的想到的是他的没有依靠的小弟弟。他应该这样做，也必然会这样做的。我的眼前不禁浮现了屠格涅夫的老麻雀奋力营救猎狗脚下的小麻雀的情景。亲情的力量是伟大的，即使它有时违背常理。

我把我的想法讲给了学生们听。最后我说："如果我们认为小珊迪的作法不够妥当，他的言行不够诚实，那也应该是美丽的。因为那一个便士是用珊迪的生命换来的，是大于生命的。当同学们认识到这一个层面的意思时，会原谅死去的小珊迪，原谅那枚闪光的1便士的。当然原谅的人里也包括我。"

第八部分
雅 趣

（学生的笔名）

走近了鲁迅、巴金，解读了老舍、茅盾，才知道，令他们仰慕的巨匠的名字，很多是笔名。于是孩子们也起了笔名，幼稚但不失雅趣。

我为自己起笔名

1、同学们，为自己起一个漂亮的笔名吧，挂到这里时，直接用笔名。

2、介绍自己笔名时，一定要对自己笔名的含义进行较深层次解释。

3、不用注明自己的真实姓名。

祝大家都拥有一个漂亮的笔名。

五(1) 班同学发表的空间——我为自己起笔名

捧书走来

每当你看我走来，我手里都会捧着一本书。我非常爱看书，不管是在路上是还是在车上，我都在如痴如醉地看书.

"书籍是人类进步的阶梯." "书是人类的朋友。"……一位位伟人说出了对书的格言。这说明了书的重要性，所以请大家跟我一起去读书吧。

蒲公英

蒲公英是一种美丽，充满朝气的花朵。它不仅是一种药品，还可以食用。

它没有桃李花朵的娇艳，没有玫瑰月季的芬芳，但它传播着春天的气息，散发着顽强的生命力，在田间、沟谷、山坡、草地、路旁、河岸沙地处处开放。给人一种赏心悦目的感觉。

"花罢成絮，因风飞扬，落湿地即生。"每当初春来临，蒲公英抽出花茎，在碧绿丛中绽开朵朵小花。花开过后，种子上的白色冠毛结为一个个绒球，随风摇曳。种子成熟后，像把把小小的降落伞，随风飘到新的地方安家落户，孕育新的花朵。

我愿意像蒲公英一样，做一个能给人们带来快乐的人。

夕下静默

月亮，可不是那圆月，是那种残月，让人有种悲伤的感觉。

一个人站在残月下，没有人可以体会那种凄惨、凄凉的感觉。那种意境，没有

253

人能感觉到。

大家会问："你为什么要用这个笔名呢？"因为这种凄美的意境可以让我们感到真正的凄凉之美，所以我才想用这特殊的美来当自己的笔名。

若水·

"上善若水"这四个字，出自于老子的《道德经》。他认为上善的人，就应该像水一样。水造福万物，滋养万物，却不与万物争高下，这才是最为谦虚的美德。江海之所以能够成为一切河流的归宿，是因为他善于处在下游的位置上世界上最柔的东西莫过于水，然而它却能穿透最为坚硬的东西，没有什么能超过它，例如滴水穿石，这就是"柔德"所在。所以说弱能胜强，柔可克刚。

秦叔宝

此人武功高强，手拿一对家传铜锏，胯下曾骑两匹马：黄彪马呼雷豹。他姓秦名琼字叔宝，乃讲义之人。

在抓不到劫黄冈之人之时，秦叔宝是个捕快，为了不使众家捕快受罚，便把自己打扮成了程达（程咬金），自己去充当贼人。最后被一人认出，便无罪，反被杨林看中。

在众兄弟结盟后，程四爷（64兄弟按年龄大小排队，程咬金排第四）三斧子定瓦冈当寨主后，为了程兄的大业，也为了推翻酒色之徒——杨广，开始到各个地方去讨敌要阵。

最后，秦琼与各个弟兄保着真龙天子李世民成为了大唐天子，为李世民打下了一片江山。

春色满目

当你走进春天时，会给你带来沁人心脾的感觉，那枝头的露珠。那刚刚从松软的泥土里拱出来的小草，都带着春天的气息。

小鸟在枝头唱着歌，来迎接春天的光临。

我也想像春天姐姐一样，每一天都散发活力、散发青春。

凋零

凋零是一种植物离我们而去，不免有些凄凉，可是那更是那花苞即将绽放，从而变得坚强有力。

凋零意味着离我们而去，更意味着新生命的开始。

所以我愿意像他一样，带走过去，呈现未来。

给人们一种凄凉之美！

仁人

此笔名取自《论语》。在孔子看来，仁德是做人的根本，是处于第一位的。孔子强调修养品德的重要性。在此基础上，孔子强调做人还要重视全面发展，同时也要重视向仁德的人学习，用仁德的人来帮助培养仁德。而仁德的人应该是自己站得住，也使别人站得住，自己希望达到也帮助别人达到，凡事能推己及人的人。我也要以这个标准来要求自己。

晨

清晨，茵绿的山谷里，百鸟啁啾，明丽的太阳光，照着盛开的攀枝花，乳白的晨雾，像轻纱似的，慢慢被揭开了，火红的攀枝花，仿佛是一片殷红的朝霞躺在山谷里。

柳林风声

在柳林中的小路上，风轻轻地拂过了树梢，拂过了柳叶。

柳叶被风吹得"沙沙"作响，好比一位柳姑娘正在唱着一只既欢快，又动听，还美妙的歌。迎风飘动的树枝就像在为柳姑娘伴舞，漂亮极了。

竹林晨雾

当你漫步在竹林，当你抚摸着竹节，当你摘下竹叶品味它的清香，你是否感受到它比你想像中要美丽得多。竹，被誉为"四君子"之一，正是因为它这种刚强，才受到人们的敬仰。我之所以选竹，也是因为我对它的一种敬佩。

另外，我还为它选了一个搭挡——雾。雾本身有一种朦胧的、冷淡的、孤独的感觉，和竹融为一体，就给人一种既刚强又凄凉的感觉。在不远处，有一片竹林，清晨的薄雾弥漫在其中，它们矗立在那里，迎接黎明……

通过这个名字，我想让我像竹子一样勇敢地接受挑战，像雾一样冷静地面对挫折。同时，我也希望自己的作品能够写出一种朦胧感，博得更多人的喜爱。

峰夕游侠

抬头望月，那静静的月光打在我的脸庞。我想像侠客一样，静静看着月光。

勤书宝

大家应该都知道大名鼎鼎的秦琼吧，一位绿林豪杰。我起这个名字有两种含义，一是我很喜欢秦琼，他的另外一个名字就是秦叔宝。

二是秦叔宝的谐音是"勤""书"宝，这说明了我非常喜欢读书和写作，我想通过辛勤的耕耘，成为读书和写作的宝贝。

晨风微露

当清晨的第一缕微风轻轻地抚摸在你的小脸上，你会感觉到母亲般温暖的双手带给你的无穷力量……"一年之计在于春，一日之计在于晨"，你看那清晨的微风，轻拂起的小露珠，是那样的滋润，那样的透亮。禁不住想轻轻地吹一小口气，或者合起双手，把它捧在心里……你再看，那清晨的微风，轻轻地荡起荷塘的涟漪，小露珠忍不住小心翼翼地落在荷叶上，一片绿色的生机和美妙的乐章又开始奏响了……这就是美丽的清晨，轻柔的微风，夹带着希望的露珠，描绘的美好蓝图……

小白杨

我想变成一棵圣洁美丽的小小白杨树。

清晨，淡淡的薄雾轻纱似的把远景温柔地拢起，把青山秀水妆扮得更具朦胧的诗意美。明媚的阳光，柔和地照着一片芳草地。

就在这阳光下，就在这晨雾中，就在这片芳草地上，亭亭地立着棵小白杨。

小白杨没有多高，却也端端正正，碧玉般泛着淡淡青光。树冠团团顶着一头浓荫，每片嫩叶都满储了生命的颜色，闪烁着健康的光泽，散发着青春的芬芳。清冽的甘露，恋着叶尖儿，在朝阳下熠熠闪光……

小白杨纹丝不动地立着，似乎还在贪恋晨光中温馨的睡眠。是的，她还没有成熟，还没有脱离童稚的天真。此刻，她一定在做梦，做一个色彩斑斓地香梦，一个美妙奇幻的童话故事……

风儿轻轻吹来，一个小小的玩笑，把它从梦中唤醒了。见着风儿，小白杨咪咪笑了，似乎还带点儿羞涩。她伸伸懒腰，又挥挥手，点点头，表示对风儿的问候。

哦，小白杨！我想变成一棵小白杨！

冬之梅

寒冷的冬天，大地一片灰色，大自然好像冬眠了，单调的色彩使人压抑，但不畏严寒的梅花却傲立在冰天雪地的严寒中，既显示出她的坚强，又给单调的冬天带来了一抹色彩。

雨过天晴

雨可以让人遐思、让人幻想。不同季节的雨水打在脸上感觉是焕然一新的⋯⋯

雨景朦朦胧胧，这不正是人们喜欢的朦胧诗吗？雨朦朦胧胧，可雨后更让人喜爱。

人们总说："不经历风雨，怎能见彩虹？"雨过天晴，万象更新，雨后万物苏醒，生机勃勃。雨景美丽，雨后的景色更美丽。它可以形容经历苦难最终成功，那些有毅力的人的品质。雨，比喻成艰辛，这正是日常生活中我们遇到的困难，可付出必定有回报，雨后的太阳会向你露出笑脸、彩虹向你招手经历困难后那太阳会把你照得很灿烂。

轻舞飞扬

我喜欢跳舞的感觉，随着优美的音乐舞蹈，飘飘的，美美的。我想做一个快乐的天使，挥动着那透明的翅膀翩翩起舞，把所有的烦恼忘记，多美呀！

朦胧渐雨

那弥漫入林的微薄的雾，总是那样朦胧，令人怜惜。显得无比的凄凉，无比的孤独，无比的冷清，无比的忧伤，极为憔悴，它总是使人感到幽静与朦胧带来的美。伴着那急促而淅淅的雨，打破了这雾的静憩，把这朦胧的画面变得不再枯燥，增添了几分生机，增添了几分色彩，增添了浓重的气氛。雨滴不停地穿透着薄薄的雾，落到平静的地面上。当这朦胧的雾与淅淅的雨交错到一起时，形成了一幅美妙的画面，使人爱恋，令人难以忘舍，产生无限的感慨。大自然，为我们带来了这美丽的，可爱的，独一无二的、无与伦比的景象，给我们增添了几分喜悦，几分激情。

小池

我非常喜欢杨万里的那首《小池》："泉眼无声惜细流，树阴照水爱晴柔。小荷才露尖尖角，早有蜻蜓立上头。"诗中描写的是初夏时节小池优美的风景，特别喜爱诗中的词汇："泉眼"、"细流"、"小荷"、"尖尖角"，形象地描绘出小池那精致典雅的意境。小池又是水流汇聚的地方，水是世间万物的生命之源，我非常喜爱水，也非常珍惜每一滴水，犹如我珍惜点滴的知识积累。我要像小池那样，把知识的涓涓细流不断汇聚起来，变成不竭的强大的生命动力，不断充实自我，积蓄力量，使生命更加精彩，更有价值！

火凤凰

火红，是热情奔放的颜色，还是希望的颜色，又是代表繁荣昌盛的颜色。

当秋天来临时，那火红的枫叶悄无声息的飘落，但落在地上的一团红火却让人们重新充满活力，变得精神充沛。当清晨那一轮红日升起时，它会让你重燃希望。它也代表着新一天的开始。当那闪耀着金光的五星红旗升起时，是多么神圣，庄严，肃穆的一刻，中国不正是在这面旗子之下，向着繁荣昌盛发展吗？

凤凰，也是代表着希望的信物，它把美好向大地播撒，小草，绿树，顿时生机勃勃。

火凤凰永远激励着我，让我一生都在知识的道路上行走。

竹林夕色

雨后的大地静悄悄的，一片片竹林在风姑娘的陪伴下，轻轻的舞蹈着。月光肆无忌惮的打在每一片叶子上。

可曾幻想，在竹林中、在月色里吹萧，感觉是怎样的？？？

快活林

童年是人生中最幸福的一页，我们每一个人的童年都是幸福，快活的。与此同时我们像一片片的树林快乐地，幸福地成长。

一字万金

解释：一字千金意思是一个字的价值一千金。一字万金就是一个字价值一万金。形容我的作品非常好。

繁星春水

听到这个笔名，大家一定会想起一个人——冰心。没错，就是她。《繁星》和《春水》是冰心的两个代表作。那么"繁星春水"这个笔名的第一个寓意就是：希望我将来也能写出像冰心写的一样好的作品。

"繁星春水"还有另外一个寓意：夜幕降临了，天空上繁星点点，我坐在窗前，无忧无虑地欣赏着这美丽又静谧的春夜……"唰唰唰，唰唰唰"，下雨了，这场春雨滋润了田野，滋润了草原，滋润了……一切那么美好！

空谷幽兰

"空谷幽兰"一种雅致而凄美的感受。空旷的野谷，有抚琴者独坐山中，抚出幽兰之曲。琴声回荡山谷，产生共鸣，回声又传遍山谷，感受时空的永恒与空灵……

不远处有几丛兰花，悠悠的，流露着倔强、清高与不庸俗的精神。

几丛兰伴着悠悠古韵，清新而凄凉……

东风再起

迷人四季里我最喜欢冬天，那谜一样的世界。只要东风一吹。世间万物将归于我的怀抱，我将主宰这一切。我要把作文也写得风云变幻，让所有人的心灵全部由我主宰。

云之悠闲

如果你仰望天空，你会发现云是那样自由自在，无忧无虑。有时云儿还会与伙伴嬉戏，是多么快乐啊！我真希望像云那样自由，那样快乐。

夕之幽静

我喜欢月的皎洁、明亮，但我更喜欢月的独有——幽静。独自在月下漫步，月

259

幽静地将光洒到道路、河流、湖泊之上。月，爽朗明亮，使人心旷神怡，我写作要像月一样优美自然。

竹林天使

我喜欢在竹林中漫步，感受竹子那特有的气息。竹林幽静，给人带来无限的遐想。竹子的味道，清淡、新鲜，让我感到悠闲、舒畅。

我爱竹子那坚强不屈、永远挺拔、四季长青的性格。当风雪打在你的身躯上，你毫不动摇，不成为风雪的奴隶。

竹子，你不愧是四君子中的一员。真应了诗人郑燮的那句诗："千磨万击还坚劲，任尔东西南北风。"

我愿拥有竹子那纯洁、淡雅，还有他那与众不同的性格，愿成为竹林的使者，故号称为：竹林天使。

梦乡

我有一个梦想，那就是：长大以后登上月球，去探索她的奥秘，去开发更多的资源，为人类做出贡献。这个梦一直藏在我的心里，它将永远激励着我刻苦学习，奋发图强！

步步登高

我的文章写得不是很好，但我可以步步登高呀！每次稍微有些进步，或许总有一天会出类拔萃。

橡树幽林

"橡树幽林"是父亲对我的教育，也许，正是父亲的教育，使我有些与世无争。橡树只长在美国，但我个人只是喜欢橡树。因为橡树从根到冠，每一处都有用，我希望像橡树一样，对社会有贡献。

兰花之乡

我希望，我能住在一个兰花的世界里。那里到处飘散着兰花的清香。

紫菱

我爱那湖水里漂浮的紫菱，因为它那淡淡的紫色使人感到一种舒服；我爱那湖水里漂浮的紫菱，因为当它摆动它的身躯时使人感到一种美的享受！

幽蓝冰花

蓝色，幽静又清凉，朦胧又柔美。冬天的时候，无数白色的精灵跳到地上，结成美丽的冰花，冰花是蓝色的，使我们感到无比清爽。朦胧之美笼罩了世界，使人们的心情顿时舒畅。

清水

清水——因为在我的名字里有这两个字的意义。愿我写出的文章，也像这个名字一样清澈、透明、耐人寻味。在为人方面，更像这个名字一样实实在在。

清绵幽紫

在绵绵细雨中，我想到了幽静的山谷里流淌着清澈的小溪，缓缓地流着，我又喜欢紫色，所以我的笔名是清绵幽紫。

滴水穿石

爸爸经常教育我们做事要有恒心，有毅力，有锲而不舍的精神。那不正是滴水穿石的精神吗？所以我的笔名是滴水穿石！

天地人同寿

因为我想与天地同寿，与日月同辉。在世上干更多的好事，为朋友为家人干力所能及的事。希望我有和日月一样的辉煌的成绩。

夏荷

夏天十分闷热。一个小池塘中有不少淡粉色的荷花，它们会给人送去一丝清凉、一丝惊喜。我愿做那夏天的荷花，愿我的文章也能给您带来一丝清凉、一丝惊喜。

夜水画月

寂静的夜晚，河水在流淌，夜空中的月亮映在水中，那种景象让人陶醉！希望我的文章也是这样。所以我的笔名是夜水画月。

嫩朦

那是一种朦胧，初嫩的朦胧。不知道那是什么物、事、感、情，却又与她似曾相识。只能用孤寂的心，与沉沦的眼神去撞，透着隔膜去望。但撞的声音，铿锵而有序。"锵……锵……锵……"

青龙跃海

青龙是神圣的，跃海是困难的。当神圣的青龙飞跃辽阔的海面时，闪耀着灵光，把幸福，温暖传递到人间，瞬间让我们进入一个高深莫测的境界。领略当时的场面，仿佛进入了天神们的殿堂。

正因这样，我才深深地迷恋上"青龙跃海"这一人间奇景。

鼹鼠

每当我上课时，总是东张西望，经常让老师生气，气得有人送我了一个外号叫鼹鼠。我觉得这个外号挺有意思的，所以我认为我的笔名也应该是鼹鼠。

古苑竹亭

走过，那古代的皇宫花园，淡淡的芳香向我袭来，竹林内，一座古亭，婷婷玉立。在这样的地方，你会感到，那远古的气息。

风信子

有一种花叫风信子，它有一个美丽的传说：海辛瑟斯是希腊神话中的植物神，他因被误伤而失去了生命，在他鲜血染红的土地上开出了一朵美丽的花，这花就是风信子。它的花茎上长着一串串小铃铛似的花朵，风吹过时，每一朵花都显出飞翔的姿态。海辛瑟斯的生命没有消逝，风信子是他的化身。所以，人们赋予风信子的花语为：珍惜生命，同享人生。

川有巨灾，国有大殇。在苦难之后重生的生命，必然如风信子一般获得永生。

古都夕下

在古城月下，感受许多。凄凉、清爽、孤独。

抛砖引玉

您说过："'高手'写作都抛的出去，收的回来。"我也想这样，希望我的文章也是这样。

海蛇天龙

这里包含我和父亲名字当中的一个字,说明我们都喜欢蛇和龙,另外我们都喜欢"生物学",趣味相投。

节树虫

这是科学家预测的未来生物,是章鱼的一种,它在进化过程中,从深海到陆地,从陆地到树冠,代表着人们永攀高峰,不断进步。

夕色朦胧

在迷人的夜晚,我总爱探出窗头,去欣赏那玉盘般的月亮。当一丝丝薄雾轻轻地掠过明月时,显得它是那样朦胧,那样神秘。让人感觉到它的清凉,令人万分陶醉。因而我的笔名是月色朦胧!

雨

这世间万物唯有雨在我心中是最美,最纯洁的了,那四季的雨都是那样的晶莹、美丽,犹如一个个充满生机的天使。

春天,那雨柔柔的,细细的,丝丝凉,落到脸上的感觉更是轻轻地吻,那天使是柔的,是美的。

夏天,那雨猛烈的,急促的,疯狂的,落到地上激起了乌蒙蒙的一片。那天使是急的,急着拜访这大千世界,她也是美的!

秋天,时柔时强,那雨载满了希望,农民的希望,种子的希望,她便从天而降了,她更是美的!

冬天,那雨也就是那晶莹剔透的雪花了,朵朵飘下来,朵朵真美丽!

我最爱的还是那早晨的蒙蒙细雨。清晨的空气格外清鲜,雨在晨雾中朦朦胧胧地下着,那乳白色的晨雾啊,丝绸般的柔;那绵绵的细雨啊,让人心酥地吻着你的脸颊,就连那花绽放的声音,那雨落地的声音,那草弹水的声音,那人呼吸的声音,在这一刻都听得是那样的清楚,这么静.世间万物好似凝固了一般,又在那美丽与静憩中透出了一种凄凉,一种忧伤,但那雨还是那般的美丽,那般的晶莹。

我爱雨,爱任何时候的雨,正因为爱她,才油然而生出了这个简单的"雨"字,作为我的笔名!

263

仔仔

我希望我能从一个不懂事的小孩变得很成熟。

香山红叶

香山的枫叶红了，又落了，再一次红，又一次落。如此循环往复，永不改变。有人或许会为它绚烂的短暂而婉惜，或许会为它绚烂的美丽而啧啧称赞。然而谁又会想到那是寒冷到来之前的灿烂，那更是人生最美的辉煌。

香山红叶，它象征着希望，它预示着未来。

我主沉浮

当年，毛泽东在上学路上"问苍茫大地，谁主沉浮？"今天，我就要告诉大家：我主沉浮。将来，我一定要拥有比毛泽东还广阔的胸怀，写出更加能振奋人心的诗篇。

春

四季变迁，春又一次来临了。大地开始孕育，生命再一次萌动。尽管还有愁绪和琐事的烦恼，可看着那新生的绿色，不由得让我的内心被希望充满，仿佛我也获得了新生一般。

闭上双眼，用发梢去感受风的温柔，用心去体验天空的辽阔、山川的壮美，用双耳去聆听那生命的呼唤。原来渺小并不可怕，因为我们有最真诚的伙伴；渺小也很安全，因为有那么强大的依靠。

夏之细雨

因为夏天的细雨打在我的脸上非常的爽。

惊涛裂岸

引自苏轼名词《念奴娇·赤壁怀古》，形容大浪排击岸边，把岸边岩石击打出裂纹。

我希望我写的文章能像巨浪一样震撼人心，给读者留下刻骨铭心的印象。

小雨点

我的写作不是很好，就像一场大雨中的一个小雨点，但是，当雨越下越大的时候，小雨点也就会变成大雨点了!

浩瀚

波澜壮阔之意。我希望我能拥有一颗包容之心，像大海一样无边无际。

青苹果

苹果，代表了一种活力。那么，有人就问了，为什么是青苹果，而不是红苹果呢? 是因为，青苹果，可以说是还没熟。我，也要像青苹果一样，去学很多知识。所以，我叫作: 青苹果!

轶子

"轶"在字典中的解释是超越的意思，而"子"有很多解释。其中有普通的，有老师。所以轶子的意思就是超越普通人，超越老师，超越我自己!

还有就是在古代，一些有文化的人多叫"子"，如"孔子"，"老子"，"孟子"等等，所以我叫"轶子"。一是希望自己能像他们一样有文化，二是因为这个名字可以长用下去，不像一些现在听起来好听的，而长大后就没法再用的笔名。虽然它不如有些名字听起来那么润滑。

后　记

*e*海插柳　众手成荫

古语云："无心插柳柳成荫"。

2007年上半年，我参加了北京市教委组织的市级骨干教师培训，迫于"建博客要记学分"的压力，我很不情愿地建了一个。既然是语文老师嘛，博客的名字自然马虎不得。"荷塘晨曦"这个名字不错，取朱自清先生的荷塘之意境，配以"晨辉照莲露晶莹"之清美，至于今后这个空间能做什么，会取得什么效果，我从来就没想过这个。于是，在以后的几个月，我早已把"荷塘晨曦"抛于脑后。

2007年9月我从大兴区正式调入海淀区翠微小学工作，承担五（1）、五（2）两个班的语文教学工作。对于我这个快四十岁的教师而言真的可以算是一种挑战，新教材、新环境、新学生、新家长……一句话：除了我自己之外，都是新的。学生们适应我的教学方法吗？家长接纳、认可我吗？我将怎样与他们沟通呢？一时使我感到有些茫然。

雅斯贝尔斯说："教育是人的灵魂的教育，而非理性知识的堆积。"他还有一个非常精彩的比喻："教育本身意味着一棵树摇动另一棵树，一朵云推动另一朵云，一个灵魂唤醒另一个灵魂。"于是我想到了她——博客，何不把她当成一个教师、学生、家长互动交流的平台呢？

最初，我把自己的某些作品挂在博客上面，同时鼓励学生在上面发留言，写东西，学生反响很热烈，仿佛对人生理想多了些憧憬。我发现班级博客可以成为孩子们梦想起飞的一片天地。

十月份军训，孩子们第一次离家，家长们恨不得跟着孩子到军营。我在第一时间，把孩子们的训练照片、生活情况上传到博客上。网络空间让家长惦念孩子的心得到了慰藉。在那段日子，我们班有的家长几乎天天守在电脑前。班级博客成了让家长心灵温暖的一片天地。

博客的建立，方便了学习内容的传递。同学自己整理的字词、古诗，我布置的作业，为他们拓展的学习内容都一目了然地呈现在这里。班级博客成为我们再度学习的天地。

小组评比制度促进了班级建设，每周的总评至关重要，我用欣赏的话语不断激励各个层次的学生。家长通过博客空间及时了解了班级管理情况，鼓励、督促着自己的孩子。博客成为我进行班级管理的好助手。

写作常常是学生们畏惧的，但我的学生喜欢写作，因为我拥有一件法宝：优秀作文将在博客上发表。这成为孩子们写好作文的巨大动力。纯真的孩子们写了改，改了再改。当优秀的评语出现在他们的作文本上时，一张张小脸笑开了花。当我把他们的作文发表到博客上、家长翘起大拇指时，孩子们的脸上增添的是自豪、是自信。博客让孩子们的小作家梦长出了翅膀。

述说博客带给我和学生、家长的帮助，我有说不完的话。当您捧起这本书时，请您千万记得，这本书里所有的文字、图片都曾让我的学生、家长心潮澎湃。一位家长告诉我，她每天都要点击http://blog.sina.com.cn/fan0416。她为自己孩子作品的发表而骄傲；为其他孩子的聪慧而欣喜；为家长生花的妙笔而叹服；更为我对教育事业的执著、对孩子未来发展负责的精神而由衷地敬佩。

我从来没想过因建立博客得到什么美誉，只想多一个与学生、家长沟通交流的空间；只想给孩子们一片展示自我的天地；只想做一个发现"美"的引领者，让我的学生有更多智慧的发现、更多的心灵的美好的体验；只想点燃孩子们智慧的火焰，让我的学生们天天"雨后春笋"般茁壮成长！只想用自己的努力付出缩短理想和现实之间的距离。

空闲时，从头到尾浏览一遍自己的博客，我发现在这个空间中更多的是我的学生和我的家长文章、留言、评论，而我这个博主的文字比例是那样少得可怜。汗颜之余我不禁想到：分明是家长与学生的不断辛苦耕耘，才使这个空间有如此的生命力，才使她成长得这么蓬勃。

如今，"荷塘晨曦"已经满一周岁了，如果在这一年中她只是在姗姗学步的话，在今后日子里她还有更长的路要走。她会走得好吗？会的。因为有我和我学生近百双不很强壮手的努力，有N倍于我们的各位家长和朋友的参与，有众多领导的期待、关注与支持。

君不见"晨曦荷塘"中那觅莲的蜻蜓吗？

博主
2008年8月